本书为国家自然科学基金项目"考虑主体避险行为的多层金融网络下系统性风险传染与控制研究(NSFC-72101151)"阶段性成果

基于复杂网络的金融系统建模及系统性风险研究

高倩倩◎著

图书在版编目(CIP)数据

基于复杂网络的金融系统建模及系统性风险研究 / 高倩倩著. --上海：立信会计出版社，2024.10.
(序伦财经文库). -- ISBN 978-7-5429-7727-4

Ⅰ. F830.22;F830.9

中国国家版本馆 CIP 数据核字第 2024GD0154 号

责任编辑　　张翠芳
助理编辑　　石瑾如
美术编辑　　北京任燕飞工作室

基于复杂网络的金融系统建模及系统性风险研究

JIYU FUZA WANGLUO DE JINRONG XITONG JIANMO JI XITONGXING FENGXIAN YANJIU

出版发行	立信会计出版社		
地　　址	上海市中山西路 2230 号	邮政编码	200235
电　　话	(021)64411389	传　真	(021)64411325
网　　址	www.lixinaph.com	电子邮箱	lixinaph2019@126.com
网上书店	http://lixin.jd.com		http://lxkjcbs.tmall.com
经　　销	各地新华书店		
印　　刷	上海万卷印刷股份有限公司		
开　　本	710 毫米×1000 毫米　　1/16		
印　　张	14	插　页	1
字　　数	203 千字		
版　　次	2024 年 10 月第 1 版		
印　　次	2024 年 10 月第 1 次		
书　　号	ISBN 978-7-5429-7727-4/F		
定　　价	68.00 元		

如有印订差错，请与本社联系调换

前　言

近年来,受经济全球化、互联网金融快速发展、欧洲能源危机及欧美银行业危机等多重因素的影响,国内外金融环境日益复杂,金融风险滋生。同时,风险也更易通过不同金融主体间的复杂联系进行传播,极易引发系统性风险。党的十八大以来,习近平总书记高度重视防范化解重大经济金融风险,明确把强化监管、提高防范化解金融风险能力作为做好金融工作的重要原则之一,强调防范化解金融风险,特别是防止发生系统性金融风险,是金融工作的根本性任务和永恒主题。党的二十大报告指出,依法将各类金融活动全部纳入监管,守住不发生系统性风险底线。这也表明了我国把防范金融风险提到了前所未有的高度。

本书分为8个章节:第1章是绪论,主要介绍本书的研究背景、研究意义、研究现状、文献述评、研究内容、研究方法等;第2章是复杂网络概述,主要介绍了复杂网络的基本概念、统计特征、拓扑结构;第1章与第2章提供了本书的研究基础。第3章、第4章分别研究了经济波动下的银行系统性风险、中央银行(简称"央行")调控对银行系统性风险的影响;第5章研究了银行系统的宏观审慎监管;这3章内容聚焦于银行间网络的系统性风险研究。第6章和第

7章分别研究了基于银行—资产双边网络模型的系统性风险、经济波动下银企多层网络系统性风险;这2章内容是基于银行与其他经济部门间关系的系统性风险研究。第8章则是对全书研究内容的总结,并对后续研究进行了展望。

本书主要的研究结论如下。

(1) 在各种宏观经济波动情况下,银行的投资回收期与银行的投资存款比对银行系统稳定性都有较大的影响,投资回收期越短,越有利于银行系统的稳定。在银行间拆借网络的连接度固定时,各种宏观经济波动情况下都存在最优的投资存款比。

(2) 当宏观经济呈下降趋势时,增强银行间的连接度对银行系统的稳定性影响不大,只有央行给予较大的援助才能显著提高银行系统的稳定性;而在宏观经济呈上升以及随机趋势时,增强银行间的连接度或央行援助力度都有利于提升银行系统的稳定性。在宏观经济各冲击情景下,央行调整贷款利率对提升银行系统稳定性的作用都不明显。在宏观经济呈下降趋势时,央行存款准备金率的提高能够提高银行系统的稳定性;在宏观经济呈上升和随机趋势时则都存在存款准备金率的临界值将银行系统划分为稳定区与非稳定区。

(3) 对中国的银行网络系统进行宏观审慎监管能够有效提升其稳定性,并且ΔCoVaR机制的监管效果最为显著,而Incremental VaR机制则相对较差。此外,Incremental VaR、Shapley value EL和Component VaR机制下的宏观审慎资本与银行的总资产具有一定的相关性,而ΔCoVaR机制下宏观审慎资本则与银行总资产不相关。当银行系统面临下降趋势的宏观经济冲击时,Shapley value EL 机制的宏观审慎监管效果最显著;而在上升和随机趋势的宏观经济冲击下 Component VaR 机制最有效。

(4)当宏观经济呈下降趋势时,各参数及央行调控措施下几种银行网络系统的稳定性差别不大;当宏观经济呈上升趋势和随机趋势时,无标度网络的银行系统稳定性最差,而随机网络和小世界网络的银行系统稳定性相近,且在网络参数、存款准备金率以及投资存款比这些参数中都存在使各银行网络系统的稳定性前后表现不同的"拐点"。在宏观审慎监管机制中,Component VaR 和 ΔCoVaR 机制适用性较强,基本不受网络结构的影响;而 Incremental VaR 和 Shapley value EL 机制则受到网络结构的影响,且这两种机制间的差别在不同年份、不同结构的网络中均有不同。

(5)在中国的银行——资产双边网络系统中,外部冲击越大、降价出售效应越强,银行系统性风险越高;当外部冲击过大或过小时,降价出售效应对其影响则不显著。此外,外部冲击与降价出售效应在一定范围内会产生叠加效应,使银行系统性风险急剧增加。不同类型的资产对外部冲击的敏感程度不同,其中贷款类资产对外部冲击最敏感,而同业类资产对此最不敏感。银行系统中存在着使银行能够在合理考虑系统风险的情况下获取最大收益的最优资产配比。

(6)三种宏观经济趋势下,高杠杆且资产规模较小的企业倒闭风险都更高,另外,部分低杠杆小规模的企业也存在一定的倒闭风险。不同的是,上升趋势下企业倒闭集中出现在上升周期的初期,而下降趋势下则集中出现在下降周期的末期。资产规模较大且存在较多银企信贷联系的银行表现更为稳定,在不同宏观经济趋势下均表现出较好的抗风险能力。在各种宏观经济趋势下,随着企业杠杆的上升,银行的倒闭概率整体上均呈现出先升再降然后又上升的现象,且上升趋势下企业的平均杠杆率拐点出现最早。另外,随着企业贷款占银行总资产的比例不断上升,银行的倒闭概率也不断上升,而提高资本充足率有助于降低宏观经济波动下的银行倒闭风险。银行在贷款总量不变的情况下,可适当延长贷款期限以便企业应对宏观经济波动的冲击。

  本书构建了复杂金融网络系统的研究模型,丰富了系统性风险的相关研究,为监管部门应对系统性风险、银行风险管理及企业信贷管理提供了一定的参考。本书为国家自然科学基金项目"考虑主体避险行为的多层金融网络下系统性风险传染与控制研究(NSFC-72101151)"的阶段性成果,可作为读者研究复杂金融网络、银行系统性风险及相关内容的参考用书。由于作者学识有限,本书难免有疏漏和不当之处,恳请各位专家和读者批评指正。

高倩倩
2024 年 11 月

目 录

1 绪论 ·· 1
  1.1 本书研究背景和研究意义 ·· 1
  1.2 研究现状 ·· 3
  1.3 文献述评 ··· 31
  1.4 研究内容与研究方法 ·· 33
  1.5 本章小结 ··· 36

2 复杂网络概述 ··· 37
  2.1 复杂网络的基本概念与统计特征 ································· 37
  2.2 复杂网络的拓扑结构 ·· 39
  2.3 本章小结 ··· 45

3 经济波动下的银行系统性风险研究 ······································ 46
  3.1 银行间网络系统模型构建 ·· 47
  3.2 参数设置 ··· 52
  3.3 仿真结果与分析 ·· 53
  3.4 银行宏观调控策略研究 ··· 57
  3.5 不同网络结构的银行系统性风险仿真计算 ···················· 59
  3.6 本章小结 ··· 71

4 经济波动下中央银行调控对银行系统性风险的影响 …… 74
4.1 银行系统网络模型的构建 …… 75
4.2 引入央行措施的仿真计算 …… 77
4.3 中央银行调控对不同银行网络系统性风险的影响 …… 87
4.4 本章小结 …… 96

5 银行系统的宏观审慎监管研究 …… 98
5.1 银行系统宏观审慎监管实证研究 …… 99
5.2 经济波动下对银行系统宏观审慎监管的仿真研究 …… 118
5.3 不同网络结构中对银行系统宏观审慎监管的仿真计算 …… 126
5.4 本章小结 …… 140

6 基于银行—资产双边网络模型的系统性风险研究 …… 143
6.1 模型构建 …… 144
6.2 我国的银行系统性风险及投资策略分析 …… 152
6.3 本章小结 …… 159

7 经济波动下银企多层金融网络系统性风险研究 …… 161
7.1 银企多层金融网络系统的模型构建 …… 162
7.2 仿真计算与分析 …… 171
7.3 本章小结 …… 181

8 研究总结与展望 …… 184
8.1 研究总结 …… 184
8.2 研究展望 …… 188

主要参考文献 …… 190

附录 …… 212

1 绪 论

随着全球经济一体化和金融市场的快速发展,金融系统变得越来越复杂,金融风险的传播和扩散也更加迅速和隐蔽。这不仅对单个金融机构的稳定构成威胁,更有可能引发系统性的金融风险,并对整个经济造成重大影响。首先,本章将介绍金融系统性风险研究的背景和意义,阐述研究的重要性。其次,本章将回顾相关研究现状,总结前人在金融网络系统建模及系统性风险分析方面的研究成果和不足。最后,本章将明确本书的主要内容和研究方法。本章将为后续关于银行间网络及银行与跨经济部门间金融网络下的复杂金融网络系统建模及其系统性风险研究打下坚实的基础。

1.1 本书研究背景和研究意义

受到全球性金融危机、经济全球化、互联网金融与数字货币冲击等多重因素的影响,国内外金融环境日益复杂,这不仅使得金融风险滋生,而且使得金融风险更加容易通过金融活动的参与者之间的内在联系进行传输和扩散。20世纪末以来,全球范围内发生了多次金融危机,尤其是美国次贷危机和欧洲主权债务危机使全球经济受到重创,世界各国的经济发展都遭遇了不同程度的冲击,其中,银行业损失惨重。当银行系统遭遇外部冲击时,个别银行由于自身条件限制难以抵御风险而破产倒闭,同时倒闭银行会通过银行间拆借联系、重叠的资产组合联系、银企信贷联系等产生多米诺效应,使银行系统的风险不断增加,这种风险累积使银行系统愈来愈不稳定,进而极易引发系统性风险。

2017年7月14日,中共中央、国务院召开第五次全国金融工作会议,将主动防范化解系统性金融风险的重要性提升到了前所未有的高度。在当前全球经济不确定性增加、金融市场波动加剧的背景下,我国政府坚定不移地将防范系统性金融风险作为金融工作的核心内容,以确保国家金融安全和经济稳定发展。近年来,世界经济整体呈下滑趋势,欧美国家频繁加息,全球通货膨胀率高位运行,国际金融市场暗流涌动。2023年3月10日,享誉一时的美国硅谷银行宣布破产,美国银行业风险外溢。受此影响,2023年3月14日,瑞士信贷银行宣布其发生巨额亏损,为保持金融市场稳定,3月20日瑞银集团宣布收购瑞士信贷银行。欧美的银行业危机加剧了国际金融市场的动荡与金融风险的传播。在外部金融风险滋生、国内地方性金融风险突发的国内外新形势下,我国政府多次强调守住不发生系统性风险的底线,防范化解风险依然是政府工作重点之一。因此,对以银行系统为代表的金融系统的系统性风险进行研究对金融稳定有着重要意义。

到目前为止,由于中国人民银行一直在充当隐性担保人,我国暂未出现较大的银行业危机,但是当前复杂多变的金融环境给我国银行系统的稳定性带来了潜在风险。上述一系列非安定因素对银行系统的影响给我们敲响了警钟,提醒我们也需要重视我国金融系统的安全问题。反思国际上银行间危机快速扩散的问题,我们不得不深思银行系统的内在结构以及复杂联系。因此,金融危机带来的全球金融市场的动荡使得银行系统的系统性风险成为国内外学者研究的热点。由于复杂网络理论在金融领域的应用越来越广泛,如范宏(2014)、邓超和陈学军(2014)、寸晓宏和卢启程(2014)等,也有许多学者,如汪秉宏等(2008)、刘涛等(2005)对金融系统进行建模,展开系统性风险的相关研究。本书旨在响应国家政策导向,通过复杂金融网络系统建模,深入分析系统性风险的成因与传导机制,为我国金融监管体系的完善和金融风险的有效防范提供理论依据和实践指导。

本书紧密结合国家对金融风险防控的政策要求,通过对银行系统性风险的深入分析,探讨在复杂金融环境下守住金融安全底线的策略,具有理论上和现实上两方面的意义。

理论意义上,一方面,对银行系统的系统性风险的研究大部分基于静态的宏观经济冲击,主要通过统计分析确定显著性影响指标,而基于复杂网络的相关研究尚未考虑宏观经济冲击的影响。本书从宏观经济冲击视角展开,通过量化宏观经济冲击,构建了不同的动态宏观经济冲击情境,使用金融仿真计算方法来探讨其对银行系统性风险的影响。另一方面,本书基于跨银行系统视角,考虑多经济部门,通过构建银行间拆借网络、银企信贷网络、银行—资产重叠的投资组合网络,充分考虑银行与非银行主体间通过间接传染渠道及多传染渠道发生的风险传染,进一步探究复杂金融主体间联系特征,及其对复杂金融系统性风险的影响。本书中的研究方法及研究模型丰富了该方向的理论研究,具有一定的理论借鉴及启发价值。

现实意义上,本书通过构建经济波动下的银行间网络系统模型,探讨了宏观经济波动下银行系统中各因素对其系统性风险的影响,为银行业应对宏观经济冲击提供了借鉴参考。此外,2008年全球性金融危机之后,对银行系统的宏观审慎监管成为国际上加强金融监管、防范金融危机的重要举措,引起了各国监管者的重视,但是相应的研究却比较匮乏。本书通过构建定量的宏观审慎监管模型及大量仿真计算,结合我国银行系统的实际数据,探讨了对我国的银行系统进行宏观审慎监管的措施及其内在机理,为监管者提供政策启示,有助于提升我国金融监管效能,确保国家金融安全,具有一定的实际指导意义。

1.2 研究现状

基于复杂网络理论对金融系统进行建模并展开系统性风险分析

的相关研究整体可分为两大部分。

第一部分主要基于银行间网络进行系统建模并展开系统性风险相关研究,该部分研究可以归纳为以下五个方面。第一,鉴于银行间联系在为银行系统提供流动性的同时,也会使风险在银行系统中传播,有学者以银行间风险的内在传染为出发点,基于系统性风险传染视角探讨了银行系统的系统性风险。第二,由于银行系统中的节点和边所构成的银行网络具有不同的结构形态,有学者基于银行网络结构的视角,探讨不同银行间网络的系统性风险。第三,考虑到宏观经济的运行状况对整个金融环境的巨大影响,有学者基于宏观经济波动的视角,探讨其对银行系统的影响。第四,频发的金融危机对金融业尤其是银行系统的深远影响表明,仅仅依靠银行间同业拆借市场的作用不足以保障银行系统的稳定,因此有学者在研究银行系统的系统性风险时关注中央银行,探讨央行的相关调控政策对控制银行系统性风险的作用。第五,全球金融危机后,实行宏观审慎监管已经成为国内外学者以及相关监管机构的共识。因此,有学者围绕宏观审慎监管下的银行系统稳定性展开相关研究。

第二部分基于银行间网络的系统建模,进一步考虑银行与其他经济部门的相互联系,并展开多种风险传染渠道下的系统性风险研究,该部分研究主要集中于两方面。第一,基于银行与其持有的各类金融资产展开网络建模,研究资产价值变动对银行风险的影响,以及系统性风险如何通过持有共同资产在银行系统内进行传播。第二,考虑到信贷风险是银行面临的最大风险,基于银企间信贷联系展开网络建模与分析,研究企业信贷行为对系统性风险的影响。

1.2.1 基于银行间网络的系统性风险研究

1.2.1.1 基于传染视角的银行系统性风险研究

在国内外的理论研究中,大部分学者围绕银行间联系所发挥的风险共担作用与风险传染作用展开研究,认为银行间联系具有风险共担和风险传染双重影响。Allen和Gale(2000)基于Diamond和Dybvig(1983)的模型构建了具有代表性的基于银行间直接关联性的金融风险传染模型,其模型主要考虑消费者消费时间的不确定性对系统产生的冲击。Leitner(2005)、Gai和Kapadia(2010)、Georg(2013)以及Grilli等(2014)都发现随着银行间连接度的增强,其对银行系统的影响由最初的风险共担转变为风险传染。Tedeschi等(2012)、Ladley(2013)以及Vitali等(2016)除了研究银行间同业拆借市场,还对银行系统进行了扩展,考虑了银行系统中的多主体以及更丰富的经济系统下的银行系统性风险,他们构建的模型也考虑了企业以及储户等主体的影响,除了同业拆借市场,还包含了产品市场以及信贷市场。因而,他们构建的模型更加完善,模拟的银行系统更加接近现实,他们的研究也指出银行间联系具有双重作用。

Nier等(2007)的研究则得出相反的结论,即最初银行间连接度的增加会增加传染效应,但超过某个临界值后,连接度提高了银行系统吸收冲击的能力,使银行系统更加稳定。此外,Iori等(2006)通过构建随机网络下银行同业拆借市场模型,考虑同质与异质两种不同类型的银行系统中的同业拆借市场的作用,发现同质银行系统中同业拆借市场的存在使银行系统更加稳定,而异质的银行系统中同业拆借市场可能会导致"连锁效应"(金融机构内部连锁效应,通常称为"多米诺效应")。邓晶等(2013)的研究发现,银行间联系主要发挥两种作用中的哪种受流动性的影响,当银行系统流动性充足时,它主要发挥风险共担作用,而流动性不足时则主要发挥风险传染作用。Ladley(2013)探讨在系统性的冲击下异质的银行系统的系统性风险,发现同业银行拆借市场的连接度对银行系统性风险的影响随着冲击规模而变化,在较小的冲击下更高的连接度有助于抵抗风险,但是在较高的冲击下则有相反的作用。Calomiris和Carlson(2017)发现,在国家银行时代,银行间网络通常为银行提供货币市场准入,为支付处理提供便利,并帮助银行满足法定准备金要求;而在危机时,银行间网络连接则可能成为流动性风险的来源。

少数的研究只发现了银行间联系的单方面的影响。如 Freixas 等（2000）同样基于 Diamond 和 Dybvig(1983)的模型的假设，进行了类似于 Allen 和 Gale(2000)的研究，只是流动性冲击源于消费者消费地点的不确定性，研究表明银行间联系发挥正向的风险共担作用。相反，Brusco 和 Castiglionesi(2007)、包全永（2005）、王晓枫等（2015）以及周海林等（2015）的研究表明了银行间联系发挥其风险传染作用。Brusco 和 Castiglionesi(2007)构建了类似 Allen 和 Gale(2000)的银行网络结构，发现银行间联系和传染风险具有正相关性，较多的银行间联系使得银行拥有了额外的担保，使其投资不确定性增加，风险上升，反过来也带来了较大的传染风险。包全永（2005）、王晓枫等（2015）以及周海林等（2015）的研究也都表明了风险会通过银行同业拆借网络得到传染与放大。

除了以上关于银行间联系在银行系统性风险发生时所承担的作用研究，许多学者也研究了银行系统中不同系统风险的传染渠道的影响。其中，Georgescu(2015)对银行网络中的监管约束和资金约束所引起传染潜力进行了比较，结果表明由资金约束而产生的传染潜力更高，并且两个传染渠道中哪个占主导地位取决于资本缓冲、流动性缓冲和银行间短期债务水平。Lux(2016)构建了银行与企业间双边信贷网络的随机模型，通过计算仿真实验，发现该模型下的风险传染效应是非线性的，并且银行与企业间的贷款联系形成的交易对手风险渠道比同业银行间的信贷渠道所造成的违约传染更严重。Sun 和 Chanlau(2017)基于网络分析违约传染视角，发现了直接交易对手信用风险对银行系统风险的影响要小于流动性冲击引发的降价出售损失。

另外，万阳松（2007）研究了违约冲击和分摊初始冲击等不同的冲击方式下的银行系统性风险的传染机制。王宗尧和隋聪（2016）建立了动态的银行间拆借模型，研究发现，银行违约及其传染并非突发，而是由累积的风险所致，并提出分布式预警策略。韩景倜和曹宇（2017）基于含有流动性囤积和折价出售两种避险行为的银行间网络模型,发现了前者在初始减缓了系统性风险传染,后者未延缓系统性风险传染,而两者的叠加则加剧了系统性风险传染。此外,李守伟等(2011)基于网络分析法展开对同业银行间的系统性风险分析,发现在随机性攻击下银行系统表现出较好的稳定性,选择性攻击下则不然。范宏和李佳妮(2014)通过构建动态银行网络模型,主要对比分析不同投资行为下的银行系统性风险的问题,发现无约束的银行系统更不稳定。陈冀等(2014)在其研究中发现银行的资本充足率对银行系统的风险损失改善效果不明显,同时还提出需要密切关注流动性效应。

在对银行间系统的系统性风险传染的实证研究中,大部分的国内外学者采用矩阵法,根据银行资产负债表中的总体数据,使用以最大熵为代表的估算方法得到银行间的借贷矩阵,分析银行间的风险传染情况。其中,Upper 和 Worms(2004)以及 Degryse 和 Nguyen(2007)的实证研究都表明,在风险传染效应最大化时,一家银行的倒闭所带来的资产损失在整个银行系统中的占比可能超过80%。此外,Degryse 和 Nguyen(2007)的研究还表明了资产规模、债权债务分布、资本充足率等因素都会导致银行系统性风险传染在不同时期呈现出不同的结果。马君潞等(2007)在对我国银行系统的实证研究中发现,考虑单个银行违约的情况时,能够引发传染的仅有中国银行、建设银行;考虑多个银行违约的情况时,违约是否能引发传染则主要受银行系统组成结构的影响,并且中国银行影响突出。

Mistrulli(2011)和 Kanno(2015a)证实了银行系统的风险传染程度受到倒闭银行规模的影响。其中,Mistrulli(2011)对意大利银行间风险传染的实证研究指出,小型银行倒闭所导致的风险传染效应极其有限;Kanno(2015a)对全球总资产超过500亿美元的银行中排名前202名的银行的实证研究表明,小型或者中型银行的违约通常不会影响整个银行网络的稳定性,而一些中心银行的违约则会在系统中快速传播,对银行网络中的其他银行造成冲击。这也表明那些全球系统重要性银行（global systemically important banks，G-SIBs）在全球同业拆借市场上发挥着中心作用。

Souza(2016)和李程枫等(2015)都围绕银行系统所受的冲击类型和程度的不同对系统中的风险传染的影响展开研究。Souza(2016)在对巴西银行系统的实证研究中设定银行系统遭受的冲击主要为银行不良贷款率的增加和资产价格的下降。结果表明，巴西银行体系是稳健的，不良贷款率的增加只导致系统适度的损失，并发现在严重冲击下（不良贷款率为10%），中型银行对系统损失贡献显著，如果冲击再加重，只有大型银行对损失的贡献最显著。李程枫等(2015)对2012年中国商业银行的实证研究发现，在只考虑银行间直接联系的情况下，单家银行引发系统风险传染的可能性较小；在联合冲击下则传染增强。李守伟等(2014)、李虹含和杨驰(2015)以及王占浩等(2016)都使用我国银行系统的实际数据研究了我国银行的风险传染特性。

Hausenblas等(2015)和方意(2016)主要研究了银行系统中的传染渠道下的风险特征，其中，Hausenblas等(2015)研究了捷克银行系统在2007年至2012年同业银行间风险传染的可能性，主要考虑了信贷传染渠道、流动性传染渠道和资产价格传染渠道。结果表明，由于银行间风险敞口的信用损失导致的传染相当有限，今后研究中可以考虑其他补充渠道，如银行挤兑和其他非正规渠道，以进一步分析未捕获的传染风险和损失。方意(2016)使用2006—2013年中国20家银行的数据进行实证研究，考虑四种传染渠道：银行间主动去杠杆渠道、银行间负债违约渠道、破产银行导致的银行间负债流动性挤兑渠道、银行间负债流动性挤兑渠道。结果表明，前两种渠道最为重要。

此外，Souza等(2015)使用巴西金融系统（包括所有活跃的金融中介机构）的实际数据来模拟和分析其银行间网络的传染。研究发现传染路径较短，且第一轮仅由银行产生，并且中型银行能够产生传染。这意味着规模不是网络内唯一的重要决定因素。Liu等(2017)提出了一种Agent-Based模型，根据6 600家银行的决策规则和季度资产负债表中所反映的行为内生地重建银行间网络。经过实证研究,Liu等提出在研究金融冲击如何通过传染效应传播时,应该考虑银行自身的偏好选择,该方法可以更好地了解银行网络中的传染影响和网络转变。

除此之外,少数的学者采用结构性GARCH(generalized autoregressive conditional heteroskedasticity)模型、空间建模以及回归分析等方法进行银行系统中系统性风险传染的实证研究。其中,Dungey等(2015)使用平稳过渡的结构性GARCH模型,测定金融危机的开始以及结束的日期断点并测量了传染效应,通过实证分析美国的3个典型金融市场,揭示了金融危机的动态性以及在危机过程中传染效应的存在。Tonzer(2015)则基于国际数据研究同业拆借市场中的银行间联系对全球银行系统稳定性的影响,利用1994—2012年主要发达国家的银行系统的年度数据和空间建模的方法进行实证分析。结果表明,国际同业银行间拆借市场的整合对系统性风险的影响不明确,突出表明了双边关系对银行系统性风险具有正向的影响。叶青和韩立岩(2014)使用26个国家(地区)的股票交易数据进行回归分析,主要探究传染差异及传染渠道,结果表明,金融渠道对银行系统性风险影响显著。

1.2.1.2 基于网络结构视角的银行系统性风险研究

随着网络理论的发展,越来越多的学者基于银行系统的网络结构的视角探讨银行在不同网络结构中的系统性风险。通过对国内外已有文献的梳理,发现对不同网络结构下银行系统性风险的理论分析主要集中在三大方面:简单网络结构下的银行系统性风险、无标度网络和核心—边缘网络结构下的银行系统性风险以及不同网络结构下银行系统性风险的对比。

1) 简单网络结构

Allen和Gale(2000)以及Freixas等(2000)是最早在简单网络结构假设基础上展开金融风险传染效应研究的学者。Allen和Gale(2000)的研究认为,完全结构的银行系统的稳定性优于不完全结构的银行系统。在Allen和Gale(2000)的基础上,Babus(2005)将银行间存款数量内生化,提出了完全网络结构总能给银行提供选择最优连接度的条件,而不完全网络结构则不一定能提供此条件。Freixas 等(2000)和 Elsinger 等(2006)的研究则相对比较理性。Freixas 等(2000)将完全结构和环形结构(网络中任意节点都只和其他两个节点相连,并形成一个环)两种网络结构进行对比,认为违约传染取决于模型设定的参数。而 Elsinger 等(2006)则认为,简单区分完全结构与不完全结构不能准确揭示网络结构与银行系统性风险的关系。此外,Acemoglu 等(2015)研究了环形和完全两种结构的金融网络中的系统性风险,发现风险传染具有相变特征:当冲击小于阈值时,受到影响的金融机构比较少,增加银行间联系会在一定程度上提升金融系统的稳定性;然而,冲击一旦超过阈值,冲击就会通过银行间联系扩散和传播,系统稳定性降低。该结论很好地支撑了金融网络的"稳健而脆弱"的特征。

2) 无标度网络与核心—边缘网络

有些学者针对无标度网络和核心—边缘网络下的银行系统性风险展开研究。其中,Teteryatnikova(2014)用异配网络和无标度网络两种方法模拟由操作风险或信用风险引起的特殊的冲击下的银行系统,研究表明,只要高度连接的银行有充分的资本化,银行系统中发生系统性危机的风险和危机的范围都是较低的,并且无标度网络对传染的弹性随分层水平递增。隋聪等(2014)主要研究了无标度网络的银行系统中不同标度参数下的违约传染特征,发现无标度参数对传染程度有重要影响,且影响是非线性的,无标度网络越集中,银行系统中的传染程度越高;但是当基础倒闭银行较少时,无标度网络越集中,倒闭银行的总资产越少。此外,Teteryatnikova(2014)针对异配网络和无标度网络下的研究结论,提出了监管部门应寻求能够促进银行间同业关系形成一个高度层次化的系统的措施,需要对关键银行进行更严格的监管,并且当有银行倒闭并显示出传染的迹象时,应依据银行网络的特点来决定必要的救市范围。

Lux(2015)通过构建同业拆借市场中银行间信贷联系的动态模

型,研究了银行系统的网络结构,设定银行刚开始随机选择潜在的交易伙伴,之后通过一个基本的强化学习算法区分交易对手的优先级。在这个基本动态模型中,由于存在对银行存款的冲击,银行必须不断调整其资产和负债。这一系统的动态演化显示了银行系统的核心——边缘结构的形成过程。此外,他们的研究也发现大部分最大的银行在许多较小的银行之间发挥着传递流动性需求的中介作用,并且从边缘到货币中心银行利益流的不对称性在某种程度上至少可以通过异质的利率被中和。另外,Aldasoro 等(2017)提出了一个银行间市场的网络模型,其中风险控制通过规避银行相互借贷并投资非流动资产进行,传染通过流动性囤积、银行间的相互联系和减价出售外部性来进行,由此产生的网络配置呈现核心——边缘结构,具有异配行为和低密度特征。在此框架内,他们分析了一套程式化的审慎政策对系统性风险/效率权衡的影响。

3) 不同网络结构下的风险对比

一部分学者对不同网络结构下银行系统性风险进行对比分析。Lenzu 和 Tedeschi(2012)通过构建由异质的金融机构形成的银行同业拆借模型,研究了当银行系统面临同等量但是异质的流动性冲击时,不同网络结构下的银行系统性风险以及系统性风险的传染机制。研究表明,当银行系统是异质的情况下,随机网络比无标度网络更加稳定。李守伟和何建敏(2012)、石大龙和白雪梅(2015)都研究了银行系统在随机冲击和选择性冲击下小世界网络、随机网络、无标度网络结构中的银行的传染风险效应,都表明了三种网络在冲击下无标度网络最稳定,且李守伟和何建敏(2012)指出不受银行系统同质及异质的影响。同时,石大龙和白雪梅(2015)进一步提出当网络中具有最多连接的银行受到冲击时该网络结构较为脆弱。

鲍勤和孙艳霞(2014)的研究表明,相比于完全连接网络,核心——边缘的层级网络结构更容易使金融风险扩散从而加重风险。邓超和陈学军(2016)将核心——边缘网络与无标度网络下的银行系统中的风险进行对比分析,发现前者虽然更易遭受系统性风险,但在宏观审慎政策下具有更强的恢复力。此外,Capponi 和 Chen(2015)研究了两种流动性援助政策在动态演化的网络结构下系统性风险缓解效应。研究发现,系统重要性的银行政策在核心—边缘网络结构中更有效,而系统中最大化总流动性的政策在随机网络中是更优的。韩景倜和曹宇(2017)在考虑银行的避险行为对不同网络结构的银行系统的影响时,发现银行采取避险策略时,异质性的无标度网络更稳定;反之则同质性的随机网络表现更好。

此外,巴曙松等(2013)指出,已有的大部分研究都表明了金融网络体现出小世界网络特征,同时也具有无标度网络特征,这些特征都对银行系统的风险传染产生影响,应对此予以重视并加强对金融网络中节点的监测。

对于不同网络结构下的银行系统性风险的实证分析主要分为两方面:第一,利用银行系统的实际数据,对不同国家的银行系统(金融系统)进行实证分析,探讨其所呈现的网络特征;第二,实证分析在不同的网络结构下,银行系统性风险状况。

大部分的学者通过搜集其国家银行系统的相关数据,对其网络结构特性进行实证研究,国外的研究相对成熟,国内起步稍晚且相对较少。Boss 等(2004)对奥地利银行网络的实证、Becher 等(2008)对英国银行网络的实证、Martinez-Jaramillo 等(2010)对墨西哥银行网络的实证、Sun 和 Chanlau(2017)对先进的新兴市场经济体中金融网络的实证研究都表明了银行系统具有小世界网络特征。其中,Boss 等(2004)的研究是最早的专门针对银行网络拓扑结构进行的实证研究之一。而Gabrieli(2011)对欧洲银行网络的实证研究发现,欧洲银行隔夜拆借网络具有明显的小世界网络特征。此外,刘超等(2014)基于复杂网络的分析方法,使用 2007—2009 年我国同业拆借市场的相关数据展开实证分析,发现我国商业银行同业拆借网络具有典型的小世界网络和无标度网络特征。Kanno(2015b)通过评估日本银行间市场双边风险敞口的网络结构,发现日本银行间网络的拓扑结构表现出类似于小世界或无标度网络的特征,这取决于度分布的区域。苏明政和张庆君(2014)利用我国上市公司的银行贷款数据进行实证分析,发现我国银行共同贷款网络具有明显的小世界网络特性。

Inaoka 等(2004)对日本银行网络、Cont 等(2010)对巴西金融系统、León 和 Berndsen(2014)对哥伦比亚金融系统、隋聪和王宗尧(2015)对我国银行网络的实证研究都表明这些银行系统或者金融系统均具有无标度网络特征。其中,Inaoka 等(2004)分析认为日本银行网络是具有自相似特征的无标度网络。Cont 等(2010)基于巴西金融机构相互拆借和资本数据,发现巴西不同金融机构间的连接度和拆借规模具有明显的异质性,从而认为可以用无标度加权网络来反映巴西金融系统的真实状况。León 和 Berndsen(2014)的研究结果表明了哥伦比亚的金融网络展现出模块化的无标度结构,并发现模块化的无标度结构具有以下优势:①在面临随机冲击时具有稳健性,但是在受到有针对性的攻击时则是脆弱的,即体现出金融网络的"稳健而脆弱"的特性;②由于模块化限制级联和隔离反馈,金融网络往往是有弹性的,并且金融机构的聚集有利于局部相互作用的规则性。因此观察到的模块化的无标度结构倾向于使分析的金融网络具有稳健性和弹性,同时也具有脆弱性。隋聪和王宗尧(2015)利用我国 2007—2010 年银行资产负债表数据对我国银行间网络结构特征进行分析,研究发现我国银行间网络呈现出无标度网络特征。

另外,Veld 和 Lelyveld(2014)、Silva 等(2016)、杨海军和胡敏文(2017)以及 León 等(2018)都实证研究了核心—边缘网络的银行系统,其中,Veld 和 Lelyveld(2014)使用 1998—2008 年荷兰银行同业拆借市场的数据集,通过蒙特卡洛模拟以及不同网络模型连接数的误差评分计算,对随机的网络模型(连接信息由随机过程确定,如 ER 随机网络、BA 无标度网络)和确定型的网络模型(网络结构被假设,如嵌套拆分图、核心—边缘网络)进行对比,研究发现核心—边缘网络模型比随机图、优先连接网络和嵌套拆分图更合适实证,且荷兰银行同业拆借市场 100 家活跃银行中约有 15 家中心银行,表明确实存在着系统重要性的核心银行,并且核心银行对整体银行系统具有更大的影响。另外,研究表明虽然核心银行确实与总资产规模相关,但在荷兰银行间同业拆借市场的核心银行中存在一些中型及小型等不明显的银行。

Silva 等(2016)使用巴西 2008—2014 年的金融数据,实证研究了其核心—边缘的金融网络,研究发现核心—边缘网络结构对银行效率的影响是双向的,一方面该结构的金融网络有助于提高银行的成本效率水平,鼓励银行参与金融网络;另一方面其风险承担效率低,意味着金融系统的系统风险水平更高。杨海军和胡敏文(2017)使用我国 30 家银行 2008—2014 年的资产负债表数据,研究了我国银行系统在核心—边缘网络结构下的风险传染效应,其中,中国银行所引起的风险传染程度最高,需要对此予以重视。León 等(2018)研究表明,哥伦比亚银行间同业资金市场呈现出一种不均衡的分层网络结构,类似于核心—边缘网络,其中少数金融机构扮演了中央银行流动性超级传播者的角色。

Iori 等(2008)和 Bargigli 等(2015)对意大利银行间网络结构进行的研究却得出了不同的结论。Iori 等(2008)认为意大利银行间网络结构具有随机网络的特性。Bargigli 等(2015)发现银行同业拆借网络具有很强的不确定性,分为多个层次,并且不同层次之间结构特征也不相同,若仅使用单一结构来研究银行同业拆借网络则不具有代表性,所得出的结论并不完全准确,甚至可能导致错误的结论。这就要求我们在进行银行网络结构的研究时充分考虑不同层次,不同网络结构的影响。

此外,少数的学者通过实证方法对不同的网络结构下银行系统性风险进行对比研究。Degryse 和 Nguyen(2007)通过对比利时银行间拆借数据的研究发现,银行间拆借网络结构对系统性风险传染具有重要作用,且完全规则网络结构中的风险传染范围是远大于具有多个货币中心的网络结构的。高国华和潘英丽(2012)使用我国银行的实际数据分析完全分散型市场结构和相对集中型市场结构下我国同业银行间的风险传染情况,发现前者的风险传染程度低而后者则相对高,并指出大型银行是显著的传染源。唐振鹏等(2016)使用我国16家上市银行2015年的资产负债表数据,基于网络分析法研究了全连接网络和核心—边缘网络中的系统性风险,发现前者中的系统性风险明显低于后者。

1.2.1.3 宏观经济冲击下的银行系统性风险研究

银行系统作为金融系统的最重要支柱,其经营状况是宏观经济的一个重要指标,银行系统的稳定性与宏观经济状况息息相关。通过对基于宏观经济的冲击分析银行系统性风险的国内外相关研究进行梳理,本书发现此类研究主要是围绕宏观经济的波动对银行风险的影响及两者之间的关系展开的。由于宏观经济波动量化的复杂性,目前国内外宏观经济冲击下的银行系统性风险的研究相对较少,且多数研究采用回归分析的方法。

部分学者研究了宏观经济波动与银行风险之间的关系。早期的Borio等(2001)主要从银行信贷风险计量的角度来研究宏观经济波动与商业银行信贷风险关系。李麟和索彦峰(2009)、祁树鹏等(2015)、李育峰等(2016)以及孙光林等(2017)都研究了经济波动与不良贷款之间的关系,并指出从长期来看,两者之间呈反向动态变动的关系。Angeloni(2015)认为在宏观经济呈上升趋势时,银行收回出借款的可能性较高,银行将表现得更加偏好风险,提高信贷额度和增加借贷行为以获取更多利润,从而增加银行的风险承担。类似的,蒋海和陈静(2015)、周晔和高斯(2017)以及武博华等(2017)都实证了我国宏观经济与银行风险承担之间的关系,其研究表明了两者成正相关;并且武博华等(2017)提出了宏观经济增长影响商业银行风险承担的三个渠道:资产负债表渠道、风险偏好渠道以及间接渠道。

于震等(2014)和Mare(2015)的实证研究都表明了探讨银行风险

时考虑宏观经济的必要性,其中,于震等(2014)对中国和日本的信贷周期与经济周期进行识别,并验证了两个周期的相关性。Mare(2015)使用离散时间生存模型,将宏观经济因素加入银行特定的决定因素中来估计合作银行的违约风险,通过使用年度财务报表和宏观经济信息来调查1993—2011年意大利小型合作银行偿付能力的程度。结果表明,当考虑国家和地区层面的经济状况时能更好地捕捉银行破产问题,揭示了经济环境在评估单个银行稳定性中的重要性。此外,Creel等(2015)使用动态的面板GMM估计方法来评估欧盟"金融稳定性"和"经济表现"之间的关系,发现金融不稳定性对经济增长有负面影响。Ashraf等(2017)提出了一个基于代理(Agent-Based)的宏观经济模型,通过该模型来探讨银行系统在支持使自由市场经济系统自组织和自我调节的机制中的作用。研究表明,银行可以提供一种"金融稳定器",而且在经济最坏的情况下银行系统的稳定作用尤其明显,在不太严格的贷款标准下,银行能够在经济最坏的情况下更有效地提升宏观经济表现。

部分学者也探讨了宏观经济波动对银行系统性风险的影响。其中,Nickell等(2000)通过研究宏观经济运行在扩张、收缩和平稳三个发展阶段时商业银行信用等级的变化情况,发现借款人信用等级与经济运行状况息息相关,在宏观经济运行呈收缩状态时,其下降的幅度要大于宏观经济运行呈扩张状态时。Rochet(2004)将宏观经济冲击设定为银行系统遭遇概率为 P 的流动性冲击,通过建立一个简单的具有宏观经济冲击的银行模型,衡量各银行在宏观经济冲击下的风险暴露,并求解预算约束下银行系统的价值最大化问题。该模型为审慎监管(资本要求)以及中央银行的流动性救助提供了内生的理由。张雪兰等(2010)主要研究了宏观经济变量冲击对银行风险的影响,结果表明,实际利率、资本产出比和汇率的变化率对银行体系的稳定有显著的影响,其中前两个变量与银行体系不稳定呈正相关。符林和邱田振(2011)通过实证研究发现经济波动会使银行信贷风险逐步加剧。

Pesola(2011)利用 9 个欧洲国家的商业银行面板数据,研究了实际利率的变化和 GDP 增长率变化对银行贷款损失的影响,发现当银行系统不够稳健时,宏观经济波动对其影响显著,且系统愈脆弱所受到的冲击愈大。Calmès 和 Théoret(2014)研究银行如何应对宏观经济风险和不确定性,检测了银行系统性风险和经济条件变化之间的关系,证实了当面临宏观经济冲击时,银行倾向于采取更同质的行为,且系统重要性银行在经济收缩和危机的时候会产生负的外部性。星焱(2014)基于 2007—2013 年中国 92 家银行机构的面板数据,发现宏观经济增速放缓会使银行的系统性风险增加。Greenwood-Nimmo 和 Tarassow(2016)利用 1960—2007 年美国的数据,通过一个符号约束 VAR 估计模型研究货币冲击和宏观审慎冲击对总体金融脆弱性的影响,发现紧缩的货币冲击加剧了金融脆弱性。此外,Carvallo 和 Pagliacci(2016)探讨了影响委内瑞拉金融稳定性的冲击因素,发现金融不稳定性的不断提升与紧密的货币条件、高利率和升值的国内货币密切相关,并且在委内瑞拉当时的制度框架下,财政和外汇政策行动提供了最强的货币效应,影响银行资金和稳定性。Mendonça 和 Silva(2018)基于巴西 18 家银行 2011—2015 年的数据,使用 ΔCOVAR 框架测量了巴西的系统性风险,然后通过面板数据的实证分析,得出影响巴西系统性风险的主要银行业变量是杠杆和资产收益率、主要宏观经济变量是利率,并提出为了减轻系统性风险,审慎监管政策必须与货币政策协调。

1.2.1.4 央行作用下的银行系统性风险研究

在已有的对央行调控下的银行系统性风险的研究中,有的学者通过利用复杂网络理论构建具有中央银行的银行网络模型,研究中央银行的活动对银行间市场的影响;有的学者利用实际数据进行回归分析,研究央行对银行间市场运作的影响。通过对已有相关文献的梳理,本书发现,对央行作用下的银行系统性风险进行的研究目前主要分为两种:一种是从宏观上直接验证央行活动对银行系统稳定的影响;另一种是针对央行不同的调控政策展开研究,探讨不同的政策或者在不同的约束条件下央行的干预所发挥的作用。

目前已有许多国内外研究表明了央行活动对银行系统稳定性的积极影响。其中,Georg 和 Poschmann(2010)基于金融危机造成银行倒闭的背景,通过利用随机网络理论构建了具有中央银行的随机银行网络模型,在这一模型中银行根据其风险和流动性偏好最优化其风险投资组合。通过引入相对风险规避效用函数在模型中考虑风险投资,他们研究了中央银行的活动对银行间市场的影响。结果表明系统性冲击对系统的稳定性具有更大的威胁,中央银行的干预活动既提升了银行系统的稳定性也增加了银行同业拆借市场上的流动性供应。Lovin(2014)通过收集 2007—2013 年罗马尼亚银行系统数据、国内外金融市场数据,使用具有两个多元线性回归的模型分析雷曼兄弟破产后中央银行公开市场业务以恢复银行系统稳定性的能力。结果证实,罗马尼亚中央银行开展公开市场业务(回购交易、提供短期贷款)改善了其银行体系的流动性,防止了无序的去杠杆化,然而,由于长期全球金融和经济危机的严重性,信贷增长率并未恢复到 2008 年 10 月之前的水平。

周海林等(2015)在构建银行同业拆借市场网络模型时考虑了风险资产,使模型更加完善,并利用我国银行的实际数据分析了中央银行对商业银行系统性风险的影响,研究表明中央银行能够显著降低其风险。Pereira 和 Saito(2015)基于巴西中央银行监管数据建立的独特数据库,使用动态实证模型评估了中央银行对银行监管的有效性。他们研究发现,中央银行的监管在市场纪律薄弱的市场和以顺周期方式行事的小型银行中起着重要作用。在该情况下,特别监管关注小型银行可能提高银行系统的弹性。

Garcia-de-Andoaina(2016)的研究运用来源于主要欧元区的支付系统中的最新 2008—2014 年的银行同业交易数据,通过结构化向量自回归,研究欧洲中央银行充足的流动性供应对隔夜无担保银行同业拆借市场运作的影响。分析表明,中央银行流动性供应对同业拆借市场有两大影响:①中央银行的流动性替代了对同业拆借市场中的流动性需求,尤其是在金融危机期间;②在主权债务危机期间,增加了对有压力国家的同业拆借市场中的流动性供应。此外,Cheng 等(2017)的研究表明,在没有中央银行援助的情况下,抵御系统性银行业危机的主要工具——金融安全网(银行监管和政府存款担保)可能无法阻止大规模银行挤兑的发生,会恶化银行或政府的财务状况。

许多学者也对中央银行的调控政策及其在不同约束条件下发挥的作用进行了研究。

其中,Steiner(2013)使用1970—2010年静态的和动态的面板数据进行实证分析,研究表明,中央银行在经历了金融危机后会修改其储备策略,并且在危机之后显著增加其储备。Fiordelisi 等(2014)使用来自最先进的货币区(欧元区、日本、美国、英国和瑞士)的2007年6月至2012年6月的货币干预政策的详细数据,采用事件研究法分析货币干预政策在银行间信贷市场、股票市场以及银行业中的影响。该研究根据央行的调控目的,把货币干预政策分为扩张性的措施如降低利率、金融缓和、提供流动资金,和紧缩性的措施如增加利率、结束金融缓和、限制流动性。结果表明,中央银行的利率决策只有在利率不变或增加的情况下才会产生显著的市场反应,在利率降低时则影响不大;中央银行对流动性的干预政策只有在流动性供应的情况下是有效的,在流动性减少的情况下则不是。范宏和李佳妮(2014)研究了中央银行的不同决策对银行系统性风险的影响,发现在未约束的银行投资行为使银行系统不稳定时,中央银行通过调整存款准备金率对系统性风险影响不大,而对银行提供援助(增加资产抵押率)时则能一定程度上降低系统性风险。

Corbo(2010)提到,在应对金融危机时,中央银行促进金融稳定性的合适的工具主要有:以罚款率为银行的优质抵押品提供广泛的流动性支持、调整货币政策利率(总需求的预期下降时,当局应积极降低政策利率)。另外,中央银行还可以使用以下辅助工具:直接干预金融市场、放松担保要求、与外国央行货币进行互换,以外币提供流动性支持。宋昕(2017)从我国中央银行"缩表"的视角定性地分析银行系统的脆弱性,并提出中央银行"缩表"是减少银行系统的脆弱性的一个有效工具。Tomuleasa(2015)与 Horváth 和 Dan(2016)都通过实证研究表明了中央银行政策透明度的不断提高将导致更高的金融稳定性,但是 Horváth 和 Dan(2016)的实证研究表明该透明度对系统性风险具有非线性效应,如果透明度过高,则不利于金融的稳定。Tayssir 和 Feryel (2018)使用 89 个国家 1980—2010 年的面板数据进行实证分析,研究表明了中央银行的法律和实际独立性以及透明度在提升金融发展水平中有重要影响,尤其是对发达国家。此外,Criste 和 Lupu(2014)提出,中央银行应在确保维持价格稳定(主要目标)与促进金融稳定性之间取得平衡,并且,随着全球化的发展,中央银行必须与其他机构和金融当局合作,交换有关共同利益的信息,以有效地防止和管理潜在的危机,这已成为促进金融稳定的先决条件。

1.2.1.5 宏观审慎监管下的银行系统性风险研究

2008 年全球金融危机爆发后,各国学者及相关监管部门意识到微观审慎监管的不足,而基于系统性风险视角的宏观审慎监管由此成为热点。本书通过对国内外已有研究的梳理,发现对宏观审慎监管下的银行系统(金融系统)的研究主要集中于以下两大方面:第一,通过对权威金融机构的政策解读以及对相关资料的分析,对宏观审慎监管进行理论概述;第二,通过实证研究,从以下四个视角对银行系统的宏观审慎监管进行深入解读:基于银行系统性风险探讨宏观审慎监管、分析实施资本要求的影响、分析宏观审慎政策的实施效果及其与货币政策的相互作用以及研究新的监管指标。

1) 宏观审慎监管的理论概述

在理论研究方面,已有的宏观审慎监管下的银行系统研究主要是对宏观审慎监管进行理论分析,包括对常用的宏观审慎监管工具的介绍、对微观审慎监管和宏观审慎监管的对比分析以及对监管变化的总结等。

Davis 和 Karim(2009)、苗永旺和王亮亮(2010)、何德旭等(2010)以及 Galati 和 Moessner(2013)都指出了实施宏观审慎监管的必要性。Davis 和 Karim(2009)认为金融危机不是随机事件,而是呈现出几个阶段,需要监管金融市场并承认金融不稳定,这导致许多央行采取宏观审慎监管措施;何德旭等(2010)指出虽然我国短期内不会发生金融危机,但是长期来看,为了维护我国金融系统的稳定需要进行宏观审慎监管。

Balogh(2012)总结了金融稳定委员会、国际货币基金组织和国际清算银行已经确定的几个常用的宏观审慎工具:①解决来自系统中过度的信贷扩张的威胁的工具,如随时间变化的资本要求(如风险权重)、信贷或信贷增长上限、贷款价值比率(Loan to Value,LTV)、法定存款准备金等;②解决系统性风险的关键放大机制的工具,如期限错配限额,外币贷款上限,对非核心资金征收等;③减轻结构性漏洞和限制来自压力的溢出的工具,如与系统的重要性相关的额外损失吸收性,针对系统性风险的市场和机构的披露政策,对系统重要性的金融机构的决议要求。针对以上主要宏观审慎工具,Kahou 和 Lehar(2017)、Mester(2017)以及 Ramos-Francia(2017)分别从不同的角度进行了分类汇总,其中,Kahou 和 Lehar(2017)从解决系统性风险的视角,对主要的宏观审慎工具从量化各银行对整体系统性风险的贡献来调整资本需求或资本附加的横截面维度和逆周期资本缓冲、动态供应、流动性覆盖率(LCR)[①]等时间维度进行汇总;Mester(2017)将宏观审慎工具分为两类:结构性工具和周期性工具,结构性工具旨在整个商业周期中建立金融系统的弹性,包括《巴塞尔协议Ⅲ》基于风险的资本要求、

---

① 流动性覆盖率(liquidity coverage ratio,LCR),定义为30天压力期内高质量流动资产与总净现金流出的比率。

最低流动性要求、衍生品的中央清算和生存意愿决议计划),周期性工具旨在减轻可能在商业周期中积累的系统性风险,包括反周期资本缓冲、资本保护缓冲、压力测试场景以及贷款与价值比率(loan to value ratio,LVR)限制和债务与收入比率(DIR)限制;Ramos-Francia(2017)则从被监管对象的主体类型对宏观审慎工具进行分类,主要分为对借款人的限制、对金融部门资产负债表的限制,另外还有资本规定和附加费、税务或征税等。

范小云和王道平(2012)对全球金融监管框架——《巴塞尔协议Ⅰ》《巴塞尔协议Ⅱ》和《巴塞尔协议Ⅲ》进行了对比分析。李健全(2010)和Tomuleasa(2015)都对宏观审慎监管和微观审慎监管进行了对比。其中,李健全(2010)通过相关文献的回顾分析,指出两者的目标是一致的,差别仅在于审慎监管的角度、方法的不同;Tomuleasa(2015)指出宏观审慎政策的目标是整个金融体系的可行性,其主要目标是避免因金融体系不稳定而产生的宏观经济成本,以及降低系统性风险。微观审慎政策和宏观审慎政策在方法上有所不同。微观审慎方法是从单个层面、一个机构来考虑金融稳定性,其假设应用更简单更灵活;而宏观经济方法需要整个金融系统的支持。而乐玉贵(2014)指出银行业宏观审慎监管的目标应该是防范系统性风险、支持实体经济发展、实现货币政策目标的"三位一体"的有机结合。此外,Cihak等(2013)通过分析全球金融危机背景下的监管措施的变化特征,发现在全球危机背景下,尽管一些改革正在进行,但监管的变化是缓慢的、渐进的,并且发现监管变化的领域主要在于银行资本化、治理、活动、多样化、审计和存款保险等方面。Butzbach(2016)指出当前宏观审慎监管政策中未注意到银行异质性对系统性风险的负面影响,因而提出了银行监管的多样性—增强框架,该框架基于对银行业的多样性的多层次了解,要求在监管领域内使用多种监管和政策工具,并且需要根据各国的需求和银行结构进行调整。田海山等(2016)提出宏观审慎管理的关键是运用合适的政策组合工具及时有效地发现、测度与管理系统性风险。

2) 对宏观审慎监管的实证研究

对宏观审慎监管的深入解读与实证研究主要从以下四个方面展开。

第一,一些学者通过对银行系统性风险的实证分析来探讨宏观审慎监管下的银行系统。例如,高志勇(2010)选取 2009 年年初美国 18 家上市商业银行的股票数据实证研究美国银行系统性风险,发现美国银行业系统性风险较高已超过危机前,因而控制系统性风险是当前金融监管机构的重中之重。Lim 等(2011)检查了宏观审慎工具在 49 个国家中减少系统性风险的有效性,研究表明,许多最常用的宏观审慎工具在降低信贷和杠杆的顺周期性方面是有效的,但宏观审慎工具的效果取决于金融部门面临的冲击类型。欧阳红兵和刘晓东(2014)提出最小生成树(MST)方法能够识别系统性风险的传导路径,因而可以作为宏观审慎监管的一个有效工具。于蓓(2015)采用 2003—2014 年我国 16 家上市银行的数据进行实证研究,发现我国上市银行的系统性风险具有明显的累积性特征。因此提出,在实施宏观审慎监管时,可以对大型商业银行重点监测。Du(2017)依据《巴塞尔协议Ⅲ》构建了 LCR 用于美国银行控股公司探讨 LCR 对系统性风险的边际贡献,2005—2012 年的面板回归结果表明,LCR 与较低的相对系统性风险相关,并且 LCR 可以与边际预期缺口结合使用以预测企业在 2007—2008 危机期间的系统性损失。Poledna 等(2017)使用 Agent-Based 模型来研究和比较两种系统性风险的金融监管方式:降低 G-SIBs 或 D-SIBs 的金融脆弱性、通过重新塑造金融网络的结构降低大规模级联事件的概率。三次计算机实验表明,重塑金融网络比减少金融脆弱性更有效和高效;G-SIBs 的资本附加费可以降低系统性风险,但为了产生可衡量的影响,它们必须比目前的《巴塞尔协议Ⅲ》提案中规定的大得多,这会导致效率降低。Altunbas 等(2018)通过使用大量的银行面板数据,主要研究宏观审慎政策对银行风险的影响。研究表明,宏观审慎工具对银行风险有重大影响,各银行对宏观审慎工具的变化反应各不相同,具体取决于其特定的资产负债表特征,规模小、资本薄弱且批发资金份额较高的银行对宏观审慎工具的变化反应更为强烈。控制银行特有的特征,宏观审慎政策在紧缩情况下比在宽松情节中更有效。

第二,已有研究中有部分学者主要围绕对银行系统实施资本要求,探讨其监管效果。这些研究有的表明了实施资本要求有助于降低银行系统性风险,有的则发现实施资本要求对银行系统性风险具有双重影响。其中 Berger 和 Bouwman(2013)研究美国银行系统中资本如何影响银行绩效,以及该影响在银行业危机、市场危机以及正常情形下的不同。他们的研究表明,在任何时候资本都有助于提高小银行的生存率和市场占有率,以及资本主要在银行业危机期间提高了中型银行和大型银行的绩效。Karmakar(2016)的研究也表明了更高的资本要求可以抑制商业周期波动和提高福利,有助于银行更好地吸收冲击,且反周期资本要求也有助于降低波动性、提高福利。

与之相反,García-Palacios 等(2014)引入银行系统中固有的道德风险问题,并考虑监管、政策措施和银行行为之间的相互作用,通过建立效用函数以及比较分析,发现增加资本要求并不总是最优的政策,因为资本代价高、费用高,且它降低了在长期生产技术上的投资。当储户和投资者不重视公共品,投资于风险资产的概率足够小时,资本重组是最佳的政策选择;当投资于风险资产的概率增加时,资本要求是最优选择。Zhou(2013)也探讨了实施资本要求对系统性风险的双重影响,通过构建金融机构风险承担行为的静态模型指出实施资本金要求具有双刃性的影响:虽然施加资本金要求可以降低单个风险,但它同时增强了系统内的系统性联系,这个权衡可能会导致监管系统中的系统性风险比不受管制的系统中的更高。此外,这一研究也指出在银行的资产负债表的负债比他们的资产更异质的情况下,监管系统中的系统性风险总是较低。Liao 等(2015)用相关的 Merton 资产负债表模型以及网络清算算法,来衡量系统风险以及它如何随着银行资本要求而变化。该研究使用 5 种风险分配机制来分配系统性风险给单个银行,用每个银行对系统性风险的贡献来衡量其宏观审慎资本要求。这一研究发现实施宏观审慎资本要求使单个和多个银行的违约概率降低了多达26%,通过对银行系统实施宏观审慎监管能够大大提升金融稳定程度。所有的风险分配机制表明,宏观审慎的资本要求与银行规模显著相关,并且宏观审慎的资本要求也和银行风险呈正相关,更多的资本可以抵御同业银行间的潜在损失。此外,Liu(2017)提出了一种基于风险的方法,将宏观金融动态整合到新《巴塞尔协议Ⅲ》规则所要求的最低资本要求估算中,特别是使用各种状态转换模型,描述了与经济衰退和危机相关的高风险制度所强调的最低资本要求。实证结果表明,为阻止过度的风险承担,这一方法所计算出的资本要求比《巴塞尔协议Ⅱ》下的估计高2~3倍。张宝(2012)研究了系统重要性金融机构(Systematically Important Financial Institutions,SIFIs)的评价标准、监管动因及措施。研究认为针对SIFIs设定系统性资本要求是应对系统性风险的重要举措,但我国对SIEIs提出的1%的系统性资本要求并不认同。

  第三,还有学者主要分析宏观审慎政策的实施效果及其与货币政策的相互作用。其中,于震和张超磊(2015)采用多种实证分析方法检验日本信贷周期在2003年前后的变化并评价其宏观审慎监管效果。结果表明,宏观审慎监管的实施有效地抑制了日本信贷顺周期性,降低了金融系统性风险。Kara(2016)简要介绍了土耳其在2011—2015年采用的宏观审慎政策方针。土耳其的宏观审慎政策侧重于遏制全球流动性周期的不利影响以及相关的资本流动波动对国内经济的影响,该分析指出宏观审慎政策的设计和实施在很大程度上取决于国家的具体情况,具体取决于经济的初始周期性和结构性特征以及制度背景,宏观审慎政策显著地促进了再平衡进程,并增强了经济抵御外部冲击的弹性。Cerutti等(2017)记录了2000—2013年119个国家使用宏观审慎政策的情况,发现新兴经济体偏爱使用宏观审慎监管政策,特别是利用其中与外汇相关的监管政策;而发达国家更偏爱使用基于借款人的监管政策。回归分析指出宏观审慎政策通常与信贷增长率的降低有关,且这种关联性在更发达和经济更开放的经济体中较弱。宏观审慎政策对房价的增长可能有一定影响。另外他们还发现,这些宏观审慎政策在繁荣时期能比在金融周期的萧条阶段更好地发挥作用。Kim 和 Lee(2017)采用包括定性变量和基于贝叶斯估计的反事实分析的 Qual VAR 模型,对 2010 年以来韩国引入的与外汇相关的宏观审慎政策的影响进行了实证评估。结果表明,韩国与外汇相关的宏观审慎措施有效地抑制了过多的资本流入,尤其有助于缓解外汇市场的脆弱性,并且宏观审慎政策的影响因政策类型和银行类型而不同。此外,苏明政等(2017)基于现阶段我国金融市场发展失衡的现状,对我国宏观审慎政策工具的有效性进行了研究,结果表明,存款准备金率的监管效果最为显著,并提出应结合具体情况实施差异化的宏观审慎政策以及与其他政策协调配合。

亦有许多研究从宏观审慎政策与货币政策的相互作用角度对金融系统的系统性风险进行了研究。其中,Rubio 和 Carrasco-Gallego(2014)构建了一个具有住房和抵押约束的动态随机一般均衡(DSGE)模型,分析信贷增长的宏观审慎规则——贷款与价值比率(LTV)和传统的泰勒规则下的货币政策相互作用对金融系统的影响。研究发现,两者之间的相互作用明确地增强了经济体系的稳定性。赵胜民等(2014)也建立了 DSGE 模型,使用实际数据研究我国央行在宏观审慎框架下的独立性问题。结果表明,货币政策和宏观审慎政策均由央行制定实施,央行的宏观审慎监管并不独立。另外,在以总产出和通胀作为目标变量时,分别独立执行这两种政策会更佳。Bruno 等(2015)调查了 12 个亚太国家的宏观审慎政策和资本流动管理政策,他们的研究表明,当宏观审慎政策通过加强货币紧缩来补充货币政策时比在相反方向上行动时更为成功。

Rubio 和 Carrasco-Gallego(2016)使用一个具有住房市场、银行、借款人和储蓄者的 DSGE 模型来研究货币政策与巴塞尔协议之间的相互作用。在该模型中有两个政策当局:负责货币政策的中央银行和负责宏观审慎政策的宏观审慎当局。央行的目标是通过利率实现宏观经济稳定(通货膨胀和产出),宏观审慎当局的目标是使用巴塞尔协议的资本要求比率来实现金融稳定。结果表明,当资本要求比率增加时,货币政策需要更加激进,因为此种情况下效率较低,但这种政策组合使经济和金融体系更稳定。Popoyan 等(2017)提出了一个 Agent-Based 模型,主要研究不同的宏观审慎监管与其在可选的货币政策规则下相互作用对金融部门稳定性和经济表现的影响。研究结果表明,三重任务泰勒规则(侧重于产出缺口、通货膨胀和信贷增长)下的货币政策和《巴塞尔协议Ⅲ》宏观审慎监管是提高银行业稳定性和平稳产出波动的最佳政策组合。另外,《巴塞尔协议Ⅲ》的组成部分是不可附加的,这表明宏观审慎框架的复杂性。

此外,周胜强等(2012)通过对我国央行货币政策麦克洛姆规则的检验,证明央行在宏观审慎监管中的调控是有效的,并据此指出我国宏观审慎监管框架应以央行为主导。Masciandaro 和 Volpicella(2016)提供了计量经济模型来探讨政策制定者决定将宏观监管权力分配给央行的驱动因素,识别了三个潜在的驱动因素:微观监管参与、货币政策自由裁量权以及整体制度独立性。研究发现,已经主管微观监管、具有较低的货币政策自由裁量权和较少的政治独立的央行更有可能获得扩大的宏观审慎权力。

第四,考虑到制定宏观审慎监管政策时监管指标的缺失,一些学者尝试提出新的监管指标,例如 Calmès 和 Théoret(2013)基于杠杆视角,认为传统的杠杆指标(资产与权益之比)在衡量总杠杆时具有滞后性,且随着时间的变化是固定的,不足以监控银行杠杆。为了补充《巴塞尔协议Ⅲ》中的宏观审慎框架,他们提出了一个新的风险指标——基于弹性的杠杆测量,通过引入 Kalman filter 方法来模拟回归系数的动态性,并仿真杠杆的最优轨迹,以银行风险的增加来检测金融失衡的积聚,它有助于追踪银行系统性风险的时变范围,且宏观审慎分析主要关注总杠杆中的短期波动,能够提供更有益的银行风险的测量。Cuong等(2016)应用部分调整模型以及1991—2012年银行持股公司的数据,通过构建回归模型,研究净稳定资金比率(net stable funding ratio,NSFR)调整速度对系统性风险的影响,其中NSFR的计算公式为稳定资金的可得金额与稳定资金的所需金额之比。这一研究发现,具有即时交易平衡的银行在应对《巴塞尔协议Ⅲ》的流动性需求时,往往能够快速调整NSFR,因此降低了系统性风险。因此,Cuong等推荐将NSFR作为衡量影响系统性风险的一个实时指标,这对于《巴塞尔协议Ⅲ》的修订也有一定的参考价值。此外,李静婷等(2012)通过对国际上已建立的宏观审慎监管预警指标集进行比较分析并对其在中国的适用性进行检验,指出我国宏观审慎监管的预警指标应包括失业率、房屋销售价格指数、居民销售价格指数、消费者信心指数、汇率、存款准备金率、资本储蓄比等。

1.2.2 基于银行与其他经济部门间金融网络的系统性风险研究

随着全球经济的深化融合、互联网金融的快速发展,金融风险的滋生和传播呈现出前所未有的复杂性。在此背景下,我国政府高度重视金融风险的防控,多次强调主动防范和化解系统性金融风险的重要性。金融系统中的风险不仅可能导致个别机构的不稳定,而且有可能通过银行、投资、企业、非银行金融机构等不同实体间的复杂联系进一步传播与扩散,引发系统性风险,对经济安全和社会稳定构成威胁。本部分梳理了基于银行与其他经济部门间联系的系统风险相关研究。

1.2.2.1 基于银行与资产间投资组合网络的系统性风险研究

不同于基于"银行—银行"直接传播渠道的研究,"银行—资产—银行"间接传播渠道下的相关研究还不够成熟,但已引起了国内外学者的广泛关注。间接传播渠道下的银行系统性风险的研究主要探讨不同银行在投资相同种类的资产时,资产价格的变化对银行系统性风险的影响。

已有的相关研究很多是围绕资产价格引发的金融风险展开的。其中,Shleifer和Vishny(2011)主要是针对"资产降价出售"的相关文献进行综述。Tsatskis(2012)构建了资产价格变化引起银行系统性风险的银行网络模型,重点量化了资产价格的变化。但是该研究仅构建了相关模型,并未展开进一步的探讨和实际应用。Duarte和Eisenbach(2013)提出了大型银行资产降价出售的"脆弱性指数",主要研究了相关因素对"脆弱性指数"的作用,以及该指数能够度量针对降价出售溢出的系统性风险。Braouezec和Wagalath(2019)构建了一个以资产价格为导向的框架,发现在资产价格影响下银行倒闭的传染效应是显著的。最新的相关研究中,Tasca等(2017)将网络理论和投资组合理论相结合,主要研究外部资产的多样化水平对银行倒闭概率的影响。姚鸿等(2019)基于简化的数学模型,研究发现减少投资组合多元化和控制银行拆借比例等能够一定程度上降低系统性风险。Squartini等(2017)和Gangi等(2018)分别使用改进的CAPM模型和最大化熵的方法重建了银行—资产双边金融网络,研究因降价出售效应导致的系统性风险。

此外,也有许多研究以银行或金融机构与资产的双边网络模型为基础。其中,Huang等(2013)和Levy-Carciente等(2015)都构建了银行—资产双边网络模型,分别对美国商业银行以及委内瑞拉银行进行实证研究,发现该模型能够用于金融系统的系统性风险压力测试研究。Chen等(2014)基于资产价格传染提出了一个公司—资产双边网络模型来分析金融市场的系统性风险,研究发现杠杆在资产价格传染过程中具有重要作用。类似地,Caccioli等(2014)构建了银行—资产的双边网络的银行系统,研究银行重叠的投资组合下银行网络的系统性风险特征。Caccioli等(2015)则基于Caccioli等(2014)进一步构建了银行间的交易渠道以及重叠的投资组合渠道下的银行网络模型,实证研究这两种渠道下银行系统中的系统性风险,发现系统性风险主要是来自这两种渠道的相互作用。方意和郑子文(2016)使用银行持有共同资产的网络模型重点研究系统重要性传染路径。范宏和刘春垚(2019)基于Caccioli等(2014)的金融网络模型对双边网络下的金融风险展开研究,主要仿真研究了系统中不同因素的影响。Paulin等(2019)主要研究基金—资产网络对系统性风险的影响,特别关注重叠资产组合的替代网络结构的影响。研究表明,在资产组合高度重叠情形下,金融风险的传染速度是投资组合多样化的非单调函数,而在某些情况下增加投资组合的重叠则有利于金融系统稳定。

1.2.2.2 基于银行与企业间信贷网络的系统性风险研究

考虑到企业是银行的主要贷款对象,企业自身的发展对国民经济及银行运行状态具有显著影响,越来越多的学者通过刻画复杂金融系统中影响银行运行状态的另一主体——企业来研究银企网络下的系统性风险。

首先是基于单层银企网络下的相关研究。Riccetti等(2021)构建了一个Agent-Based的宏观经济模型,研究银行与企业间的信贷市场在不同经济周期阶段的相互作用。Di Guilmi等(2020)基于Gatti等(2010)简化的信贷网络构建了银行—企业双边信贷网络,并使用统计物理学方法刻画企业与银行的行为及银行—企业信贷网络的动态演化。研究表明,当企业违约导致银行破产时,会产生系统性影响,并改变信贷网络的度分布。之后,还有一些学者对银企网络展开进一步分解,研究多层银企网络下的系统性风险。Luu和Lux(2019)采用2007年西班牙银行和企业的实际数据,将原始的银企双边网络分解为代表不同工业部门的多层网络,主要研究西班牙多层银行—企业信贷网络的重叠性和相关性。Li等(2020)和马钱挺等(2021)都根据贷款期限的不同,构建了包含短期借贷网络与长期借贷网络的多层银企网络。其中,Li等(2020)除了考虑银行—企业信贷联系,还进一步细化了共同融资银行间联系及共同融资企业间联系,使用DebtRank法实证研究银行和企业的系统性风险贡献。研究发现资产规模大的银行具有较高的DebtRank,并且企业是造成系统性风险的主要因素。马钱挺等

(2021)考虑不同贷款期限的银企间借贷关系及不同投资周期的银企间共同资产关系,构建了四层的银企网络模型,仿真研究多层网络结构和银企主体行为对系统性风险的影响。研究表明,多层网络的共同冲击对系统性风险的影响明显高于任两层网络的共同作用。

其次,在银企网络基础上,还有部分学者进一步加入了银行间网络,对系统性风险展开更深入的分析。Lux(2016)先构建了银行与企业间的双边信贷网络随机模型,然后将该网络嵌入银行间网络模型中,形成了多层的金融网络,通过大量的仿真计算,研究该多层网络系统中的系统性风险。研究发现,银行企业信贷渠道比银行间拆借渠道更容易引发传染风险。Silva 等(2018)使用 Silva 等(2017)中包含银行间及银行—企业信贷联系的多层金融网络模型,收集巴西银行及企业的实际数据实证分析银行及企业净权益遭受外部冲击时所引发的系统性风险,发现国有银行最容易受到企业的冲击,并且网络结构影响显著,提出在研究系统性风险时应采用多层网络并充分考虑经济主体之间的相互联系。Grilli 等(2020)应用内生性学习机制重点刻画银行—企业信贷网络和银行间拆借网络的动态演化,仿真研究主体行为和网络结构对经济活动的影响,提出要关注信贷市场的结构,避免网络过于集中。不同于上述学者,隋新等(2020)在银行与企业间信贷关联基础上,进一步考虑银行与企业间的担保关联,构建了银行—企业多金融关联网络模型,基于复杂网络刻画了银行—企业多金融关联网络并对其网络特征展开了仿真分析,发现该网络下企业规模分布涌现出幂律尾部特性。

1.3 文献述评

国内外学者基于以上不同的视角对金融系统建模及其系统性风险进行研究,并已取得丰富的成果,通过对现有的相关研究的梳理,本书认为已有研究中仍存在以下不足。

1) 基于银行间网络的银行系统性风险相关研究的不足

（1）大部分学者通常在银行系统中引入对某个银行的随机冲击或者对整个银行系统的系统性冲击来探讨冲击对银行系统性风险的影响。该类冲击直接作用于银行系统，属于被动式冲击，而宏观经济波动对银行系统的冲击是更符合经济规律的主动性冲击。当前在研究宏观经济波动对银行系统性风险影响时，大部分是直接设定宏观经济变量，通过相关变量之间的回归分析展开研究，未对宏观经济的波动进行量化，没有将其作用于到整个银行系统展开研究，很难揭示其对银行系统所产生的具体影响。另外，已有的宏观经济的冲击也都是静态冲击，不能深入地探讨银行系统内在的演变，使研究受限。

（2）针对金融危机爆发对银行系统的深远影响，各国在尝试恢复其银行系统稳定时都无一例外地发挥了中央银行的调控作用。因此，在银行系统性风险研究中引入中央银行是必要的，而当前研究大部分讨论银行间同业拆借市场，对中央银行的关注较少，且已有的少量关于中央银行的研究尚不够深入，当前已有研究集中于中央银行参与到银行系统对其整体的积极影响，未能深入全面地分解央行的各政策对银行系统的具体影响。

（3）2008年全球金融危机爆发后，各国学者及相关监管部门都意识到微观审慎监管的不足，因而，基于系统性风险的视角进行宏观审慎监管成为热点。已有研究以定性的理论分析为主，有少数学者建立线性回归模型验证宏观审慎政策的实施效果或建立网络模型探讨宏观审慎监管与银行风险，模型还不够完善，尚未获得显著性研究结论。此外，新的监管指标也有待进一步挖掘。

2) 在基于银行与跨经济部门间金融网络的系统性风险相关研究的不足

（1）"银行—资产—银行"这一间接传播渠道下的相关研究相对不足，且该渠道下通过使用复杂网络理论构建银行—资产双边网络模型展开研究已成为主流，其中，Caccioli等（2014）、张吟等（2016）、范宏和刘春垚(2019)都基于银行—资产双边网络展开了仿真研究,而未涉及实证研究;Caccioli 等(2015)只对银行间交易渠道利用澳大利亚银行系统数据展开实证研究,而重叠的投资组合渠道并未进行实证,且该部分的模型相对简单;Huang 等(2013)和 Levy-Carciente 等(2015)都基于银行—资产双边网络模型进行了实证研究,但都不是针对中国的银行系统且其分析都是基于银行视角;方意和郑子文(2016)针对我国银行系统展开了双边网络下的实证研究,但主要分析的是风险传染路径。因而,基于双边网络模型对我国银行系统的系统性风险的实证研究较为匮乏。

(2) 当前系统性风险的相关研究以银行间拆借市场为主,而对银企间信贷网络下的系统性风险研究较少;同时,已有的基于银企间信贷网络的系统性风险研究大都基于单层的银企信贷网络,个别学者如 Luu 和 Lux(2019)、Li 等(2020)、马钱挺等(2021)研究了多层的银企网络下的系统性风险,但这类研究尚不能够充分分析系统性风险。有少数学者,如 Lux(2016)、Silva 等(2017)、Grilli 等(2020)基于银行间与银企多层金融网络研究了系统性风险,但未考虑金融系统中宏观经济波动对企业经营的影响及其在多层金融网络中所引发的系统性风险。

综上,当前基于单层金融网络系统性风险的研究较多,而基于多层金融网络的相关研究则仍较少考虑了多个主体及其之间的相互联系所构成的多层复杂金融网络的相关研究更是少见。由于金融主体及其互相之间联系的多样性与复杂性,很有必要基于多层网络视角对复杂金融系统展开进一步的研究。

1.4 研究内容与研究方法

1.4.1 研究内容

针对已有研究的不足,本书主要从银行间网络及银行与跨经济部门金融网络两个角度出发,基于银行间拆借网络、银行—资产投资组合网络、银企信贷网络及其组合下的多层金融网络进行复杂金融网络系统建模,并展开系统性风险分析,本书框架结构如图 1-1 所示。

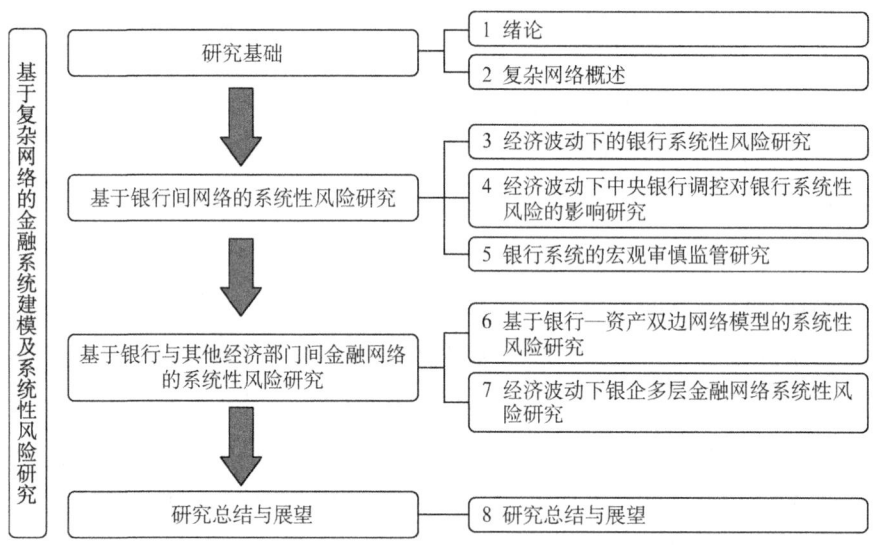

图 1-1 本书框架结构

本书具体研究内容主要分为以下几个部分。

第一,经济波动下基于银行间网络的系统性风险及宏观审慎监管研究。这一部分研究首先设置趋势性及相关性参数,构建具有波动性的银行动态投资收益率,进而定量构建宏观经济呈上升趋势、宏观经济呈下降趋势以及宏观经济呈随机趋势三种宏观经济动态波动情景,在此基础上,根据银行间资产负债表的联系构建具有宏观经济动态波动的银行系统网络模型,以及加入中央银行后的银行网络系统模型;其次,编写相关算法,进行多次仿真,研究不同的宏观经济动态波动下,在银行系统的演化过程中调整系统中重要参数及央行调控措施对系统性风险的影响;再次,利用各上市银行的历史股价数据,通过 KMV

模型估算出银行资产期望收益的波动率和漂移率,确定银行资产的动态演化,通过银行的初始负债以及利率影响下负债的变化确定银行负债的动态演化,根据不同的风险分配机制来获得银行的宏观审慎资本要求,展开对我国银行系统的宏观审慎监管的实证研究,同时,将宏观经济的动态冲击与对银行系统的宏观审慎监管相结合展开仿真研究,仿真计算不同宏观经济动态冲击情境下银行系统的宏观审慎监管效果;最后,对仿真结果进行分析总结。

第二,基于银行—资产双边网络模型的系统性风险研究。在这一部分中,本书首先使用我国47家上市银行2018年的资产负债表数据构建我国的银行系统的双边网络模型,研究分析各类资产遭受冲击时外部冲击、降价出售效应及银行所持有的各类资产占银行总资产的比例对银行系统性风险的影响;其次,引入系统性冲击方式,通过设置具有不同属性的两大类资产并生成四种冲击事件来构建银行的投资策略模型,从资产视角探讨银行最优的投资策略。

第三,经济波动下银企多层网络系统性风险研究。本书首先基于银企间信贷联系构建银企信贷网络,同时基于银行间拆借联系构建银行间拆借网络;其次通过模拟三种不同的宏观经济动态冲击影响企业的收益,进而构建一个动态演化的多层金融网络系统模型,仿真计算不同宏观经济情境下多层金融网络系统中的系统性风险,并进一步研究系统中几个重要参数对系统性风险的影响;最后根据研究结果为银行应对系统性风险提出一些政策建议。

1.4.2 研究方法

本书主要运用理论研究法、数学建模法、仿真实验法、实证研究法来展开研究,具体方法介绍如下。

第一,理论研究法,即利用相关资源查阅国内外有关复杂金融系统建模及其系统性风险的文献。本书通过精读加深对该研究方向的理解,并通过对已有研究文献的梳理与总结确定研究切入点,同时在研究过程中密切关注最新文献。

第二，数学建模法。本书使用动态系统构造银行系统的资产和负债的动态演化模型；使用复杂网络构建银行系统网络；使用随机微分方程构造银行资产的演变；使用最大似然估计进行参数估计。

第三，仿真实验法。本书编写了银行网络系统动态演化算法及四种风险分配机制的算法，使用MATLAB软件进行仿真实验，模拟不同参数影响下的系统性风险，获得相关仿真结果。

第四，实证研究法。本书首先从我国各上市银行的官方网站获得其财务报告，进行相关数据提取，然后编写实证算法，基于实际数据展开对我国银行系统的实证研究。

1.5　本章小结

本章主要介绍了本书研究的背景、意义、现状以及本研究的主要内容和方法，首先阐述了本书的研究背景与研究意义，论述了当前复杂的金融环境下的潜在金融风险，以及本书基于复杂网络的金融系统建模及系统性风险研究具备的理论意义与现实意义；其次本章分别对基于银行间网络、基于银行与其他经济部门间金融网络下的系统性风险的国内外文献进行了梳理和总结，指出了现有研究的不足，进而确定了本书的研究思路和研究内容框架，本章最后介绍了本书的主要研究内容以及研究中所使用到的研究方法。

2 复杂网络概述

随着现代金融市场的不断发展,金融系统网络化已成为事实,以复杂网络为基础的金融研究成为热门话题。复杂网络在金融领域的应用为理解和管理金融市场的复杂性和不确定性提供了参考,特别是在风险管理和金融稳定性方面发挥着重要作用。随着金融数据的不断积累和计算能力的提高,复杂网络分析在金融领域的应用将更加广泛和深入。

2.1 复杂网络的基本概念与统计特征

2.1.1 复杂网络的基本概念及其应用

网络是由一些节点以及各节点之间的边所构成的,网络的理论源于数学中的图论,一个系统可以抽象地理解为节点及节点之间的边形成的网络。随着网络理论研究的深入及其在生活中的实际应用,研究者们发现一些系统中的节点数量呈倍数级的增长,并且各节点性质、能力各不相同。同时,节点之间的联系越来越复杂,从而使系统的结构更加复杂,这样的系统即称为复杂网络。复杂网络的理论是以数学中的图论为基础,结合统计物理学发展起来的。

复杂网络的理论基础涉及数学、物理学、社会学、系统动力学、管理学等多种学科,具有典型的跨学科研究特色。而在实际生活中也有大量的复杂网络,如社会关系网络、通信网络、交通网络、电力网络、蛋白质网络等。随着学者对复杂网络的深入研究,复杂网络理论被广泛应用于各个领域,如生物学中的细胞研究、计算机病毒在互联网上的传播研究、通信网络的数据传输研究、交通网络中的拥堵问题研究以及在军事领域、医学领域的应用研究等。此外,在频发的金融危机对世界各国的金融业都造成了不同程度的冲击的情况下,鉴于金融网络同样具有复杂性,越来越多的国内外学者利用复杂网络理论来研究金融系统的风险或稳定性。就国内诸学者对此的研究而言,作者通过在知网上用关键字"复杂网络 金融"来索引,发现相关文献都有在国内顶级期刊上发表,如《管理科学学报》《中国管理科学》《系统工程理论与实践》《金融研究》《物理学报》,等等。

2.1.2 复杂网络的统计特征

2.1.2.1 度与度分布

度是网络中单个节点的重要属性,节点 i 的度 k_i 表示为与节点 i 相连接的边的个数。在有向网络中,节点的度分为出度(out-degree)和入度(in-degree)。出度意为从该节点出发,连接到其他节点的边的个数;入度则与之相反,意为从其他节点出发,连接到该节点的边的个数。出度和入度表明了节点度的方向性。另外,网络的平均度意为所有节点度的平均值。

网络中各节点的度分布情况可以用分布函数 $P(k)$ 表示,$P(k)$ 意为在网络中随机选择一个节点,其度正好为 k 的概率。不同拓扑结构类型的网络度分布不同,通常随机网络和小世界网络中节点的度服从泊松分布,而无标度网络中节点的度服从幂律(power-law)分布。

2.1.2.2 平均路径长度

网络中任意两个节点的距离为这两个节点之间所有连线中最短路径的边数。而网络的平均路径长度 L 为任意两个节点之间的距离的均值,该统计值表明了网络中节点的分离程度。经过对复杂网络的进一步研究和探讨,有的学者发现实际生活中大多数真实的复杂网络的平均路径长度远比我们想象的要小。美国哈佛大学的 Milgram 在早前做了一个社会实验,从中得到一个推断:地球上任意两个人之间的平均距离为 6,这即为流行的"六度分离"推断。

2.1.2.3 聚类系数

在网络中,某个节点的聚类系数为该节点与其他所有与它相连接的节点之间的连边总数与这些节点之间最大可能连接数之比,整个网络的聚类系数即为网络中所有节点的聚类系数的均值。该统计值表明了网络的聚集性,从我们的现实生活中的具体例子来理解,某个人的朋友们互相之间也可能认识,这即为网络的聚类特性。

在随机网络中,由于各节点之间的连边是随机生成的,随机网络中的聚类系数为其连接概率 p,然而在现实中,大多数网络的聚类系数都大于同等规模下实际的随机网络的聚类系数。

2.2 复杂网络的拓扑结构

2.2.1 规则网络

规则网络是最初始的一种网络结构,在该网络中各节点的连边数以及连接规则都是相同的,因而该网络也是最简单的。若网络中各节点都与除了该节点自身外的所有节点都连接,整个网络中共有 $N(N-1)/2$ 条连边,这样所形成的网络为全局耦合网络,这类网络具有最小的平均路径长度和最大的聚类系数。然而,实际生活中大多数的大型网络都是比较稀疏的,网络中的连接数远低于 $N(N-1)/2$,因此,实际中研究较多的一种稀疏的规则网络为最近邻耦合网络(下文中所提及的规则网络都为最近邻耦合网络),在最近邻耦合网络中,各节点只与其周围的邻居节点(左右各 $k/2$ 个节点,k 为偶数)相连接。另外,规则网络还包含链形、星形网络以及格点等非常规则的确定性网络。

图 2-1 展示了当网络中具有 $N=10$ 个节点时,按照上述规则生成的两种规则网络:全局耦合网络和最近邻耦合网络。在图 2-1(a)即全局耦合网络中,可以看到各个节点都有 9 条连边,即各节点的度 $k_i=9$;在图 2-1(b)即最近邻耦合网络中,各个节点都只与其最近的左右两个节点相连接,因而各个节点都有 4 条连边,即各节点的度 $k_i=4$,因而,整个网络相对于全局耦合网络是比较稀疏的。

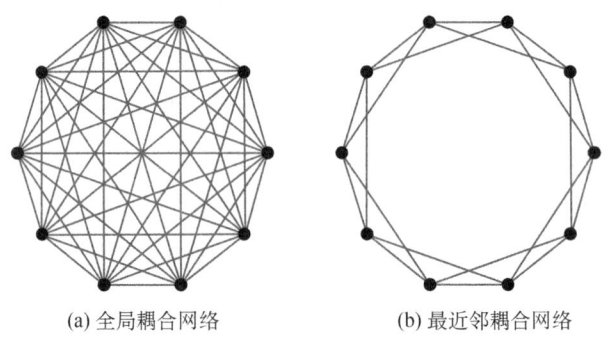

(a) 全局耦合网络　　　　　　(b) 最近邻耦合网络

图 2-1　两种规则网络($N=10$ 且 b 图中 $k=4$)

2.2.2　随机网络

在规则网络之后,Erdos 和 Renyi(1960)提出了一种完全随机的网络模型——"ER 随机网络",随机网络意为在一个系统中共有 N 个节点,任意两个节点相连接的概率为 p,即不同于规则网络,在随机网络中节点之间的连接都是不确定的,由概率 p 决定。Erdos 和 Renyi(1960)最重要的发现是 ER 随机网络具有"涌现"或"相变"性质,即 ER 随机网络的许多重要性质都是突然涌现的,对于任意一个给定的概率 p,则几乎每个网络要么都具有某个性质(如连通性),要么都不具有该性质。

随机网络中的平均度 $\langle k \rangle = p(N-1) \approx pN$,其聚类系数 $C = p = \langle k \rangle / N \leqslant 1$,这表明了当网络中的节点 N 较大时,大规模的 ER 随机网络无聚类特性。然而,实际生活中的复杂网络一般都具有聚类特性,其聚类系数也要大于同规模的随机网络。

在 ER 随机网络中,当网络中的总节点数 N 较大时,由于网络中各节点之间的连边都是随机生成的,因而该网络中大部分节点的度相近,相对比较"均匀"。随机网络的节点的度分布可以用泊松分布来表示:

$$P(k) = \binom{N}{k} p^k (1-p)^{N-k} \approx \frac{\langle k \rangle^k e^{-\langle k \rangle}}{k!}$$

随机网络模型的构造算法如下:在一个网络中,给定 N 个节点,网络中任意两个节点之间按照相同的概率 p 进行连接,最终得到约 $p \cdot \frac{N(N-1)}{2}$ 条边,这样所形成的网络称为随机网络。按照该算法,使用不同的连接概率 p 将 10 个节点相连接,可以得到如图 2-2 所示的随机网络图。在图 2-2(a)中连接概率 $p=0$,因而图 2-2(a)中的网络是 $N=10$ 个孤立的点;由图 2-2(b)到图 2-2(d)的过程中,随着连接概率 p 的增加,可以看到网络中的连边数在不断增加。

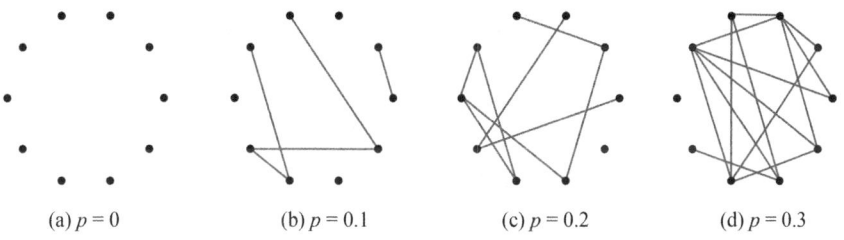

(a) $p = 0$　　(b) $p = 0.1$　　(c) $p = 0.2$　　(d) $p = 0.3$

图 2-2　不同连接概率下的随机网络

2.2.3　小世界网络

在规则网络和随机网络之后,众多学者展开了对复杂网络的拓扑结构的探讨和深入研究,发现大部分现实中的网络系统既不符合规则网络的特征也不符合随机网络的特征,因此,Watts 和 Strogatz(1998)

想建立一种既有随机网络的较小的平均路径长度,又有规则网络的较大的聚类系数的新网络模型。基于此,Watts 和 Strogatz(1998)在 *Nature* 杂志上所发表的论文中揭示了复杂网络的小世界特性,并提出了标志性的"WS 小世界网络模型",该小世界网络的构造原理是:在规则网络基础上,以概率 p 切断规则网络中原始的边并选择新的端点重新连接,即边的一个端点保持不变,另一个端点是在网络中随机选定的,这两个节点重新连接。任意两个不同的节点之间最多只能有一条边,且各节点不能与其自身相连接。在以上小世界网络生成的过程中我们可以发现,随机化重连的概率 p 对该网络起决定性作用,当概率 $p=0$ 时为规则网络;而当 $p=1$ 时,则为随机网络。因此,小世界网络是介于规则网络和随机网络之间的一种网络。之后,Newman 和 Watts(1999)提出用"随机化加边"取代上述 WS 网络模型构造过程中的"随机化重连",即在规则网络的基础上,以概率 p 在随机选择的一对节点之间加上一条边,这被称为"NW 小世界网络模型"。当 p 足够小且 N 足够大时,这两种小世界网络本质上是一样的。

小世界网络具有较短的平均路径长度和较高的聚类系数,这也称为"小世界特性",即在任意两个节点之间总是存在着一条最短路径,即使网络规模较大也是如此。在现实生活中也有很多网络具有小世界特性,例如,演员合作网、电力网、线虫网络等。另外,小世界网络的度分布类似于随机网络,度分布服从指数分布,该网络也是所有节点的度都近似相等的均匀网络。

小世界网络模型的构造算法为:①首先生成一个具有 N 个节点,各个节点都与其左右相邻的各 $k/2$ 个节点相连接而形成的最近邻耦合网络;②然后以概率 p 随机化重新连接网络中的每条边,并且重新连接时需满足任意两节点之间的连边不超过一条且不能产生自环。

根据小世界网络的生成算法,我们得到了图 2-3 所示的小世界网络的演化过程图。小世界网络的生成基于一个最近邻耦合网络,如图 2-3(a)所示,此时还未进行随机化重连,因而连接概率 $p=0$;之后,在图 2-3(a)的基础上开始随机化重连,连接概率 p 逐步增加,图 2-3(b)是当连接概率 $p=0.2$ 时所生成的网络,可以看到图中有几个节点进行了重新连接而形成了新的连边;而当连接概率增加到 $p=1$ 如图 2-3(c)所示时,可以看到此时的网络中连边较多呈现出随机网络的特征。因而,在小世界网络中,当连接概率 $p=0$ 和 $p=1$ 时是两种特殊情况,分别对应为规则网络和随机网络,并且连接概率由 0 增加至 1 的过程本质上即为小世界网络中随机性的不断增强的过程。

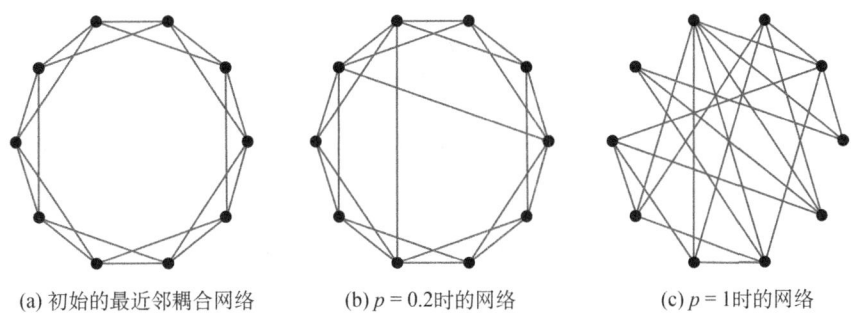

(a) 初始的最近邻耦合网络　　(b) $p=0.2$ 时的网络　　(c) $p=1$ 时的网络

图 2-3　小世界网络的演化过程图

2.2.4　无标度网络

ER 随机网络和 WS 小世界网络模型中节点的度分布都近似可以用泊松分布来表示,该分布在度平均值 $\langle k \rangle$ 处有一峰值,随后以指数形式快速降低,在该模型中,当节点的度 $k \geqslant \langle k \rangle$ 时,这样的节点几乎不存在。因而,这类网络也称为均匀网络或指数网络。而在实际生活中,大量的实证研究表明,网络节点的度分布更符合幂律(power-law)分布,因而,Barabasi 和 Albert(1999)提出了一个无标度网络模型,被称为"BA 网络模型"。他们提出,无标度网络之所以不同于之前的均匀网络,主要是因为该网络具有两个特性:一是增长特性,即网络中的节点是不断增加的;二是优先连接特性,即新增加到网络中的节点会优先选择具有较高度的节点进行连接。因而,无标度网络中节点的度是很不均匀的,该网络中有大量的节点具有较少的连接,而相对少的节点具有较多的连接,这也被称为"无标度特性"。另外,我们通常把节点的度分布服从幂律分布 $P(k) \sim k^{-r}$ 的网络称为无标度网络。

BA 无标度网络与 ER 随机网络类似,当网络规模较大时,BA 无标度网络不具有明显的聚类特征;在该网络中,系统中每增加一个新的节点时,节点 i 的度增加 1 的概率 $m\prod_i$ 为 $k/2t$,进而推断出无标度网络的度分布函数如下:

$$P(k) = \frac{2m(m+1)}{k(k+1)(k+2)} \propto 2m^2 k^{-3}$$

无标度网络模型的构造算法为:先从一个具有 m_0 个节点的网络开始,每步向网络中新增一个拥有 m 条边的新节点,且 $m \leqslant m_0$。新增加的节点 j 选择已有节点 i 进行连接时,若节点 i 的度为 k_i、节点 j 的度为 k_j,那么该连接概率为:$p_i = \frac{k_i}{\sum_j k_j}$。最终,经过 t 步后,该无标度网络中产生共 $N = t + m_0$ 个节点、mt 条边。

根据以上无标度网络的构造算法,我们设置网络中 $m = m_0 = 2$,$N = 10$,最终得到如图 2-4 所示的无标度网络图,可以看到图中存在极少数个别节点的度超过 5,而大部分节点的度都比较小,为 2。

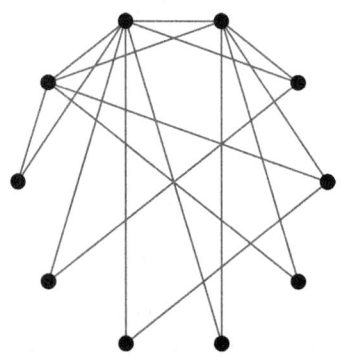

图 2-4 无标度网络图($N = 10$, $m = m_0 = 2$)

2.3 本章小结

本书主要基于网络分析法,因而本章介绍了复杂网络的概念、应用与基本类型。首先,本章介绍了复杂网络的基本概念、一些统计特征以及其在各科学研究领域的广泛应用。复杂网络理论源自图论,即任何复杂的系统本质上都可以简化为由大量的节点及各节点之间复杂的联系所形成的网络,而本书的研究对象——银行系统正是如此。并且,系统中各银行的资产负债表每时每刻都在动态变化,传统的定性研究或者简单的、定量的回归分析研究都不能深入地揭示银行系统内在的演化特征,因而,基于复杂网络理论来研究银行系统是更合适也是更科学的。此外,正如本章所介绍的,越来越多的国内外学者将复杂网络理论应用于金融风险的相关研究中,这已成为该领域的一个研究热点。

其次,本章介绍了复杂网络中的几种基本的拓扑结构:规则网络、随机网络、小世界网络和无标度网络。其中,规则网络是几种网络中最简单的一种网络结构,网络中各节点的度是相同的,该网络结构在现实中也很少见;随机网络和小世界网络的度分布都服从指数分布,无标度网络则服从幂律分布,这三种网络在银行系统的相关研究中也比较多,也是本书的研究重点。本章也详细阐述了各拓扑网络的性质、生成原理以及构造算法,为后续研究提供了坚实的理论基础。

3 经济波动下的银行系统性风险研究

自 2008 年全球金融危机以来,世界各国对金融系统性风险问题保持高度关注,该问题也成为国内外学者的研究热点。在我国,2015 年人民币正式加入特别提款权(special drawing right,SDR)货币篮子,我国国内市场与国际市场的互动更加频繁,这使我国汇率与利率环境更加复杂多变,银行业的风险管理水平面临更严峻的挑战。

在开放的条件下,国际金融市场的自由化程度和竞争更加突出,复杂多变的金融环境给我国银行系统的稳定性带来了潜在风险。而近年来宏观经济增速放缓的形势,使得银行利润的增速也出现放缓,风险增加,银行不良贷款率上升。此外,国内互联网金融的迅速发展、股市的震荡等都对我国银行系统产生了不同程度的冲击。在当前国家政策导向下,我国金融监管机构致力于提高金融系统的透明度和稳定性,以防范系统性金融风险,确保国家金融安全。

本书响应国家对金融风险防控的政策要求,在宏观经济波动的背景下深入探讨银行系统性风险的形成机制和传导路径。国内外已有的相关研究从不同的视角探讨了银行系统性风险,但是没有考虑宏观经济的动态冲击下银行系统性风险,而宏观经济波动与银行系统的稳定性息息相关。因此,本章在 Iori 等(2006)的研究基础上,基于复杂网络理论,考虑宏观经济动态冲击,通过构建具有投资收益动态变化的银行同业拆借网络模型,设定了三种不同的宏观经济情境,采用金融仿真的方法,利用 Matlab 软件仿真,探讨不同宏观经济趋势冲击下银行系统性风险。

3.1 银行间网络系统模型构建

银行系统是一个复杂系统,在银行的同业拆借网络中,如果用节点表示银行,节点之间的连线表示银行间的拆借关系,就可用复杂网络理论对其进行清晰简明的描述。现实世界中,我国同业银行间的拆借数据难以获取,大多数现有的实证研究是基于银行网络全连接的情况对网络结构进行估算的,该情况下银行系统的稳定性较强,无法深入研究,且本书的重点是宏观经济动态波动下的系统性风险,因而选取随机网络展开研究。在随机的银行拆借网络中,节点之间进行随机连接,银行间的连接矩阵表示为 J,其中:

$$J_{ij}=\begin{cases}1 & (银行\ i\ 与银行\ j\ 之间存在连接)\\0 & (银行\ i\ 与银行\ j\ 之间不存在连接)\end{cases}$$

连接矩阵 J 在计算实验开始前随机产生。假设随机银行网络系统中有 N 个节点,任意节点对 (i,j) 以相同的概率 $p(0<p<1)$ 连接起来,则整个银行网络的总的连接数在 $p[N(N-1)/2]$ 左右波动。

3.1.1 基于资产负债表的银行系统模型构建

基于银行的主要业务,银行网络系统中的每一个银行都有可能受到两种冲击:一是来自储户的随机存款的冲击,该冲击影响银行的负债;二是来自宏观经济波动的冲击,该冲击直接影响银行网络系统中每个银行的投资收益。以银行网络系统中的任一银行 k 为例,其资产负债表结构如图 3-1 所示。

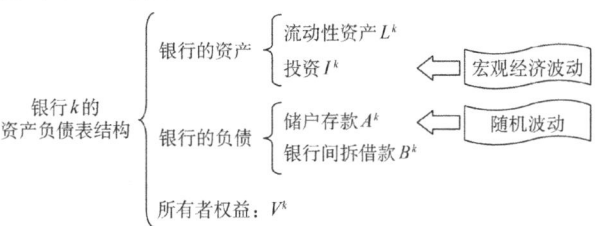

图 3-1 银行 k 的资产负债表结构

图 3-1 中的储户的存款行为是随机的,因此,在任意时间 t 银行 k 的存款 A_t^k 由公式(3-1)表示:

$$A_t^k = |\overline{A} + \overline{A}\sigma_A \varepsilon_t| \quad \varepsilon_t \sim N(0, 1) \quad (3-1)$$

公式(3-1)中,$\overline{A}$ 为平均存款,$\overline{A}\sigma_A$ 为所有银行的随机存款标准差。

银行的投资也是随机的,假设银行的投资机会 ω_t^k 服从正态分布,由公式(3-2)表示:

$$\omega_t^k = |\overline{\omega} + \overline{\omega}\sigma_\omega \eta_t| \quad \eta_t \sim N(0, 1) \quad (3-2)$$

其中,$\overline{\omega}$ 为所有银行投资机会的均值,$\overline{\omega}\sigma_\omega$ 为所有银行投资机会的标准差。在 t 时刻进行的投资都将在 $t+\tau$ 到期,每期相应的投资收益率为 Ro。

银行的投资收益率受到宏观经济趋势的影响,在不同的宏观经济趋势下,银行的投资收益率不同,具体见表 3-1。

表 3-1 不同情境下的银行投资收益率

宏观经济动态波动情境	投资收益率公式
随机情况	$Ro_k(t) = \alpha_1 * \zeta_k(t) + \beta_1$
宏观经济呈下降趋势	$Ro_k(t) = \lambda_1 * [\varepsilon_1 * Ro_k(t-1) + \alpha_2 * \zeta_k(t) + (1-\alpha_2) * \varphi(t)] + \beta_2$
宏观经济呈上升趋势	$Ro_k(t) = \lambda_2 * [\varepsilon_2 * Ro_k(t-1) + \alpha_3 * \zeta_k(t) + (1-\alpha_3) * \psi(t)] + \beta_3$

凯恩斯的宏观经济理论表明宏观经济总是波动的,并呈现出一定的周期性特征,而新凯恩斯主义者认为银行的信贷行为较大程度地影响了宏观经济的波动。由于银行具有典型的亲周期特性,即银行业的信贷与宏观经济具有类似的趋势,本书借鉴范宏(2014)的研究中投资收益率公式的构建思想,考虑波动性、趋势性以及相关性因素的影响,在此基础上进一步扩展成如表 3-1 所示的三种不同的宏观经济波动情

境下相应的投资收益率公式,其中宏观经济随机波动趋势下的投资收益率公式与其他两种情况下不同,随机情况下的投资收益率设定为只在其均值上下随机波动,不受趋势性以及相关性的影响,此种情况类似于日本(1993—2008年)和美国(2006—2013年)的宏观经济波动情境,GDP增长率趋势不明,表现出时而正时而负的情况。

表 3-1 中,参数 $\zeta_k(t)$、$\varphi(t)$、$\psi(t)$ 均为服从标准正态分布的随机数;参数 λ_1、λ_2 控制了波动的大小;参数 ε_1、ε_2 控制了趋势的强弱;参数 α_2、α_3 控制了每个银行个体随机冲击的大小,而 $(1-\alpha_2)$ 和 $(1-\alpha_3)$ 控制了整个银行系统的冲击的大小;参数 β_1、β_2、β_3 控制了均值的大小。由于面临宏观经济的波动,银行每期的投资收益率呈动态变化,若投资收益率低于存款利率,银行的利润就为负值,因此银行不能确保投资总是能获益的,银行的投资是有风险的。

3.1.2 银行间网络中的拆借流程

在银行系统中,银行 k 在 t 时刻的流动性首先继承于 $t-1$ 时刻的流动性,然后流动性的变化来自储户存款的波动、支付给 $t-1$ 期储户存款的利息、获得的投资收益,以及收回的投资。因此,t 时刻银行 k 的流动性资产 $\hat{L}_t^k$ 可表示为:

$$\hat{L}_t^k = L_{t-1}^k + (A_t^k - A_{t-1}^k) - r_a A_{t-1}^k + Ro_k(t)\sum_{s=1}^{\tau} I_{t-s}^k + I_{t-\tau}^k$$

(3-3)

公式(3-3)中,L_{t-1}^k 可表示为:

$$L_{t-1}^k = A_{t-1}^k + B_{t-1}^k + V_{t-1}^k - \sum_{s=1}^{\tau} I_{t-s}^k$$

(3-4)

公式(3-4)中,$\sum_{s=1}^{\tau} I_{t-s}^k$ 是 τ 个投资期内银行 k 的投资之和;$B_{t-1}^k = \sum_{i=1}^{M} b_{t-1}^{k,i}$,$b_{t-1}^{k,i}$ 表示 $t-1$ 期的银行间拆借数据:$b_{t-1}^{k,i} > 0$ 表示银行 k 向银行 i 借款;$b_{t-1}^{k,i} < 0$ 表示银行 k 向银行 i 贷款;$b_{t-1}^{k,i} = 0$ 则表示银行 k

与银行 i 之间无拆借数据。

在 t 时刻,银行 k 的流动性资金变化如图 3-2 所示。

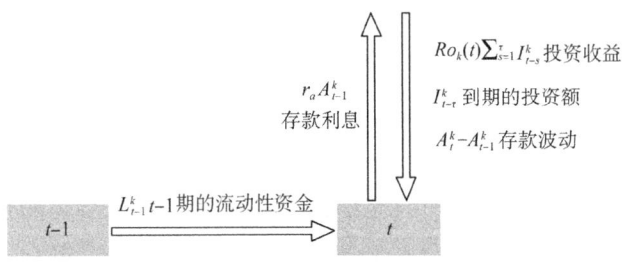

图 3-2　银行 k 的流动性资金的动态变化

t 时刻,银行 k 的流动性 $\hat{L}_t^k > 0$ 或 $\hat{L}_t^k < 0$。当银行 k 的流动性充足时,可以通过银行拆借市场,将自己的流动性拆借给其他银行,反之,如果缺少流动性,则可以通过银行间拆借市场进行借款。具体的银行同业拆借的动态过程可见图 3-3。在图 3-3 中,根据由公式(3-3)计算得到银行 k 的流动性资产的大小,对银行 k 的类型进行划分,流动性资产划分类型依据表 3-2。

表 3-2　银行类型的初步判定

判断条件	银行类型
$\hat{L}_t^k > 0, B_{t-1}^k < 0$	k 为临时潜在债权银行
$\hat{L}_t^k > 0, B_{t-1}^k > 0$,且 $\hat{L}_t^k \geqslant (1+r_b)\sum_i b_{t-1}^{k,i}, i \in \Phi$	k 为临时潜在债权银行
其他	一般债务银行

注:Φ 为 k 银行的所有债务银行。

银行分红需要满足的条件为:$\hat{E}_t^k > \chi$,其中,$\hat{E}_t^k = \hat{V}_t^k / A_t^k$,$\hat{V}_t^k = \hat{L}_t^k + \sum_{s=1}^{\tau-1} I_{t-s}^k - A_t^k$。$\chi$ 代表存款比率。股利分配公式为:

$$D_t^k = \max[0, \min[Ro_k(t)\sum_{s=1}^{\tau} I_{t-\tau}^k - r_a A_{t-1}^k,$$
$$\hat{L}_t^k - R_t^k, \hat{L}_t^k + \sum_{s=1}^{\tau-1} I_{t-s}^k - (1+\chi)A_t^k]] \tag{3-5}$$

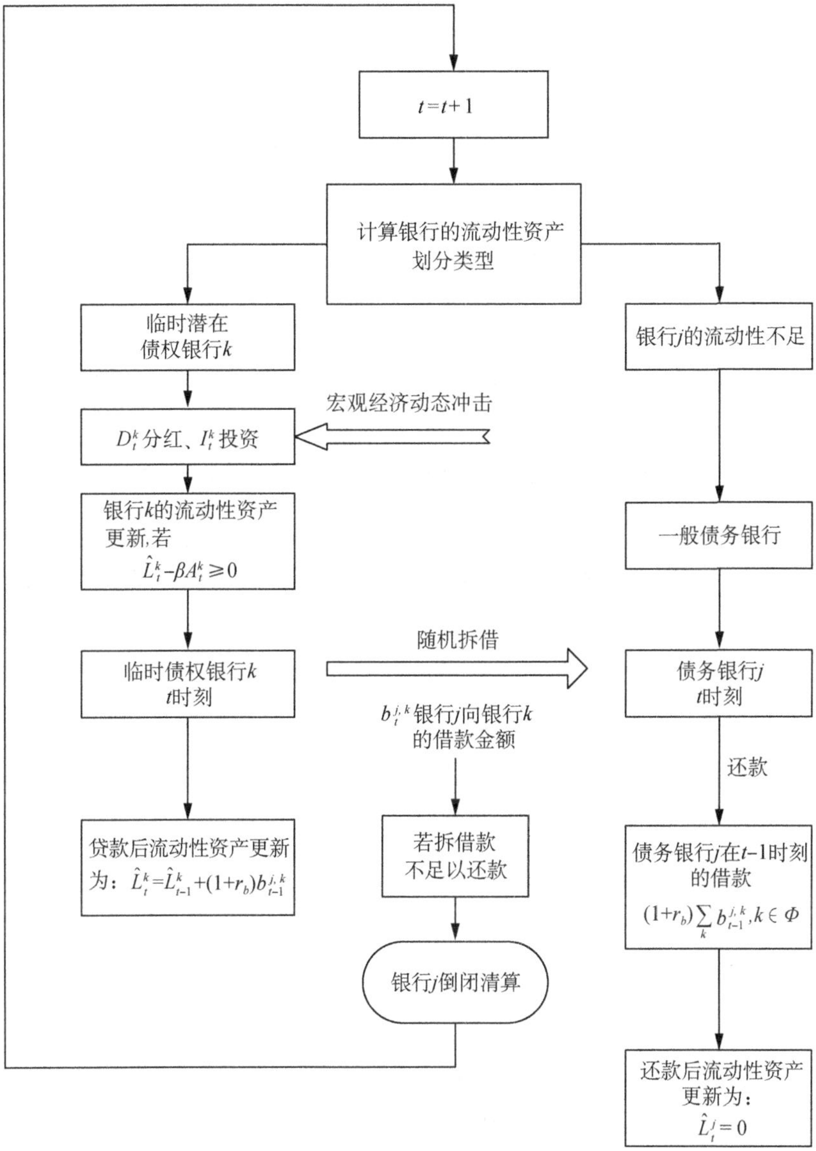

图 3-3 银行间动态拆借过程

公式(3-5)中,r_a 为银行的储蓄利息,$R_t^k = \beta A_t^k$ 是银行须上交的法定存款准备金。股利的分配必须满足利润、存款准备金和资本的最低要求。

股利支付后,银行进行投资。投资需同时满足已有流动性资金和随机投资机会的要求,银行在 t 期的投资 I_t^k 由公式(3-6)来表示：

$$I_t^k = \min[\max(0, \hat{L}_t^k - D_t^k - \beta A_t^k), \omega_t^k] \qquad (3-6)$$

k 银行根据公式(3-5)和公式(3-6)进行分红和投资,此时其流动性资产更新为:$\hat{L}_t^k = \hat{L}_t^k - D_t^k - I_t^k$。

图 3-3 中,银行如果在分红和投资之后仍有剩余流动性资金,即为潜在债权银行,可在同业拆借市场中拆出资金;而债务银行为了维持正常运作,则需在同业拆借市场中随机拆入资金。借贷发生之后,潜在债权银行与债务银行分别更新自己的流动性。对于债务银行,若所得拆借款足够偿还上期的拆借款,则进行还款,流动性资产更新后为零;若未获得拆借款或所得拆借款不足以偿还上期的拆解款,则债务银行倒闭,进行倒闭清算。倒闭清算之后,再重新计算各个银行的流动性资产,在下一时刻,仍然依照图 3-3 所示的动态流程进行迭代,迭代的次数为仿真的时间步长。

3.2 参数设置

假定银行系统中仿真的银行数 $M_t = 400$,仿真时间步 $t = 1\,000$。本书研究同质的银行主体,因此所有银行的存款规模取自均值 $\overline{A} = 1\,000$,方差为 $(\overline{A}\sigma_A)^2$ 的正态分布;投资机会取自均值 $\overline{\omega}$ 为 $\delta\overline{A}$($\delta = 0.5$),方差为 $(\overline{\omega}\sigma_\omega)^2$($\sigma_\omega = 0.5$)的正态分布;设定 $V_1 = 300$;设定在不同的宏观经济趋势下,投资收益率 Ro 的均值保持一致,$\overline{Ro} = 0.3\%$,存款利率 $r_a = 0.1\%$,拆借利率 $r_b = 0.2\%$,保证了目前的银行系统有

一定的利差收益;存款比率设定为$\chi=30\%$,该限定能够保证只有盈利的银行才能进行股利分红。

系统中不同宏观经济趋势的情景设定如下:宏观经济呈下降趋势时,根据表3-1中的公式,设定$\varepsilon_1=1$、$\lambda_1=1$,保证投资收益率Ro呈现较强的趋势性;参数$\zeta_k(t)$在仿真过程中生成的是400×1 000的随机数的矩阵,代表银行系统中随机性冲击,而参数$\varphi(t)$在仿真过程中生成的是1×1 000的随机数的矩阵,代表银行系统中系统性冲击,令$\alpha_2=0$,并调整其他参数使$\overline{Ro}=0.3\%$。此时进行仿真,可确定使投资收益率Ro呈下降趋势的变动的Ro以及随机数$\varphi(t)$等参数;宏观经济呈上升趋势的情景设定方法同理。与趋势性的宏观经济情境不同,随机情况下的投资收益率只在其均值上下波动,因此,只需设置均值β_1、考虑参数α_1的影响。

3.3 仿真结果与分析

由相关研究可知,不同的银行间连接度以及银行的存款准备金率都会对银行系统性风险产生一定的影响。因此,本章在引入宏观经济动态冲击的情况下,探讨三种不同的宏观经济趋势下银行间的连接度、银行的存款准备金率、银行的存贷比、银行的投资回收期以及投资存款比对银行系统性风险的影响。

根据仿真结果,图3-4表明宏观经济呈下降趋势时,增强银行间的连接度对银行系统性风险影响不大,提高银行的存款准备金率以及存贷比在一定程度上能够降低银行系统性风险,但是若要实现银行系统的完全稳定,需要将存款准备金率或存贷比调整至较大值;在宏观经济呈上升趋势或处于随机情况时,增强银行间的初始连接度,提高存款准备金率,银行系统会很快趋于稳定,此时再提高银行的存贷比对宏观经济呈上升趋势下的银行系统基本没有影响,银行系统一直处于完全稳定状态(见图3-4中的不带星号的线)。图3-5则表明,调整银行的投资回收期以及投资存款比对每种宏观经济冲击下的银行系统性风险都影响较大。因此,本书重点研究银行的投资回收期以及投资存款比。

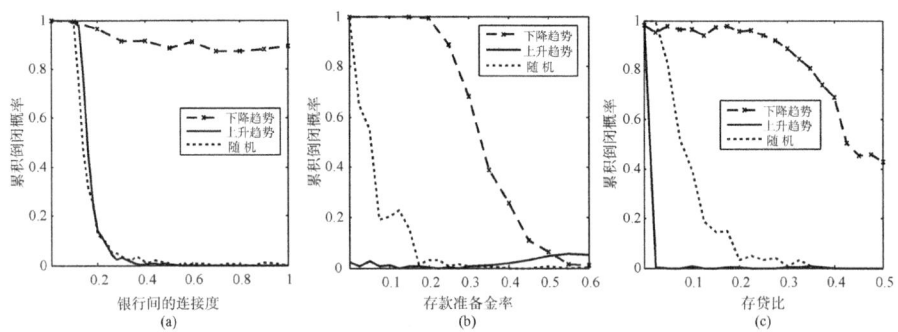

图 3-4　银行间的连接度、存款准备金率及存贷比对银行系统性风险的影响

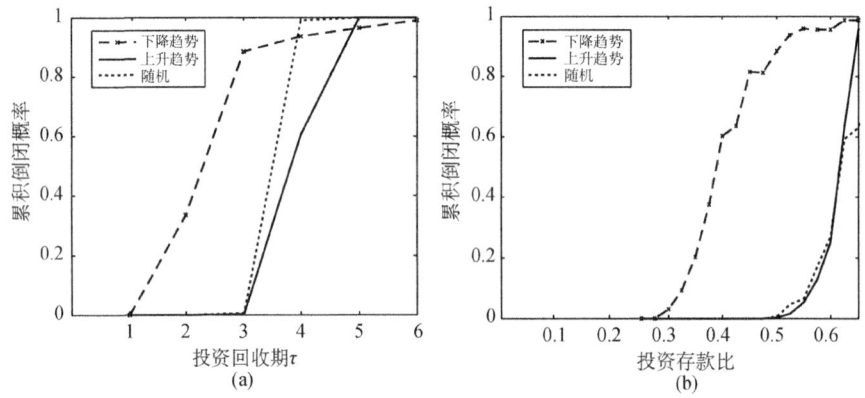

图 3-5　银行的投资回收期、投资存款比对银行系统性风险的影响

由图 3-5 可知,①当银行的投资回收期 $\tau=1$ 时,无论何种宏观经济趋势下,银行系统都实现了完全的稳定;②当 $\tau=2$、$\tau=3$ 时,宏观经济呈上升趋势或处于随机情况时的银行系统倒闭概率接近 0,基本也是完全稳定的;而在宏观经济呈下降趋势的条件时,$\tau=2$ 时,银行便开始出现大量倒闭,银行的累计倒闭概率为 0.335;$\tau=3$ 时,银行倒闭数

量呈倍数增长,最终银行的累计倒闭概率接近0.9;③当$\tau \geq 4$时,在宏观经济呈下降趋势时,银行系统倒闭概率大约在0.95与1之间波动,此时的银行系统已经濒临全倒闭状态。而$\tau=4$时,随机情况下的银行系统倒闭概率也急剧增加到0.9875,从第三期银行系统的完全稳定到第四期的高倒闭率,可见投资回收期对银行系统的重大影响。宏观经济呈上升趋势时,银行系统较前两种宏观经济情境相对更稳定,银行系统倒闭概率在0.6左右;$\tau > 4$时,随机情况以及宏观经济呈上升趋势时的银行系统中都没有任何存活的银行,系统完全崩溃。因此,银行进行短期投资($\tau \leq 3$),除了能获得一定的投资收益,也保证了银行系统具有灵活的流动性,在宏观经济呈上升趋势以及随机情况时,银行系统都是趋于完全稳定的;而宏观经济的下降趋势影响了银行的投资收益以及银行间的拆借,使银行系统性风险不断上升。当由短期投资转为长期投资($\tau > 3$)时,银行累积倒闭概率急剧增加;进行长期投资虽然能够使银行获得丰厚的投资收益,但是当银行系统面临宏观经济动态冲击时,也会使银行系统面临流动性不足的风险。

仿真实验同时发现,调整银行的投资存款比,银行系统性风险也有较大改变。由图3-5可知,银行系统性风险随着银行的投资存款比的降低而降低。在宏观经济呈上升趋势以及随机情况时,银行的投资存款比调整到接近0.5就实现了系统的完全稳定;在宏观经济呈下降趋势时,银行的投资存款比调整至0.27左右也能保证系统的稳定。那么,在银行系统面对宏观经济不同的动态冲击时,我们应如何调整投资存款比来保证系统的完全稳定呢?鉴于银行的投资回收期对银行系统性风险影响较大,且实际生活中,银行每期都会有投资需求,我们进一步探索不同宏观经济冲击下,银行每期的最优投资存款比。

3.3.1 最优投资存款比

在不同的宏观经济趋势下,研究发现银行每个投资回收期下的投资与存款对银行系统性风险的具有较大的影响,在银行间的连接度固定($C=0.5$)时,每个投资回收期都存在最优的投资存款比(见图3-6,进行该项仿真时的投资回收期设定为$\tau\in[2,6]$,τ取整数)。图3-6中的最优投资存款比定义为银行系统达到完全稳定时的投资存款比的最大值,一旦再增加投资存款比,系统中的银行将开始倒闭,并且银行倒闭数会随着投资存款比的增加而增加,使银行系统性风险不断上升。最优投资存款比保证了在银行系统完全稳定的前提下,银行能够进行的最大规模的投资。

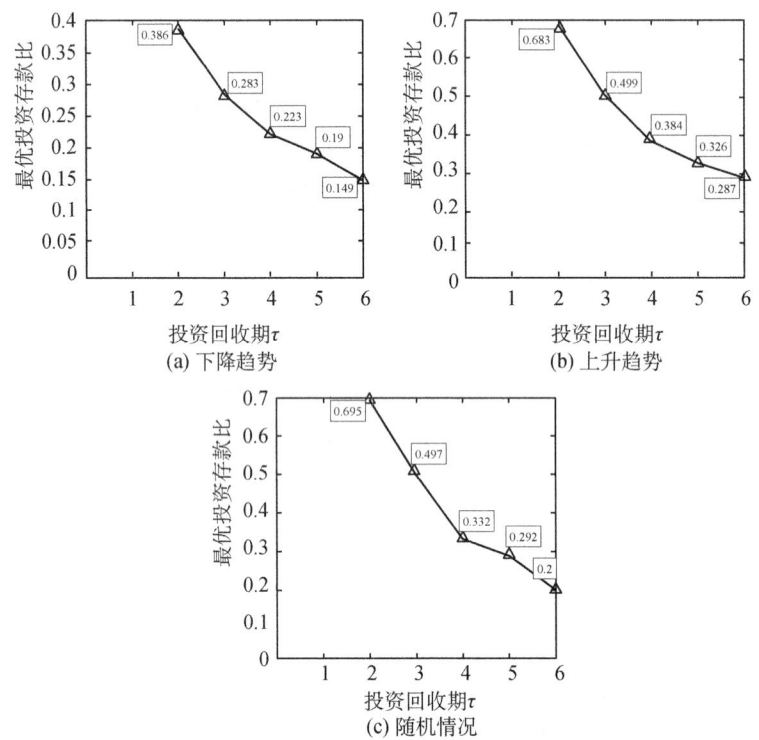

图3-6 不同宏观经济情境下的每期最优投资存款比

如图3-6所示,与其他两种宏观经济形势相比,在宏观经济呈下降趋势时,每个投资回收期内的最优投资存款比都是最小的,这也说明在经济形势不好的时候,银行需要控制投资规模。宏观经济处于随机情况时与宏观经济呈上升趋势时的投资存款比则相对较为接近。在投资回收期 $\tau=2$ 的情况下,宏观经济呈下降趋势时的最优投资存款比仅为 0.386,也就是说,此时为保证银行系统的稳定,只有一小部分的储蓄存款能用于投资,剩余的大部分需要作为银行的流动性资金,满足银行的流动性需求;而随机情况与宏观经济呈上升趋势时的最优存款比都接近 0.7,表明此时的宏观经济形势较好,在满足银行系统稳定的前提下,依然可以进行大量的投资。当投资回收期 $\tau>2$ 时,随着投资回收期的增大,三种宏观经济趋势下的最优投资比例都不断下降,尤其是在投资回收期 $\tau=6$ 时,若宏观经济呈下降趋势,银行最优投资存款比跌至 0.149,此时的银行投资微乎其微。此外,可以观察到在投资回收期 $\tau>3$ 时,随机情况下的最优投资存款比下跌幅度较大,投资回收期 $\tau=6$ 时,其值仅为 0.2,宏观经济呈上升趋势时的最优投资存款比则接近 0.3,因此,当银行进行长期投资时,宏观经济呈上升趋势时的最优投资存款比值稍高于随机情况的值。综合来看,最优投资存款比在宏观经济呈上升趋势时总体最高,下降趋势下则最低,而宏观经济随机波动时与宏观经济呈上升趋势时的最优存款比较接近。银行监管部门以及相关组织可在应对不同的宏观经济冲击时,以此作为参考进行调控。

3.4 银行宏观调控策略研究

基于以上的仿真结果,本书尝试探讨不同宏观经济趋势下促使银行系统完全稳定的调控策略。

当宏观经济呈下降趋势时,银行监管部门或者相关组织可采取以下措施:①缩短银行投资期,从长期投资转为短期投资;②增强银行间的连接度,需要注意的是当投资期较大时,该调整措施效果不明显;③降低投资存款比例,控制投资规模,其影响较显著,可按照每期的最优存款比例进行设定;④提高银行的存款准备金率、存贷比;⑤控制银行的存款波动。

当宏观经济呈上升趋势或者随机情况时,银行的调控策略基本一致。银行进行长期投资时,可通过调整投资存款比例有效地实现银行系统的稳定。银行进行短期投资时,稍微增加银行间的连接度、存款准备金率以及存贷比就能使银行系统完全稳定,此外,银行可适度扩大投资,增加银行收益。

以宏观经济呈下降趋势为例,根据以上策略,仿真当银行间的连接度 $C=0.5$ 时的调控结果:由图 3-7 可知,宏观经济呈下降趋势时,①调整银行的投资回收期时,只有调整至 1 期才实现了系统中 400 家银行全部存活;②在投资回收期 $\tau=3$,银行间的连接度 $C=0.5$ 时,调整银行的投资存款比到 0.3 以下、调整银行的存款准备金率至 0.65,以及调

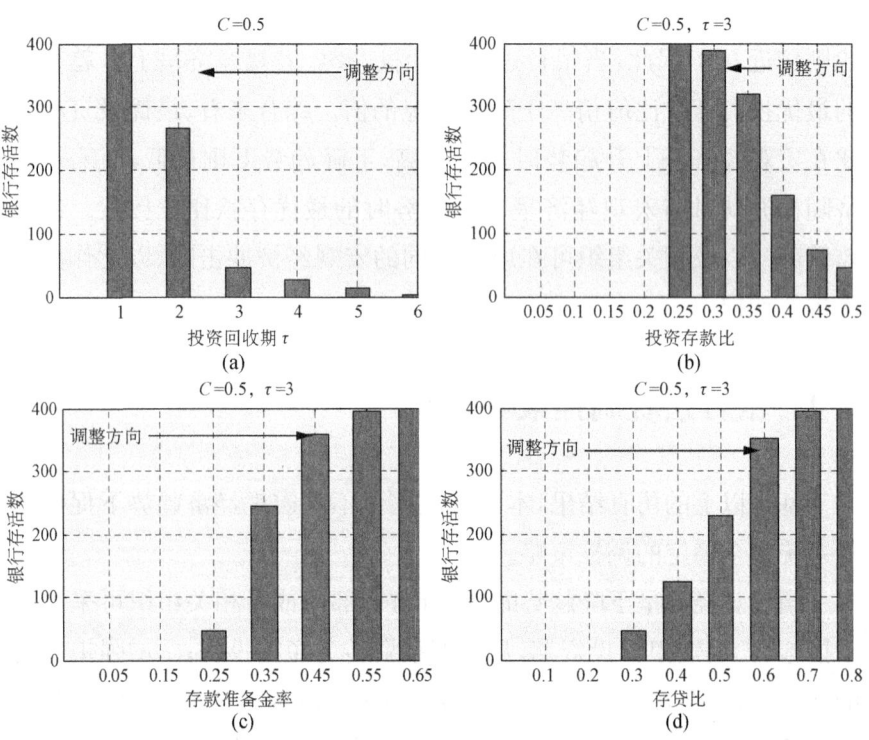

图 3-7 下降趋势下的调控结果

整银行的存贷比至 0.8,都能够实现银行系统的完全稳定。只是现实生活中银行的存款准备金率以及存贷比的调整一般不会有如此大的幅度,实际操作困难,相比之下,调整投资回收期以及投资存款比是最便捷有效的。

以上的调控基于银行的投资回收期 $\tau=3$ 的情况,接下来仿真宏观经济呈下降趋势时,不同的投资回收期内的调控结果。由图 3-8 可知,宏观经济呈下降趋势时,在不同的投资期内通过调整银行间的连接度作用不大,即使调整银行间的连接度至 $C=1$,也无法实现系统的完全稳定,此时只能通过将银行间的投资存款比调整至每期的最优存款比及其以下实现银行系统的完全稳定。

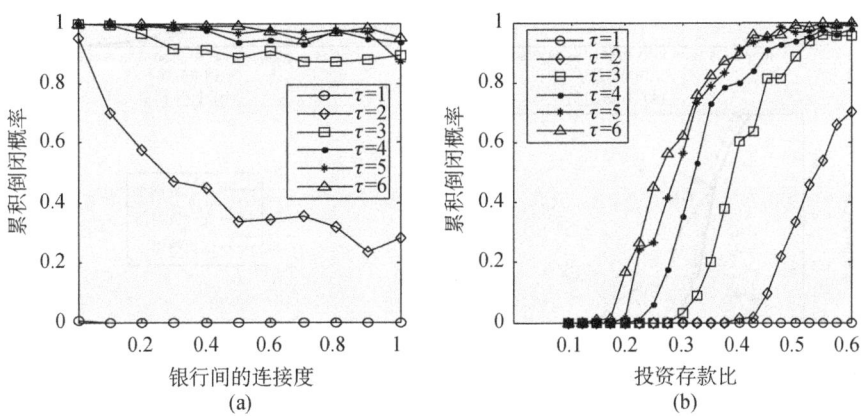

图 3-8　下降趋势下不同投资回收期的调控结果

3.5　不同网络结构的银行系统性风险仿真计算

3.5.1　网络参数的影响

网络参数直接影响到网络的平均度,即网络的密度;网络参数越大,网络的集中度越高,网络中各节点之间的相互联系则越复杂。因而,网络参数对网络结构的形态具有重要影响。基于此,本书首先分析不同的网络参数对小世界网络、无标度网络以及随机网络这三种银行网络结构中系统性风险的影响。由图 3-9 可知,在宏观经济三种不同趋势下,这三种网络结构在整体上都呈现出"网络参数越大,银行系统越稳定"的特征。

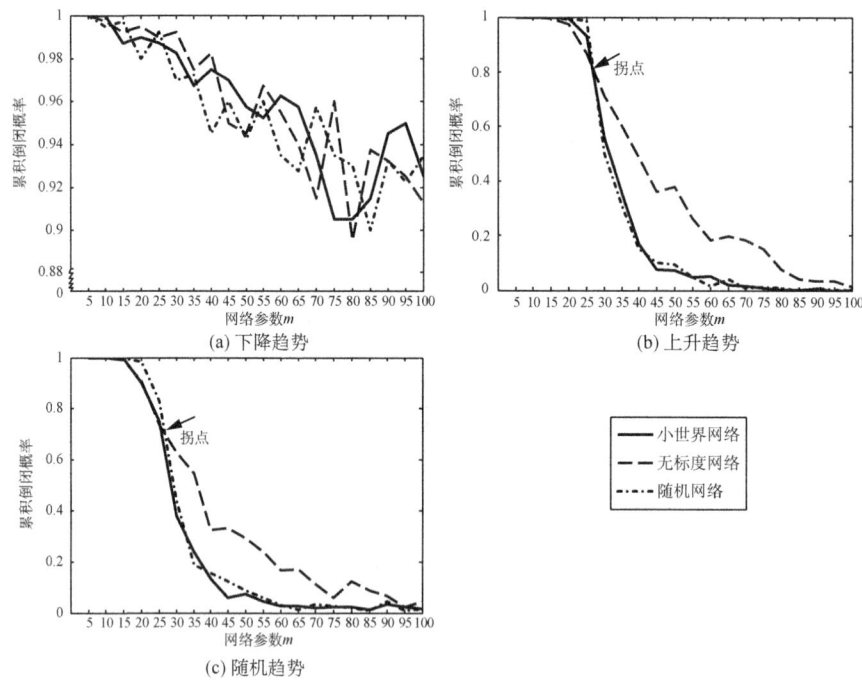

图 3-9 不同的网络参数下三种网络结构下的银行系统性风险

需要注意的是,当宏观经济呈下降趋势时,网络参数的增大虽然一定程度上有助于降低银行系统的倒闭概率,但是该影响并不显著;在网络参数由 5 增加到 100 的过程中,三种网络下的银行系统的倒闭概率对应地由最初的 1 逐步降至 0.9 左右,银行系统整体上仍非常不稳定;并且,三种网络结构下的银行系统性风险相对比较接近,区别不大。相比之下,宏观经济呈上升趋势以及随机趋势时,网络参数对银行系统性风险的影响较为显著,随着网络参数的增加,三种网络结构下的银行系统都由最初的完全不稳定状态逐步转变为完全稳定状态。在这两种宏观经济趋势下,三种网络结构下的银行系统也有相对明显的区别:首先,在宏观经济呈上升趋势和随机趋势时都存在着网络参数"拐点"(约为 $m=30$),使得无标度网络结构的银行系统在该拐点之前在三种网络中系统性风险最低,而在该拐点之后,其系统性风险是最高的;其次,就小世界网络结构和随机网络结构的银行系统而言,在网络参数"拐点"之前,前者的系统性风险稍低于后者,而在网络参数"拐点"之后,在宏观经济呈上升趋势时,随机网络结构的银行系统的系统性风险稍低于小世界网络;最后,在宏观经济处于随机情况时,两者的系统性风险较为接近。

本书认为,在不同的网络参数下,无标度网络、小世界网络和随机网络结构的银行系统表现不同可能是由于以下原因。

宏观经济呈下降趋势时,由于受到下降趋势的宏观经济的冲击,各家银行的流动性资产都比较少,大多数银行的资金只能满足自身的存活需求,整个银行系统已处于比较脆弱的状态。因此,即使网络密度已经处于较高的水平,受资金限制,也很少有银行能够进一步在同业拆借市场展开拆借活动,网络密度提高对银行系统性风险的改善作用也并不明显,银行系统整体仍然呈现出非常不稳定的状态,网络结构的特性并不能对结果产生大的改变,因而,此时的银行系统性风险情况在三种网络结构中区别不明显。

宏观经济呈上升趋势或随机趋势时,无标度网络的银行系统性风险在"网络参数拐点"前后表现明显不同;同时,随机网络的表现也稍有不同。经分析,当网络参数在"拐点"之前时,银行系统的平均度相对较小,即各银行之间的拆借联系比较稀少,整体倒闭概率也较高,此时无标度网络结构的优势凸显出来,无标度网络中部分银行节点具有远高于平均度的连接度,即较多的拆借关系,保证了这些节点更容易展开同业拆借,从而具有更高的存活率,更容易形成小范围的稳定系统,从整体上降低整个银行系统性风险;相比之下,小世界网络和随机网络中节点的度相对均匀,在网络参数较小的情况下,这两种网络结构下的银行相对难以从拆借市场获得资金周转,这样就不能帮助银行系统来规避风险,因而其系统性风险高于无标度网络。

此外,随机网络节点的度比小世界网络的更加均匀,在网络参数相对较小时,随机网络下的银行系统整体上更为脆弱,其面临的风险稍高于小世界网络;但是一旦网络参数超过"拐点",随着银行系统的平均度越来越高,银行间的联系也会越来越密集,无标度网络不再占据优势,网络中具有较小连接度的银行无法从拆借市场获得资金补充,风险急剧增加。反观小世界网络和无标度网络,由于这两种网络结构中银行节点的度分布较为均匀,随着拆借联系越来越多,更容易为自身流动性不足而面临倒闭的银行提供拆借援助,因而能够从整体上降低银行系统性风险,并且使小世界网络和随机网络之间的区别进一步缩小。

3.5.2 不同存款准备金率和存贷比下各网络结构的银行系统性风险

本节分析银行的存款准备金率及存贷比对小世界网络、无标度网络以及随机网络的银行系统性风险的影响。不同存款准备金率下的小世界网络、无标度网络及随机网络的银行系统性风险如图 3-10 所示。

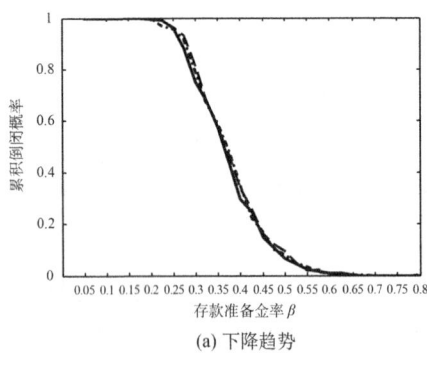
(a) 下降趋势

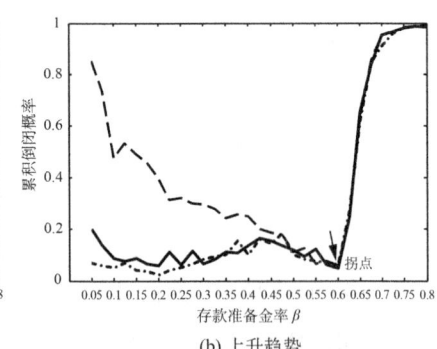
(b) 上升趋势

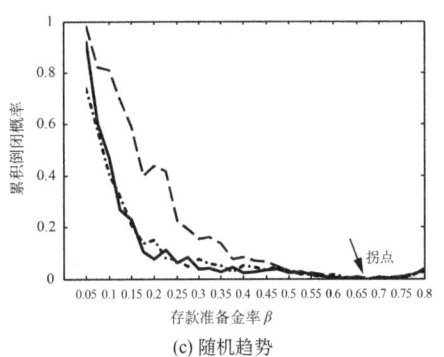

(c) 随机趋势

图 3-10 不同的存款准备金率下三种网络结构下的银行系统性风险

1) 存款准备金率的影响

由图 3-10(a) 可知,当宏观经济呈下降趋势时:在存款准备金率由最初的 0.05 逐步增加至 0.25 的过程中,三种网络结构下的银行系统一直都处于完全不稳定的状态;当存款准备金率由 0.25 逐步增加至 0.6 时,三种网络下的银行系统性风险都在显著降低;在存款准备金率达到 0.6 之后系统都处于完全稳定状态。由此我们认为,宏观经济形势较差时,银行系统比较脆弱,微调存款准备金率对其系统性风险的影响不大,只有将其大幅度提高时,才能显著降低其系统性风险。在宏观经济呈下降趋势时,三种网络结构的银行系统性风险较为接近,几乎无明显区别,表明经济形势不好时,网络结构对不同存款准备金率下的银行系统性风险所能产生的影响非常有限。

当宏观经济呈上升趋势和随机情况时:三种网络结构下的银行系统都存在着存款准备金率的"拐点",即在该拐点之前,随着存款准备金率的增加,银行系统性风险也逐步降低,而一旦超过该拐点,则银行系统性风险反而开始上升。在图 3-10(b) 和图 3-10(c) 中,拐点分别约为 0.6 和 0.7。在拐点之前,当存款准备金率相对较小时,无标度网络的银行系统倒闭概率远高于随机网络和小世界网络,随着存款准备金率的增加,无标度网络的银行系统的倒闭概率由最初的0.8左右逐渐降至0.1左右,其变化比其他两种网络更明显;而在随机趋势下,三种网络结构随着存款准备金率的变化都表现得较为明显。上升趋势和随机趋势下,在存款准备金率小于其"拐点"时,无标度网络的银行系统是最不稳定的,随机网络和小世界网络比较接近,前者的稳定性稍高于后者;但是,当存款准备金率超过其"拐点"之后,可以看到三种网络结构的银行系统性风险基本是无区别的。

本节以宏观经济呈上升趋势为例,分析在不同的存款准备金率下,无标度网络、小世界网络和随机网络的银行系统表现不同的原因。

当存款准备金率较低时,无标度网络的银行系统性风险在初始已经远高于其他两种网络,这是由于无标度网络的特性:在该网络中存在少许的银行节点的拆借联系较多,大部分银行节点的拆借联系较少。存款准备金率较低时,银行的流动资金较多,这样的特性使得拆借联系较多的银行占用了整个系统中大部分的流动资金,因此,大部分拆借联系较少的银行风险急剧增加;同时,对于拆借联系较多的银行节点,由于对其债务银行的拆借资产占据了一部分的流动性资产,这些银行能够用于投资的资产也大为减少。相比之下,小世界网络和随机网络中的银行节点的拆借联系相对均匀,这样使得银行系统中各银行都有一定的从拆借市场获取抵御风险的机会,同时,相对均匀的拆借联系也会使各银行有较多的流动性资产能够进行投资,这样,宏观经济呈上升趋势下带来的良好的投资收益会使这两种网络结构下的银行系统的优势更加突出,因此,从整体上降低了银行系统性风险。

小世界网络和随机网络下的银行系统性风险比较接近,究其原因,随机网络生成过程中,各节点之间的联系都是完全随机的,而小世界网络也是在规则网络基础上加入一定的随机性,随机网络的随机性则又稍高于小世界网络,因而连接的分布也相对均匀。严格来说,当存款准备金率相对较小时,随机网络的系统性风险稍低于小世界网络,之后则两者区别不大。当存款准备金率较大,超过"拐点"时,从图3-10(b)

中可知,银行系统性风险开始上升,此时三种网络的银行系统性风险情况基本是无区别的。究其原因,当银行的存款准备金率过高,即银行系统中各银行的行为都有了较大的局限,没有闲置的流动性资产去进行同业拆借或者投资,因而,网络结构对银行系统的影响十分有限。

2) 银行存贷比的影响

三种网络结构下存贷比对银行系统性风险的影响如图3-11所示。

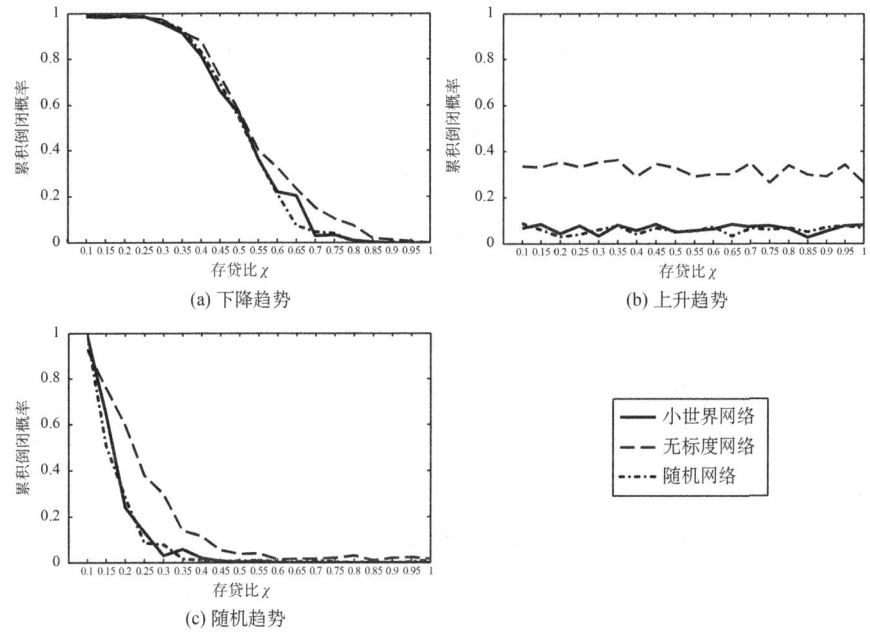

图 3-11 不同的存贷比下三种网络结构下的银行系统性风险

首先,当宏观经济呈下降趋势时,由图3-11(a)可知,随着其存贷比的逐渐增加,三种网络结构的银行系统中,系统性风险都是在降低的。当存贷比较小(小于0.3)时,三种网络的系统性风险基本无差别。之后三种网络中无标度网络的系统性风险相对较高,小世界网络和随机网络较为接近,当存贷比小于0.5时,小世界网络的系统性风险稍低,当存贷比大于0.5时,随机网络的系统性风险稍低。当存贷比较高,大于 0.85 时,三种网络下的银行系统都达到完全稳定状态,无区别。

其次,当宏观经济呈上升趋势时,由图 3-11(b)可知,随着存贷比的逐步增加,三种网络结构的银行系统中,系统性风险都只有小幅度的变化,并且,无标度网络结构的系统中银行倒闭概率约为 0.35,而其他两种网络结构下则接近 0.1,很明显,无标度网络的银行系统在存贷比影响下其系统性风险最高,随机网络和小世界网络下则相对较高,且两者较为接近,前者稍高于后者。

最后,当宏观经济呈随机情况时,由图 3-11(c)可知,存贷比对三种网络结构的银行系统的影响都比较明显,随着存贷比的逐步增加,银行系统越来越稳定,存贷比增加至 0.65 左右时,三种网络结构的银行系统都趋于完全稳定状态。三种网络结构中,无标度网络的系统性风险仍然最高,当存贷比较小时,随机网络系统性风险稍低于小世界网络,之后两者区别不明显。

在不同的存贷比下,无标度网络、小世界网络和随机网络的银行系统表现不同的原因如下。当宏观经济呈下降趋势时,银行在投资市场能够获取的收益有限,已经比较脆弱,当存贷比较小时,一些获得有限收益的银行还要进行分红,导致其抵御风险的能力持续降低,整个系统倒闭概率非常高,因此网络结构对银行系统的影响不明显。随着存贷比的逐步增大,债权银行的分红会越来越少,从而保障其流动性资产,银行系统性风险得到降低,随机网络和小世界网络中各银行节点度分布的均匀性相对较高,使这两种网络能够比无标度网络更好地在同业银行间对因流动性不足而风险较大的银行展开救助,从而使其系统性风险稍低于无标度网络。在宏观经济呈上升趋势和随机趋势时,也是无标度网络的系统性风险最高,这同样是其网络特性所致。此外,随机趋势下,当存贷比较小时,随机网络明显稍优于小世界网络,经分析,较小的存贷比使债权银行的分红较大,因而其流动性资产相对较少,此时,随机网络中的节点度的均匀性稍高于小世界网络,使其能够尽可能多地为风险银行提供援助,从而整体上降低银行系统性风险。

3.5.3 不同投资回收期和投资存款比下各网络结构的银行系统性风险

本节以投资作为切入点,探讨当银行系统面临宏观经济的不同趋势时,风险投资对三种网络的银行系统性风险的影响。不同投资回收期下三种网络的银行系统性风险如图 3-12 所示。

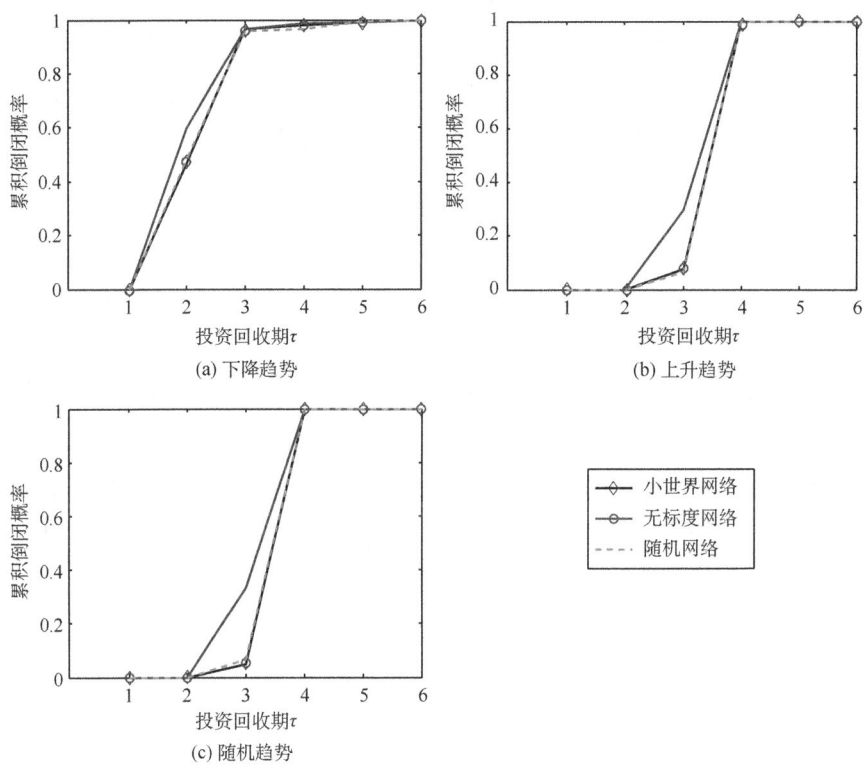

图 3-12 不同的投资回收期下三种网络结构下的银行系统性风险

1) 银行投资回收期的影响

由图 3-12 可知,当宏观经济呈下降趋势、上升趋势以及随机情况时,银行的投资回收期对三种网络结构的银行系统的影响整体上是类似的,即都是无标度网络结构下系统性风险最高,其他两种网络结构下则较为接近。此外,可以明显看出,在银行系统面临经济波动的冲击时,若银行选择短期投资(例如:投资回收期 $\tau=1$)或者长期投资(例如:投资回收期 $\tau=4,5,6$),三种网络结构下的银行系统都处于相同的完全稳定或者完全不稳定的状态,只有银行选择中期投资(例如:投资回收期 $\tau=3$)时,三种网络结构下的银行系统性风险才会有明显的区别。

2) 投资存款比对三种网络下的银行系统性风险的影响

由图 3-13 可知,在宏观经济呈上升趋势、下降趋势和随机趋势下,当投资存款比相对较小时,三种网络结构的银行系统都是非常稳定的,随着投资存款比的进一步增加,银行系统的倒闭概率逐步增加,银行系统越来越不稳定。

三种网络结构相比,如图 3-13(a)所示,在宏观经济呈下降趋势时,无标度网络的系统性风险是相对最高的,其他两种网络则比较接近;在宏观经济呈上升趋势和随机趋势时,如图 3-13(b)和图 3-13(c)所示,则存在着投资存款比的"拐点"(0.55 至 0.6 之间),使得无标度网络的银行系统在该拐点之前系统性风险最高,而在该拐点之后,则系统性风险最低。这一现象表明,当银行的投资存款比相对较高使银行系统逐步趋向于完全不稳定的这一过程中,小世界网络和随机网络对宏观经济冲击的承受能力较弱,使银行系统的倒闭概率持续增长,而无标度网络对宏观经济冲击的承受能力较好,使得无标度网络的银行系统的倒闭概率增加速度低于其他两种网络。

从网络结构的视角来分析,当银行的投资存款比相对较低,小于其"拐点"时,银行系统中的流动性资产相对较多,银行系统相对稳定。在投资存款比逐步增加至拐点的过程中,三种网络的银行系统都开始由完全稳定的状态变得越来越不稳定,尤其是无标度网络,由于其大部分银行节点的拆借联系相对较少,这些银行很快面临流动性缺乏的

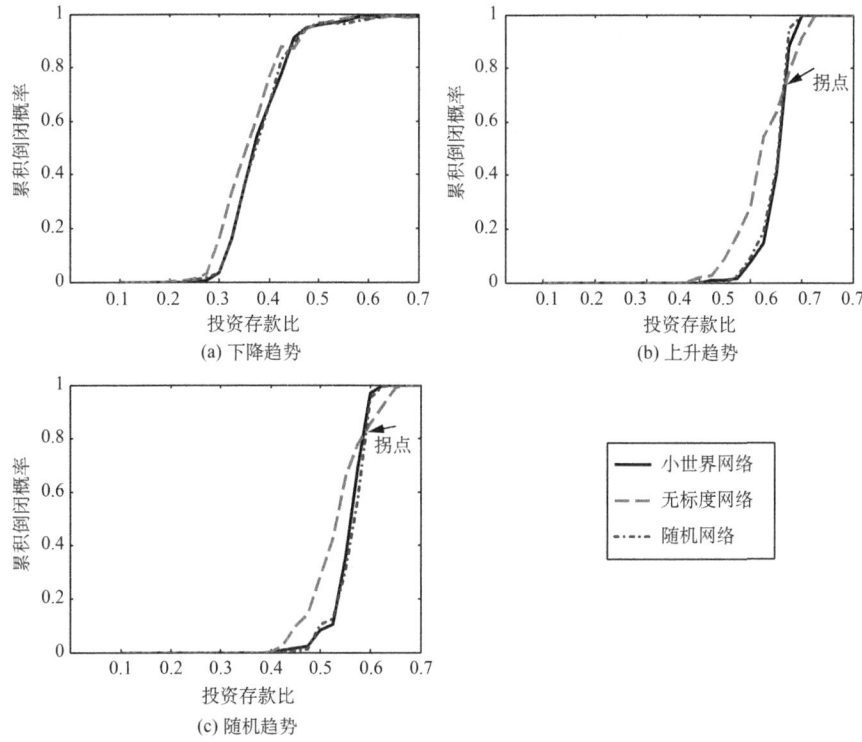

图 3-13 不同的投资存款比下三种网络结构下的银行系统性风险

风险而倒闭,从而使无标度网络整体上系统性风险较高;小世界网络和随机网络随着投资存款比的逐步增大,其倒闭概率虽然也在增加,但前期相对无标度网络仍然具有一定优势。随着投资存款比的增加,各银行的投资比重不断增大,使其流动性资产减少,各银行所面临的风险增高,小世界网络和随机网络中银行倒闭的速度加剧;而相比之下,无标度网络中由于还存在少量的具有相对多拆借联系的银行节点,这些银行的存活概率较大,从而使银行系统倒闭概率的增长速度较缓,而一旦投资存款比超过"拐点",小世界网络和随机网络的系统性风险开始高于无标度网络。

3) 最优投资存款比

考虑到图 3-13 所示的银行的投资存款比对三种网络结构中的系统性风险均具有显著的影响,并且当投资存款比较小时,银行系统都处于完全稳定的状态,本书对此展开了进一步探讨,发现在宏观经济呈下降趋势、上升趋势和随机情况下,三种网络结构的银行系统中都存在着一个具体的"最优的投资存款比",即在保证银行系统完全稳定的前提下,银行的最大投资。

如图 3-14 所示,只要各网络结构下的银行系统的投资存款比低于图中的最优值,则整个银行系统都处于完全稳定的状态(如图中的灰色区域部分);而一旦超过该最优值,银行系统中将会有银行陆续倒闭,使系统越来越不稳定(如图中的白色区域部分)。在宏观经济呈下降趋

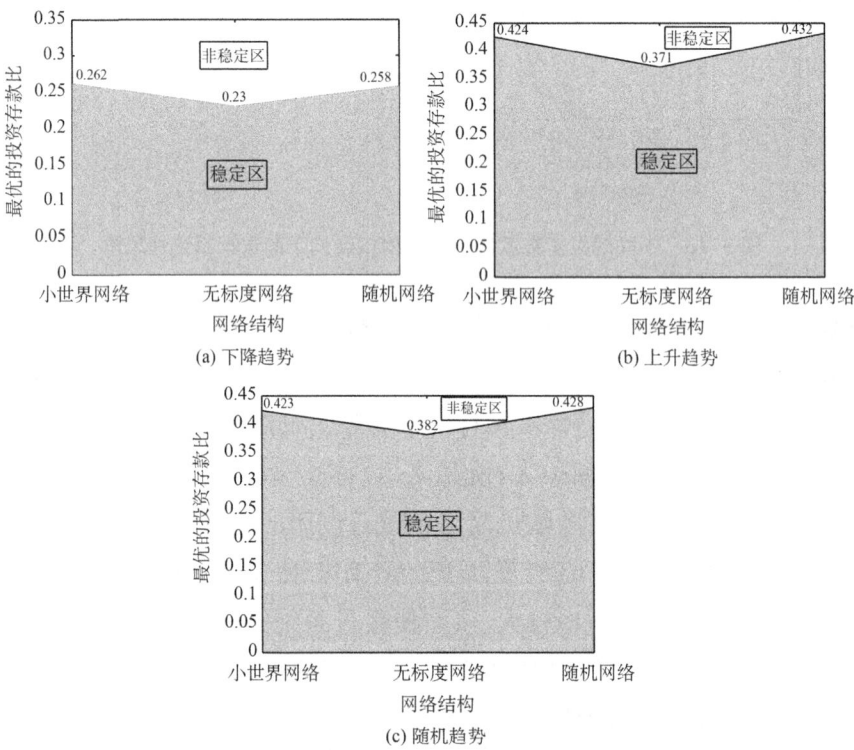

图 3-14 小世界网络、无标度网络以及随机网络的银行系统中的最优投资存款比

势时,小世界网络和随机网络的最优投资存款比分别为 0.262 和 0.258,无标度网络的最优投资存款比相对小一些,为 0.23;宏观经济处于上升趋势和随机趋势时的最优投资存款比在三种网络结构下都高于下降趋势的,其中,上升趋势下的小世界网络和随机网络分别为 0.424 和 0.432,随机趋势下的分别为 0.423 和 0.428;宏观经济处于上升趋势和随机趋势时的无标度网络的最优投资存款比分别为 0.371 和 0.382。总体来看,三种经济趋势下,无标度网络的最优投资存款比都是最低的,而随机网络和小世界网络的最优投资存款比则较为接近,其中,在宏观经济呈下降趋势时,小世界网络下的最优投资存款比稍高于随机网络,而在其他两种经济趋势下,则是随机网络下的最优投资存款比稍高于小世界网络。

3.6 本章小结

本章针对我国银行业面临宏观经济的动态波动,利用金融仿真的方法,通过设定不同的投资收益率,构建了宏观经济动态冲击下的银行网络模型,探讨银行系统中哪些参数对银行系统性风险影响较大,以及如何调整这些参数从而实现银行系统的完全稳定。在当前国家政策强调金融稳定和风险防控的背景下,本章的研究提供了对宏观经济波动下银行系统性风险的深入分析,为监管机构制定有效的金融监管政策提供理论依据和实践指导。

研究表明,首先,在银行的投资回收期固定时,随机情况以及宏观经济呈上升趋势下,通过调整银行间的连接度、银行的存款准备金率和存贷比对银行系统性风险的影响基本一致,即起初稍微增加这些参数,银行系统将实现完全稳定;而在宏观经济呈下降趋势下,银行系统极其不稳定,即使银行间的连接度 $C=1$,也不能实现银行系统的完全稳定,将银行的存款准备金率以及存贷比调整较大时才能保证银行系统的稳定,因此,此时增强银行间的连接度、提高银行的存款准备金率以及存贷比并不能明显降低系统性风险。其次,通过调整银行的投资回收期以及银行的投资存款比,发现这两种参数在三种宏观经济动态冲击下对银行系统性风险都有较大影响。再次,鉴于银行的投资回收期以及银行的投资存款比对银行系统性风险具有显著影响,进一步探讨两者之间的关系,发现在银行间的连接度固定时,不同宏观经济冲击下,每个投资回收期内存在着不同的最优投资存款比,只要银行的投资存款比小于等于这个最优值,银行系统都是完全稳定的;宏观经济呈下降趋势时每期的最优投资存款比都是最小的,呈上升趋势以及随机情况时每期最优投资存款比则较接近。最后,基于以上的仿真结果,本章探讨了不同宏观经济趋势冲击下的银行调控策略,为银行监管提供理论支持。

在国家政策导向下,本章强调了监管机构需要密切关注银行系统的动态变化,在不同的宏观经济趋势中及时调整监管策略,以确保金融系统的稳定性。在研究不同网络中宏观经济波动下银行系统性风险时,本章有以下发现。

当面临宏观经济呈下降趋势的冲击时,在投资因素的影响下,无标度网络的银行系统性风险稍高,而在银行系统中其他参数的影响下三种网络的稳定性都无显著差别。表明当银行系统面临经济形势不好的冲击时,银行系统本身的承受能力较差,其网络结构所能产生的影响十分有限。

当面临观经济呈上升趋势和随机趋势的冲击时,在不同的存贷比、中期的投资回收期(长期和短期投资影响下三种网络基本无区别)这些参数的影响下,无标度网络的银行系统性风险都是最高的;而在网络参数、存款准备金率以及投资存款比的影响下都存在一个拐点,使得无标度网络在"网络参数拐点"前后由最稳定变为最不稳定,在"投资存款比拐点"前后则是由最不稳定变为最稳定,在"存款准备金率拐点"前最不稳定,拐点后则与另两种网络基本无差别。此外,在这两种宏观经济趋势下,随机网络和小世界网络区别不明显。

总的来说,由于其独有的网络特性,无标度网络的银行系统在大部分情况下系统性风险最高,但是某些影响因素特定区间范围下的影响(如拐点值前后)则反而会使其系统性风险相对最低;随机网络和小世界网络在网络生成过程中都受到随机性的影响,因此在系统中不同因素的影响下,这两种网络的银行系统性风险状况表现接近,但是随机网络的随机性又稍高于小世界网络,这使得这两种网络的银行系统性风险在某些情况下也会有相对明显的区别。

4 经济波动下中央银行调控对银行系统性风险的影响

2008年下半年,美国次贷危机急剧恶化为全球性金融危机,世界各国都遭到了不同程度的冲击,经济发展受到阻碍,银行业尤其损失惨重。银行系统遭遇外部冲击时,个别银行可能因自身资不抵债而发生倒闭,此时,银行间同业拆借市场能够为其提供一定的拆借资金,但同时风险也会通过该渠道传播。因此,当银行系统面临风险冲击时,仅仅依靠银行间同业拆借市场是不够的,需要作为金融体系核心的中央银行进行调控,以实现银行系统的稳定。在当前国家政策强调金融稳定和风险防控的背景下,探讨中央银行如何进行有效调控,以及哪些调控措施有利于银行系统的稳定,具有重要的现实意义和政策指导价值。那么,央行如何进行调控?哪些调控措施有利于银行系统的稳定?在什么样的范围内调控才是最合适的?这都是非常值得探索的问题。

自2008年下半年全球性金融危机以来,毋庸置疑,银行系统性风险已经成为国内外学者研究的热点。关于银行系统性风险的研究成果丰富,但值得注意的是,已有研究大部分采用的是对银行系统中某个银行进行随机冲击和直接进行系统性的冲击的方法。本章对银行系统的冲击构想同第3章,考虑三种不同趋势的宏观经济冲击,在此基础上,考虑到金融危机的深远影响,本章关注中央银行的调控在保证银行系统稳定方面的作用。因此,在Iori等(2006)和Georg和Poschmann(2010)的研究基础之上,本章通过构建宏观经济动态冲击下具有中央银行的银行网络模型,探讨中央银行的调控对银行系统性风险的影响。

4.1 银行系统网络模型的构建

在具有中央银行的银行网络系统中,银行的资产负债表的各构成要素如下。

(1) 资产。银行的资产由两部分构成,流动性资产(L)和固定资产,其中,固定资产即为银行的投资(I)。

(2) 负债。本书构建的银行系统中的负债主要由储户存款(A)、银行之间的拆借款(B)以及中央银行借款(LC)构成。其中,本书中银行间的拆借是单期的,即本期的拆借款在下一期必须一次性偿清。中央银行作为最后贷款人,在同业拆借仍然无法满足银行资金需求时发挥作用。同样的,央行的贷款期限也仅为一期。

(3) 所有者权益。银行的各要素满足基本会计恒等式,因此,银行的所有者权益(V)可以表示为:

$$V = L + I - A - B - LC$$

具有中央银行的银行系统的动态拆借流程如图4-1所示。该拆借过程与第3章中的无中央银行的拆借过程相比,主要有两点不同:第一,在 t 时刻由公式(3-3)计算每家银行的流动性资产对银行类型进行判定时,若银行 k 的流动性资产 $\hat{L}_t^k > 0$ 且 $B_{t-1}^k < 0$,则 k 银行划为临时潜在债权银行;或者 $\hat{L}_t^k > 0$、$B_{t-1}^k > 0$、$LC_{t-1}^k > 0$ 且 $\hat{L}_t^k \geqslant (1 + r_b) \sum_i b_{t-1}^{k,i} + (1 + r_c) LC_{t-1}^k$,$i \in \Phi$($\Phi$ 为 k 银行的所有债务银行,r_c 为中央银行的贷款利率),k 银行划为临时潜在债权银行;否则银行 k 划为一般债务银行。第二,流动性不足的债务银行为了维持经营,需要根据连接矩阵首先在银行同业拆借市场寻求借款,借款额为: $B_t^j = (1 + r_b) \sum_k b_{t-1}^{j,k} + (1 + r_c) LC_{t-1}^j - \hat{L}_t^j$(即债务银行所需偿还的上期借款不足的部分)。如果在同业拆借市场所拆入的资金仍然无法偿还债款,中央银行作为最后贷款人对其进行援助。需要注意的是,若债务银行上期对央行仍有借款($LC_t^j > 0$),则债务银行会直接倒闭;当上期对央行没有借款时,央行根据债务银行抵押品的价值确定对其的援助金额,中央银行能够提供的最大贷款额度由公式(4-1)表示。

$$LC_t^j = abs(\max(\hat{L}_t^j, -\alpha \sum_{s=1}^{\tau} I_{t-s}^j)) \tag{4-1}$$

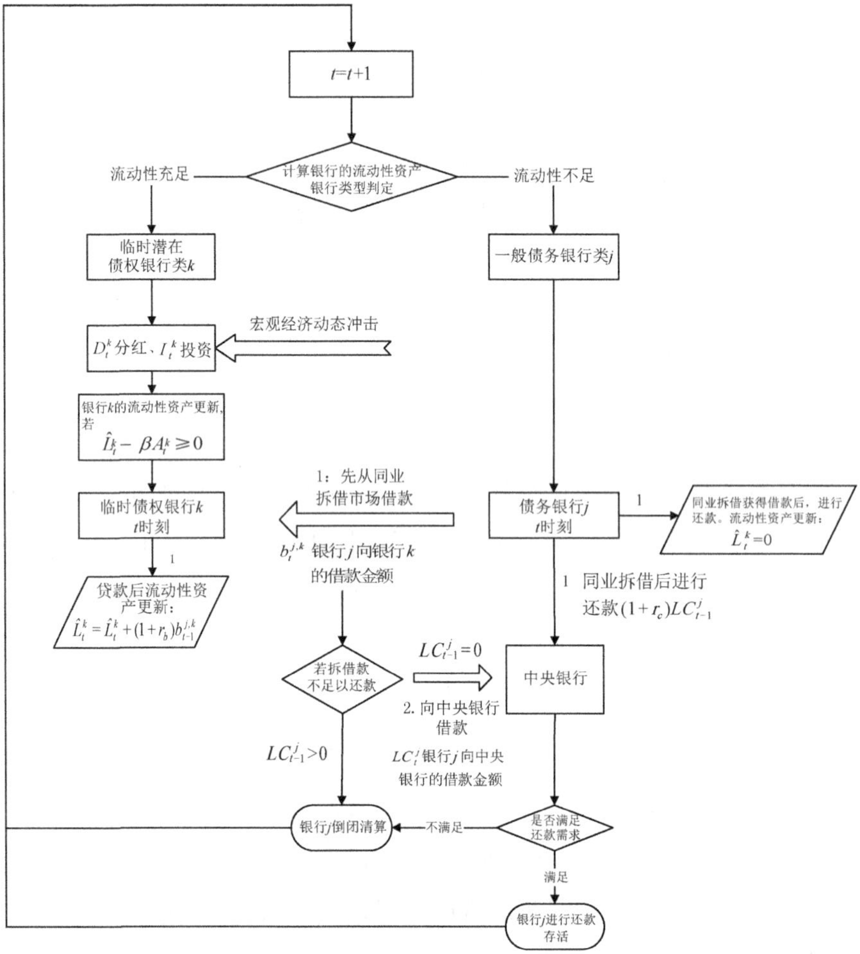

图 4-1 具有中央银行的银行系统的动态拆借过程

其中,$\hat{L}_t^i$ 为债务银行所需的流动性,α 为中央银行对债务银行的援助力度,I_{t-1}^j 为 $t-1$ 期银行 j 的投资额。中央银行提供的贷款期限仅为一期,下一期必须还本付息 $(1+r_c)LC_t^j$。

除以上两点不同之外,银行系统的动态演变过程与第 3 章一致,包括银行储蓄的变动、银行拆借之后的投资和分红等,在此不再赘述。在具有中央银行的银行网络系统中,银行倒闭清算之后,在下一时刻,系统重新计算各个银行的流动性资产,然后仍然依照图 4-1 所示的动态流程进行迭代,迭代的次数为仿真的时间步长。

4.2 引入央行措施的仿真计算

本章设定央行贷款利率 $r_c=0.2\%$,其他参数取值与 3.2 节保持一致,然后根据 4.1 节中的模型仿真在银行系统面临不同宏观经济的动态冲击时,中央银行的调整援助力度、贷款利率以及存款准备金率等调控措施对银行系统性风险的影响。

4.2.1 调整援助力度

本节仿真不同宏观经济动态冲击下央行援助及其援助力度的大小对银行系统性风险的影响,并且结合银行间的连接度探讨其相互作用,仿真结果如图 4-2 所示。

当银行系统面临宏观经济呈下降趋势的冲击时,由图 4-2(a)中的仿真结果可知:当 $\alpha=0$,即无央行援助时,银行系统基本濒临全面倒闭状态,累积倒闭概率接近 100%,并且此时增加银行间的连接度对降低银行系统性风险基本不起作用;相比之下,当央行进行援助时,银行系统中的存活银行数明显增多,银行系统的系统性风险降低,表明了央行作为最后贷款人发挥了正向作用。但是,当央行援助力度较小时(这里设定 $\alpha=0.2$),其降低系统性风险的作用非常微弱,累积倒闭概率虽然有所降低,但总体来说仍然较高,在 90% 以上,并且此时增强银行间

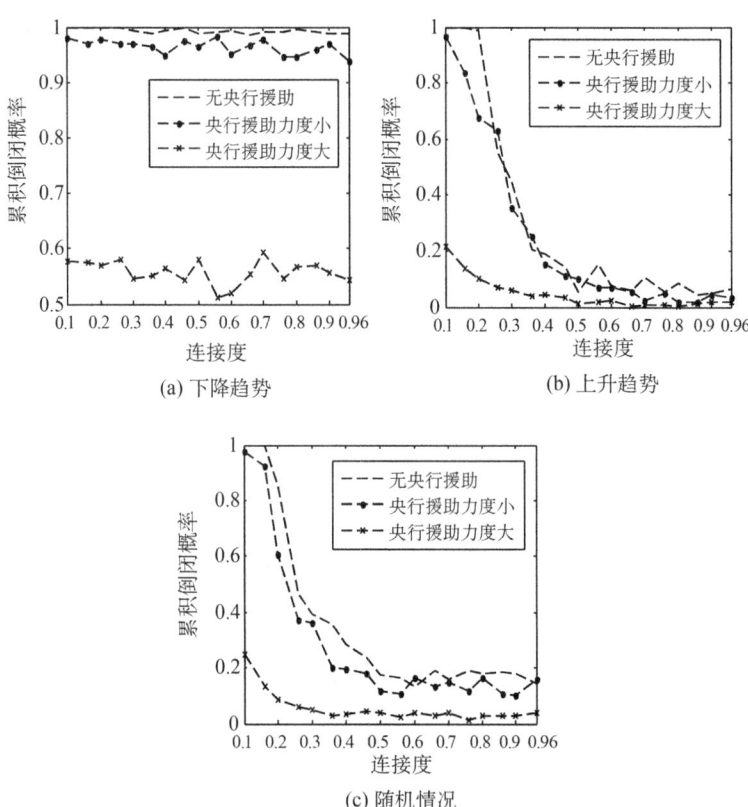

图 4-2 不同宏观经济趋势下央行援助力度对银行系统性风险的影响

的连接度对银行系统性风险状况改善不大;当援助力度较大时(这里设定 $\alpha=0.8$),其效果非常显著,极大地降低了银行系统性风险,即使在连接度较小的情况下,累积倒闭概率也降低到60%以下,同样的,连接度增强效果不大。因此,在宏观经济呈下降趋势时,降低银行系统性风险的最为有效的措施是央行进行援助,并且加大央行援助的力度,而增加银行间的连接度带来的效果不大,一般在连接度 $C<0.5$ 时,随着 C 的增加系统中银行的存活数稍有增加,而在 $C>0.5$ 时反而意义不大。

当银行系统面临宏观经济呈上升趋势的冲击时,由图 4-2(b)中的仿真结果可知:在没有央行援助的情况下,在银行间的连接度 $C<0.5$

时,连接度的增加对银行系统性风险有显著的降低作用,随着银行间连接度 C 从 0.1 增加到 0.5,银行系统的累积倒闭概率从 100% 降低至 10% 左右;而在银行间的连接度 $C>0.5$ 时,系统中的银行存活数在轻微上下波动,连接度增加并没有有效地降低系统性风险,在连接度 $C=0.8$ 左右时,实现银行系统的完全稳定。当央行进行援助且援助力度较小时(这里设定 $\alpha=0.2$),与没有央行援助时相比,只有当银行间的连接度较小($C<0.3$)时,增加连接度会使银行系统的系统性风险有明显的降低;之后随着连接度的增加,系统性风险状况则与无央行援助的较为接近,在连接度 $C=0.8$ 左右时,基本实现银行系统的完全稳定。当央行援助力度较大时(这里设定 $\alpha=0.8$),效果比较明显,即使连接度小,相比无央行援助时,系统性风险也有较大的改善,累积倒闭概率从接近 100% 直接降低到 20% 以下,并且当银行间的连接度 $C<0.5$ 时,系统性风险降低的力度相对较大,之后则不明显。因此,宏观经济呈上升趋势时,银行可直接通过增加连接度来降低系统性风险,无须请求央行援助;若允许央行援助,在援助力度较大时效果显著,援助力度较小时需要同时大力增加银行间的连接度才能保证较低的系统性风险。

当银行系统面临宏观经济随机情况的冲击时,由图 4-2(c)中的仿真结果可知,央行的援助对系统性风险的影响与宏观经济呈上升趋势时类似,只是当无央行援助或援助力度较小且银行间连接度 $C<0.5$ 时,银行系统的系统性风险显著降低;并且当援助力度较大且 $C>0.4$ 时,银行系统性风险基本不再降低。

因此,无论银行系统面临以上哪种宏观经济的冲击,央行的援助都会显著地降低银行系统性风险。宏观经济呈下降趋势时,银行系统在有无央行援助的情况下的累积倒闭概率都是最高的,即下降趋势下的银行系统是最不稳定的。图 4-3 对不同央行援助情况下的宏观经济呈上升趋势以及随机情况时的系统性风险进行比较,发现存在银行间连接度的临界值使两种宏观经济情况下的银行系统性风险不同。当无央行援助时,如图 4-3(a)所示,在 $C<0.3$ 时,随机情况下的系统性

风险稍低于上升趋势,而 $C>0.3$ 时,上升趋势下系统性风险较低;当有央行援助时,如图 4-3(b) 和图 4-3(c) 所示,不论援助力度大小,大约均在 $C<0.4$ 时,随机情况下的系统性风险稍低于上升趋势下,而 $C>0.4$ 时,则上升趋势下系统性风险较低。

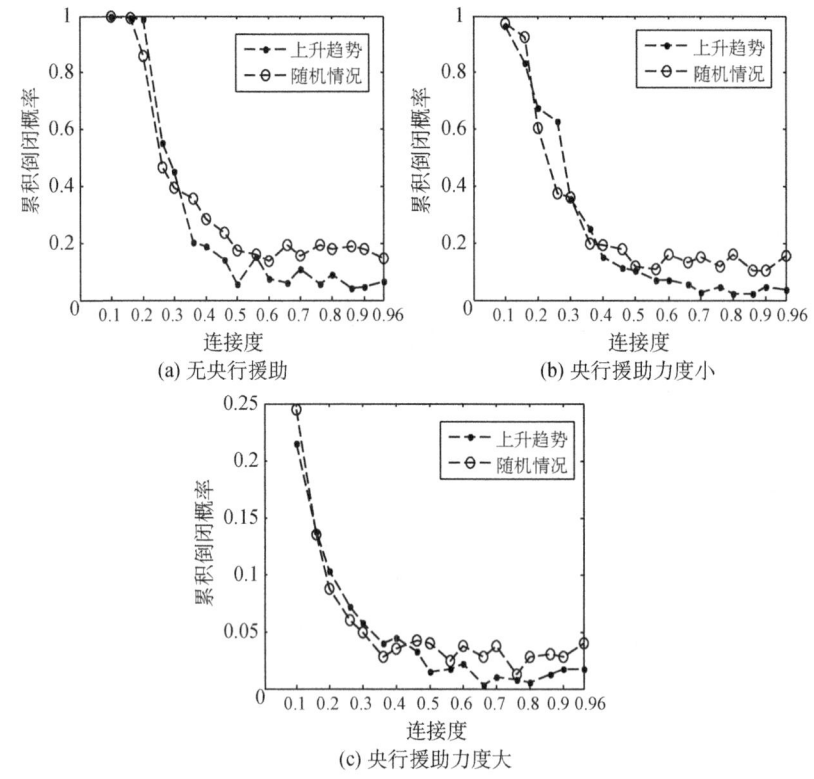

图 4-3 不同央行援助力度下宏观经济呈上升趋势和随机情况时的系统性风险

4.2.2 调整贷款利率

图 4-4 仿真了在三种宏观经济动态冲击情景下,不同的银行投资回收期内,通过调整央行的贷款利率研究银行系统性风险。仿真时设定银行存款利率 $r_a=0.1\%$,银行间拆借利率 $r_b=0.2\%$,模拟央行的贷款利率范围为 $0.2\%\sim2.9\%$,由图 4-4 可知,随着央行贷款利率的

变化，每期内的银行系统性风险变化不大，表明了在银行系统面临各种宏观经济的动态冲击时，调整央行的贷款利率对银行系统性风险影响不是很显著。

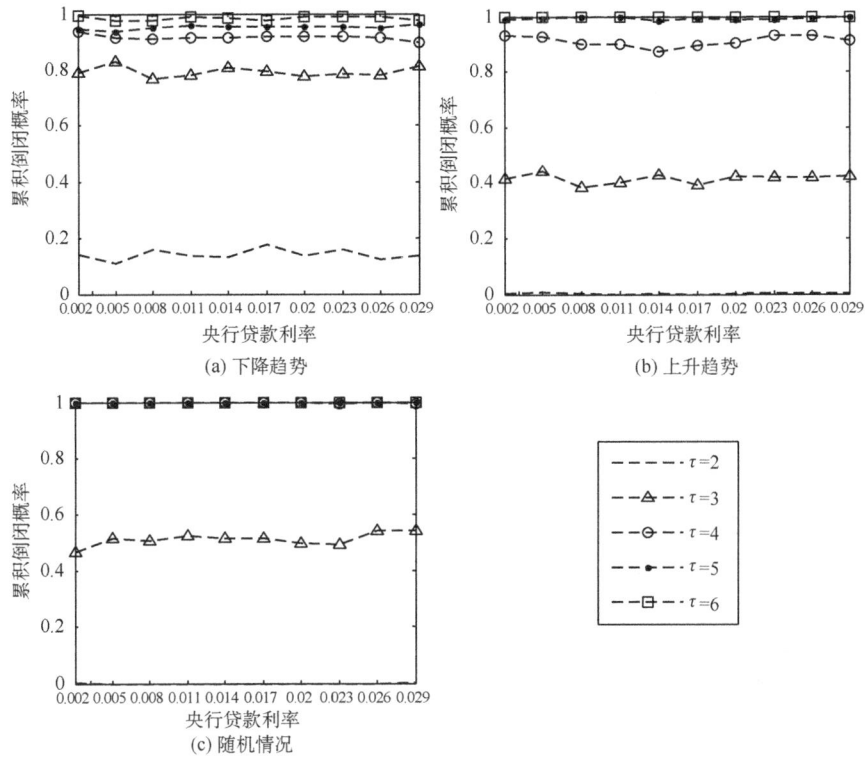

图 4-4　不同的央行贷款利率下的系统性风险

经分析，本研究所仿真的银行系统所受的冲击主要是宏观经济的不同趋势，该冲击对银行系统的影响比较大，受到冲击后的银行以及在同业拆借市场演化后流动性不足的银行为了存活下来都会积极寻求救助，而顾及不到央行贷款利率大小的影响。另外，央行充当最后借款人大大增加了银行的存活时间，使其能够通过投资收益对自身的流动性进行补充，虽然央行贷款利率在不断提升，但是由于整个银行系统总能从央行借到钱，也变相提升了同业拆借的作用，因此整体的倒闭概率趋于稳定。

4.2.3 调整存款准备金率

存款准备金是为保证储户存取款和资金清算而需要上交至中央银行的存款,是一笔风险准备金,不能够用于发放贷款。中央银行可以通过调整存款准备金率影响银行的信贷扩张能力,因此,本书接下来探讨在银行系统面临宏观经济的动态冲击时,中央银行通过调整存款准备金率对银行系统性风险的影响,结果如图4-5所示。

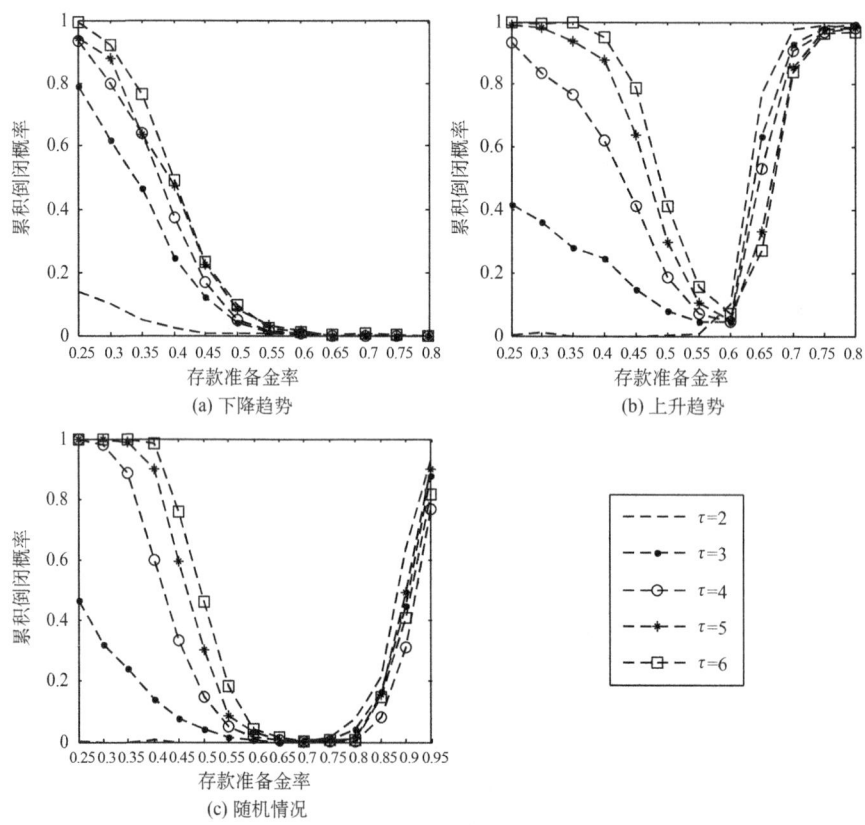

图4-5 不同的存款准备金率下的系统性风险

图 4-5 表明,在宏观经济呈下降趋势时,随着存款准备金率的增加,每期银行系统的系统性风险不断降低,并且当存款准备金率在 0.65 左右(最优值)时,银行系统在每期都达到完全稳定,表明了下降趋势下央行增加存款准备金率对银行系统的系统性风险有改善作用,如图 4-5(a)所示。上升趋势下,如图 4-5(b)所示,起初随着存款准备金率的增加,银行系统每期的系统性风险逐渐降低,当存款准备金率增加至 0.55 左右(临界值)时,短期投资($\tau \leqslant 3$)内的银行累积倒闭概率降至最低,存款准备金在 0.6 左右(临界值)时,长期投资($\tau > 3$)内的银行累积倒闭概率降至最低;此后,存款准备金率继续增加,银行存活数急剧减少,银行系统越来越不稳定。随机情况下与上升趋势的系统性风险情况类似,如图 4-5(c)所示,起初随着存款准备金率的增加,银行系统的系统性风险不断降低,存款准备金率在 0.65 左右(临界值)时,短期投资($\tau \leqslant 3$)内银行系统达到完全稳定,存款准备金率在 0.7 左右时(临界值),长期投资($\tau > 3$)内银行系统基本每期达到完全稳定,此后再继续增加,系统性风险开始上升。与上升趋势不同的是,随机情况下当存款准备金率超过临界值时,银行存活数有所降低,但是没有上升趋势下的下降幅度大。

为了进一步探究在三种不同的宏观经济动态冲击情景下,央行调整存款准备金率对银行系统性风险所带来的影响的内在作用机理,下面我们以投资回收期 $\tau = 3$ 为例展开研究。在宏观经济呈下降趋势时,由图 4-6(a)可知,随着仿真时间步的增加,银行的投资收益率的动态变化呈下降趋势,但是在初始阶段,投资收益率仍然处于较高的水平,此时的银行系统仍然能够获得较高的收益,因此,随着存款准备金率的增加,银行系统性风险在不断降低。之后,银行的投资收益率逐渐降低,投资收益具有一定风险,这种情况下,由于存款准备金率的增加,银行可用于投资的资产逐渐减少,而银行的流动性资产不断增加[图 4-6(b)],这样一方面减少了宏观经济下降趋势冲击的风险,另一方面增加的流动性资产降低了银行系统性风险。因此,初期的高收益与后期的风险规避和增加的流动性使下降趋势下,系统性风险随着存款准备金率的增加不断降低。因此,在宏观经济发展处于下降趋势时,央行上调存款准备金率可以限制银行的投资冲动,投资额的减少降低了银行系统在宏观经济下行期间的投资损失,从而增加了银行系统中的流动性资产,这有助于增强金融系统的支付能力,增加银行的抗风险能力,防止金融风险的产生,有利于银行系统的稳定。

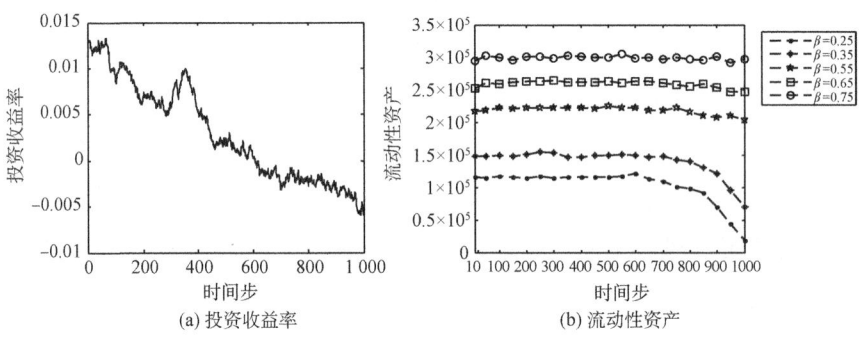

图 4-6 下降趋势下的银行投资收益率和流动性资产

在宏观经济呈上升趋势时,由表 4-1 和图 4-7(a)可知,起初在央行存款准备金率 β 较小时,同业银行之间的拆借以及与央行的拆借比较活跃,可用于投资的资产较多,由于宏观经济呈上升趋势使得投资收益相对较好,因此在刚开始,随着 β 的增加,系统性风险也在降低。但是,当 β 在 0.55 左右时,银行间的拆借急剧下降到个位数,央行的拆借大量减少,累积投资额也下降许多,利润大量减少;β 增加至 0.6 左右时,银行间拆借为 0,投资存款比大幅度降低,利润为负值,此时银行系统系统性风险开始上升;此后,β 继续增加,银行间拆借以及央行拆借都不发挥作用,银行利润也一直为负。图 4-7(b)显示当央行存款准备金率较大时,在后期的仿真时间步中,银行系统的流动性资产急剧降低,因此,银行系统越来越不稳定。即虽然上升趋势下的投资收益率在不断上升,但是当 β 增加到一定程度时,银行系统中用于投资的资金越来越少,无法获得递增的投资收益率带来的高效益,并且由于刚开始的投资收益较低,并没有为银行系统积累较多的资产,因此,最终银行系统系统性风险大幅上升。所以初期活跃的同业拆借以及递增的投资收益使银行系统性风险逐渐降低,而后期 β 的增加导致可用于高收益投资的资产的降低以及拆借市场的收缩使银行系统愈不稳定。

表 4-1 上升趋势下的银行往来数据统计

β 取值	累计银行间拆借款	累计央行拆借款	累计投资	累计存款	投资/存款	利润
0.25	128 130	57 414	81 747 000	292 570 000	0.279 410 056	418 940
0.35	33 337	31 639	80 292 000	328 680 000	0.244 286 236	429 600
0.45	3 817	10 290	72 788 000	366 590 000	0.198 554 243	340 740
0.55	8.32	2 178.7	51 312 000	390 210 000	0.131 498 424	36 736
0.6	0	558.635	31 547 000	396 320 000	0.079 599 818	−207 000
0.65	0	53.462 9	23 160 000	383 310 000	0.060 421 069	−194 810
0.75	0	0	15 390 000	357 090 000	0.043 098 379	−165 440
0.8	0	0	12 530 000	354 930 000	0.035 302 736	−151 900

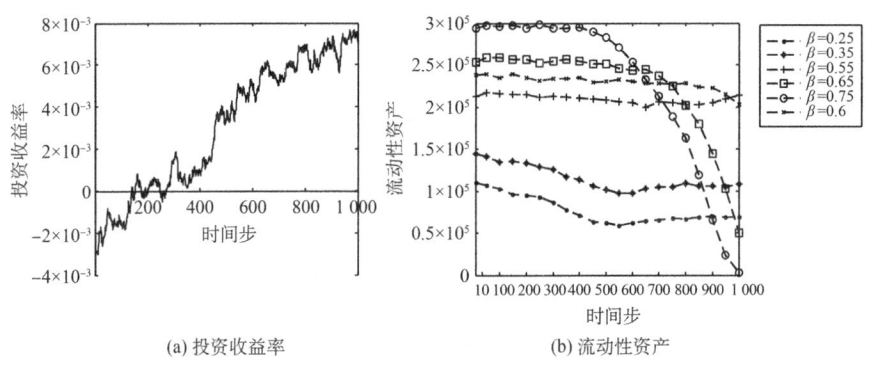

(a) 投资收益率　　(b) 流动性资产

图 4-7　上升趋势下的银行投资收益率和流动性资产

而在现实中,改革开放后的 1985—1988 年,以及 2006 年 7 月份至 2008 年 6 月份,我国经济快速发展,在这些时期,为了宏观经济的稳健发展及抑制通货膨胀,央行都上调了存款准备金率,仅仅在 2007 年就连续 10 次上调存款准备金率,从本章研究的央行不同的存款准备金率下的银行系统性风险角度来看,较高的存款准备金率虽在一定程度上削弱了商业银行资产的盈利能力,但是本书的仿真实验表明,在宏观经济呈上升趋势时,前期随着存款准备金率的增加,银行系统中的投资额虽然有所降低,但是由于期初投资额的基数较大以及宏观经济呈上升趋势时的投资收益率在不断增加,流动性资产在不断增加,从而银行系统性风险也在不断降低。但是过高的存款准备金率使系统中的投资额急剧减少,递增的投资收益也无法发挥其作用,导致银行系统的不稳定。因此,央行在通过调整存款准备金率来降低银行系统的系统性风险时,不应将其设得过大,这也提醒我国的银行系统的存款准备金率不宜太高。

宏观经济处于随机情况时,银行的投资收益率随着仿真时间步的增加在其均值上下随机波动,并没有一定的规律可循,因此,银行的收益是不确定的。由表4-2的统计数据可知,起初银行间拆借以及与央行间的拆借都比较活跃,随着存款准备金率的增加,银行的利润虽然在逐渐降低,但是仍较可观。由图4-8可知起初随着存款准备金率的增加,银行的流动性资产在增加,因此银行系统性风险在下降;而当存款准备金率在0.75左右时,银行间拆借以及与央行的拆借为0,并且银行的投资大幅降低,使银行的利润也大幅降低,此时存款准备金率继续增加,银行的流动性资产开始下降,因此,银行系统性风险上升。与宏观经济呈上升趋势时一样,在随机情况下存款准备金率有一个临界值,使得银行系统性风险在其上下区间内完全不同,但不同的是,随机情况下的存款准备金率临界值偏大,并且在超过临界值之后,银行系统性风险的上升幅度,并没有上升趋势下超过临界值后上升的幅度大。因此,随机情况下初期银行间活跃的拆借市场以及累积的较高的利润使银行系统性风险随存款准备金率的增加而下降,而较大的存款准备金率使银行间拆借无法发挥作用,且用于投资的资金锐减,使系统性风险上升。

表 4-2 随机情况下的银行往来数据统计

β 取值	累计银行间拆借款	累计央行拆借款	累计投资	累计存款	投资/存款	利润
0.25	144 450	84 217	80 772 000	306 880 000	0.263 203 858	604 770
0.35	42 974	35 208	81 836 000	352 340 000	0.232 264 29	595 870
0.45	5 100.3	9 238.7	78 028 000	384 240 000	0.203 070 997	548 550
0.55	282.142 2	1 480.6	67 875 000	395 110 000	0.171 787 603	442 520
0.6	61.489	507.832 8	60 828 000	398 260 000	0.152 734 395	371 560
0.65	10.887 4	66.070 3	53 881 000	399 160 000	0.134 985 971	281 570
0.75	0	0	34 238 000	399 180 000	0.085 770 83	88 655
0.8	0	0	23 595 000	398 190 000	0.059 255 632	13 640

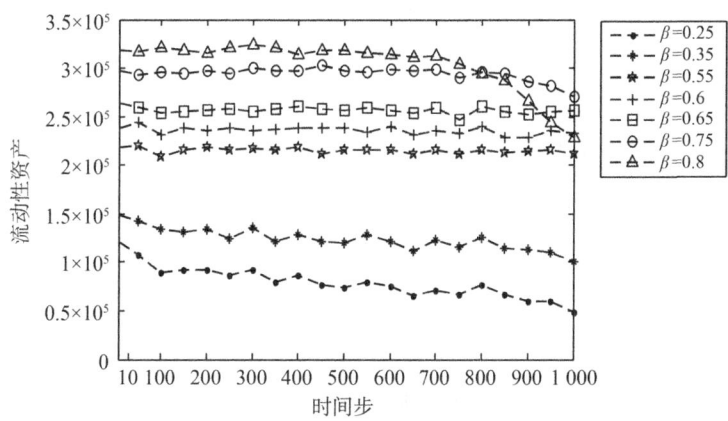

图 4-8 随机情况下的银行流动性资产

4.3 中央银行调控对不同银行网络系统性风险的影响

本节主要探讨央行的不同调控措施对不同网络结构的银行系统的影响,包括不同的援助力度、不同的贷款利率和不同的存款准备金率。

4.3.1 央行不同的援助力度

由图4-9可知,在宏观经济呈下降趋势、上升趋势和随机趋势时,央行的援助力度对三种网络结构的银行系统的影响都较为显著,在援助力度从0.1逐步增加至1的过程中,银行系统的倒闭概率都有了较大幅度的下降。

在宏观经济呈下降趋势时,当央行的援助力度相对较小,小于0.4时,可以看到三种网络下的系统性风险没有明显的区别,这是由于宏观经济呈下降趋势时银行系统对于央行援助的需求比较大,当央行的援助力度相对较小时,各银行从央行获得的拆借款都非常有限,因而整体上三种网络的银行系统性风险差别不明显,即央行援助小时,宏观经济呈下降趋势时的银行系统基本不受网络结构的影响。之后,随着央行的援助力度越来越大,三种网络表现出一定的区别,尤其是当央行援助力度超过0.6之后,从图4-9中可看到,随机网络的系统性风险在整体上稍低于其他两种网络,这是由于随机网络中银行节点的度的均匀性相对较高,这使银行能够先在同业拆借市场获得一定的救助,同时,央行较大力度的援助又为银行分担一定的风险,整体上使随机网络的银行系统在下降趋势下所面临的风险相对较低,从而降低了其系统性风险。

在宏观经济呈上升趋势和随机趋势时,很明显,随着央行援助力度的增加,在两种经济趋势下无标度网络在三种网络中整体上都是最不稳定的,另外,上升趋势下小世界网络的系统性风险整体低于随机网络,而随机趋势下两种网络的系统性风险则是波动的,呈"交叉变化"。

考虑到小世界网络和随机网络的系统性风险在随机趋势下没有明显的变化规律,难以展开比较分析。在此,本书以宏观经济呈上升趋势时的银行系统为例,对央行不同的援助力度下无标度网络、小世界网络和随机网络结构的银行系统性风险展开深入的比较分析。

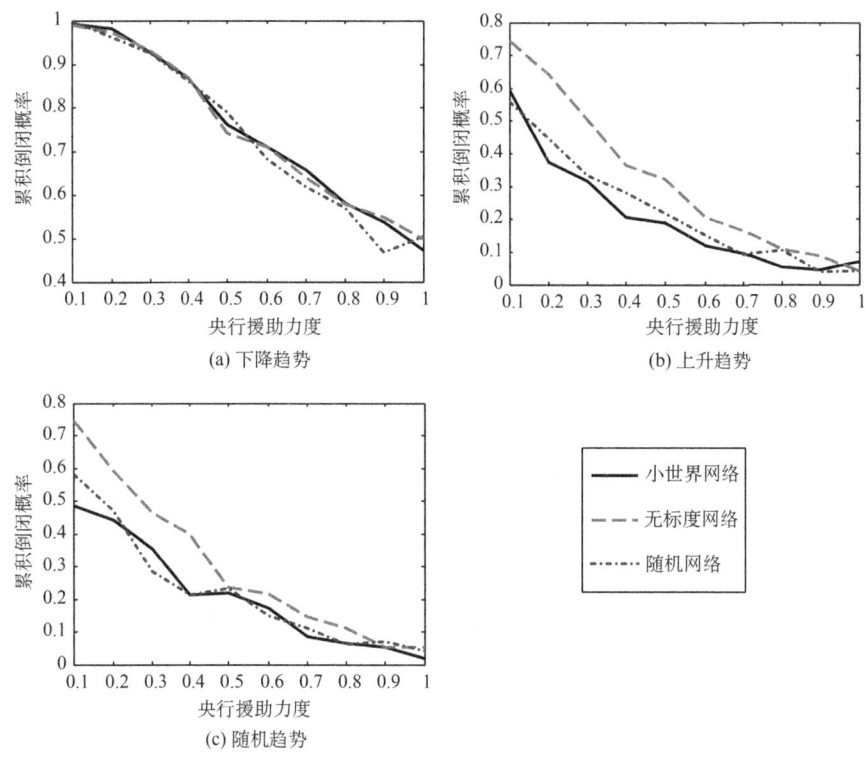

图 4-9 不同的央行援助力度下三种网络结构下的银行系统性风险

通过综合比较表 4-3、表 4-4 和表 4-5 的数据,本书发现,央行拆借占比(央行的拆借款占总拆借款的比例)这一参数值在无标度网络中最大,即宏观经济呈上升趋势时,与另两种网络相比,无标度网络的银行系统自身相对脆弱,只有少数节点度比较高的银行能够通过银行系统内部的同业拆借获取拆借款,大多数节点度较低的银行不能满足其流动性需求,仍需通过中央银行获取大量的央行拆借款救助;同时这些银行需要在下期偿还央行的拆借款及利息,使得银行内部整体的流动性有一部分转移到外部,一方面削弱了银行系统内部的稳定性,另一方面使银行系统的投资受限,进而无法取得上升趋势下银行的投资所带来的丰厚利润,不能有效增加银行的流动性资产。

由表 4-3 可知,在无标度网络的银行系统中,随着央行援助力度的变化,除了在援助力度为0.1时其央行拆借占比小于0.1,其他情况下都超过0.1。相比之下,由表4-4和表4-5可知,随机网络和小世界网络的央行拆借占比在不同援助力度下都是低于0.1的,明显低于无标度网络。

随机网络和小世界网络相比,整体上小世界网络的央行拆借占比稍低于随机网络。这是因为在存在央行援助的情况下,小世界网络的节点度的均匀性稍低于随机网络,小世界网络中的一部分银行优先获得银行系统内部的同业拆借的救助,剩余的只要央行给予稍微的救助,整个银行系统就能够达到稳定;而随机网络中各节点的度都比较均匀,这样使得随机网络中的各银行除了需要在银行系统内部通过同业拆借市场进行拆借,还需要中央银行进行大量的援助。这同样会导致随机网络与小世界网络相比,有更多的流动性资产流动到银行系统外部。由表4-4和表4-5可以看出,随机网络中的累积投资明显小于小世界网络,相应的,小世界网络中由于宏观经济呈上升趋势,银行利润也较高,最终,小世界网络的流动性资产高于随机网络,即小世界网络整体上更稳定。

值得注意的是,当央行援助力度大于0.9时,随机网络的系统性风险反而低于小世界网络,这是因为随着央行拆借款的大量增加,各银行系统的债务风险也大大提升,当拆借款达到一定的额度之后,部分银行开始无力偿还,发生倒闭,此时随机网络的特性使得这种风险由整个系统共担,而小世界网络下这种风险则优先爆发在少部分连接较小的银行上,因此,在拆借款达到一定程度之后随机网络会占据优势。

表4-3 上升趋势下无标度网络的仿真数据

援助力度	累计银行间拆借款	累计央行拆借款	总拆借	央行拆借占比	利润	流动性资产	累积投资
0.1	128 939.9	10 478	139 417.9	0.075 155 342	61 831	54 094 000	53 976 000
0.2	140 482.6	19 529.8	160 012.4	0.122 051 791	156 980	61 139 000	61 893 000
0.3	152 462.2	26 848	179 310.2	0.149 729 352	294 870	69 667 000	71 967 000

(续表)

援助力度	累计银行间拆借款	累计央行拆借款	总拆借	央行拆借占比	利润	流动性资产	累积投资
0.4	168 445.1	30 313.2	198 758.3	0.152 512 876	425 570	79 601 000	83 194 000
0.5	166 873	34 412.6	201 285.6	0.170 964 043	474 340	82 349 000	86 821 000
0.6	178 496.1	34 025.6	212 521.7	0.160 104 121	583 250	89 815 000	95 292 000
0.7	189 936.8	32 190.6	222 127.4	0.144 919 537	621 190	92 363 000	98 403 000
0.8	240 032.4	33 840.6	273 873	0.123 563 111	680 820	96 128 000	103 070 000
0.9	249 466.9	33 130.9	282 597.8	0.117 236 935	700 560	97 836 000	104 910 000
1	195 952.7	31 776.6	227 729.3	0.139 536 722	753 150	101 340 000	109 090 000

表 4-4　上升趋势下小世界网络的仿真数据

援助力度	累计银行间拆借款	累计央行拆借款	总拆借	央行拆借占比	利润	流动性资产	累积投资
0.1	161 935.2	7 974.8	169 910	0.046 935 436	203 660	67 033 000	67 776 000
0.2	182 587.4	11 062.4	193 649.8	0.057 125 801	405 410	79 818 000	82 520 000
0.3	190 201.3	15 077.8	205 279.1	0.073 450 244	462 330	83 557 000	86 709 000
0.4	195 457.4	16 427	211 884.4	0.077 528 124	567 220	90 018 000	94 489 000
0.5	197 523.5	19 846.3	217 369.8	0.091 302 012	590 630	91 194 000	96 178 000
0.6	225 189	18 590.3	243 779.3	0.076 258 731	652 470	95 577 000	101 090 000
0.7	201 621.7	19 005.5	220 627.2	0.086 143 05	679 090	97 320 000	103 130 000
0.8	231 383.7	16 597.7	247 981.4	0.066 931 23	715 730	99 861 000	105 900 000
0.9	206 239.1	18 811.3	225 050.4	0.083 587 054	731 700	100 560 000	107 150 000
1	209 070.3	17 817.2	226 887.5	0.078 528 786	705 530	98 815 000	105 040 000

表 4-5　上升趋势下随机网络的仿真数据

援助力度	累计银行间拆借款	累计央行拆借款	总拆借	央行拆借占比	利润	流动性资产	累积投资
0.1	169 610.4	7 608.3	177 218.7	0.042 931 7	236 120	69 081 000	70 042 000
0.2	183 848.6	12 651.7	196 500.3	0.064 385 143	340 890	75 824 000	77 802 000
0.3	181 033.8	16 205.2	197 239	0.082 160 222	449 180	82 680 000	85 950 000
0.4	189 466.6	18 446.2	207 912.8	0.088 720 848	499 290	85 807 000	89 631 000
0.5	189 753.9	19 970.4	209 724.3	0.095 222 156	558 230	89 219 000	93 556 000
0.6	196 061.5	19 155.1	215 216.6	0.089 003 822	627 770	93 732 000	99 083 000

(续表)

援助力度	累计银行间拆借款	累计央行拆借款	总拆借	央行拆借占比	利润	流动性资产	累积投资
0.7	204 518.3	19 796.6	224 314.9	0.088 253 611	684 090	97 327 000	103 370 000
0.8	202 281	20 372.4	222 653.4	0.091 498 266	675 120	96 665 000	102 730 000
0.9	217 462.7	16 029.8	233 492.5	0.068 652 312	735 730	100 960 000	107 500 000
1	208 717.6	16 501.8	225 219.4	0.073 269 887	728 470	100 610 000	106 800 000

4.3.2 央行不同的贷款利率

由图 4-10 可知,央行贷款利率的增加对三种网络下的银行系统性风险的影响都不是很显著,在贷款利率由最初的 0.002 增加至 0.029 的过程中,三种网络的倒闭概率变化幅度较小,但是,三种网络的系统

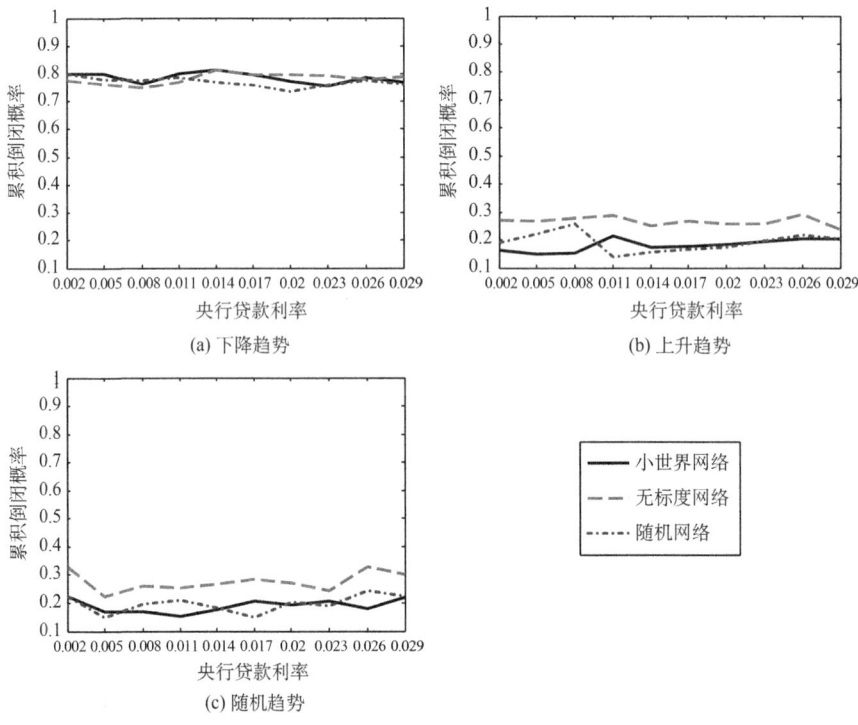

图 4-10 不同央行贷款利率下的三种网络结构下的银行系统性风险

性风险情况的表现有一定的区别。在宏观经济呈下降趋势时,当央行的贷款利率相对较低,小于 0.014 时,三种网络中无标度网络的系统性风险稍低;当央行贷款利率在 0.014~0.02 时,随机网络的系统性风险更低;当央行的贷款利率在 0.023~0.029 时,三种网络区别不明显。

宏观经济呈下降趋势时,当央行的贷款利率相对较低时,由于银行系统中流动性充裕的银行有限,无标度网络的特性使其银行系统中的部分银行能够在同业拆借市场获得一定的援助,其他两种网络则没有这样的优势;同时,由于此时央行的贷款利率较低,未在同业拆借市场获得救助的银行可以在此时得到央行的援助,进而整体上无标度网络的系统性风险是相对最低的。当央行的贷款利率逐步增加至 0.014~0.2 时,由于央行贷款利率相对较高,无标度网络中银行节点的度分布很容易使部分银行偿还贷款的风险积聚,从而使整个银行系统面临相对较高的风险;相比之下,随机网络由于其节点度的均匀性较高,虽然与其他两种网络面临同样高的贷款利率,但可以将偿还贷款的风险分摊在较多的银行上,从而使整个银行系统的风险相对较低,因而此时随机网络的系统性风险稍低。此后,随着央行贷款利率的再度增加,银行系统所面临的债务偿还风险都已经非常高,银行的网络特征也无法起到改善作用,因而此时三种网络的系统性风险区别不大。

当宏观经济呈上升趋势和随机趋势时,由于经济形势的转变,流动性高的银行能够从投资市场获取较好的收益,这样随机网络和小世界网络的同业拆借市场都能起到很好的风险抵御作用;相比之下,无标度网络在三种网络中不再占据优势,该网络中仍有较多银行需要获得央行的救助,在央行的贷款利率增加并且一直都高于同业拆借利率的情况下,无标度网络的系统性风险是相对较高的。

与 4.3.1 节中央行援助力度变化的情况同理,由于随机趋势的宏观经济冲击下,小世界网络和随机网络的系统性风险随着央行贷款利率的增加一直在上下波动,无法展开比较分析,这里我们对宏观经济呈上升趋势下的随机网络和小世界网络的系统性风险展开比较分析。由于上升趋势下的经济形势相对较好,银行的流动性资产相对充裕,小世界网络中银行节点的度比随机网络更不均匀,因而能够使其网络中的部分银行在同业拆借市场获得稍微多的援助,当央行的贷款利率相对较小(小于0.1)时,剩余的银行可以寻求央行的救助,此时,小世界网络是明显优于随机网络的;之后,当央行的贷款利率超过0.1时,由于央行的贷款利率相对较大,并远超过同业银行间的拆借利率,具有央行贷款的银行会面临一定的偿还风险,尤其是小世界网络中的风险会相对积聚,前期在同业拆借市场的微薄优势会被此时的风险相中和,随着央行贷款利率一再增加,这两种网络间的系统性风险差距越来越小,最终两者基本趋于一致,不再有明显差别。

4.3.3 央行不同的存款准备金率

由图4-11可知,在宏观经济呈下降趋势时,三种网络的系统性风险区别不明显,因而,当宏观经济形势不好时,选择调整央行的存款准备金率这一救助措施,无需考虑银行系统网络结构的影响。当宏观经济呈上升趋势或随机趋势时,三种网络下在这两种趋势下都存在着存款准备金率的"拐点",随着存款准备金率的提高,三种网络的银行系统在"拐点"之前都是越来越稳定的,而超过"拐点"之后则是越来越不稳定的。在该过程中,比较三种网络的系统性风险,只有初始央行调整存款准备金率在较小的范围内(0.25~0.35)时,三种网络的系统性风险有稍微的区别,之后三种网络基本上都趋于一致,无明显区别。

经分析,宏观经济呈下降趋势时,由于此时的银行系统已经比较脆弱,各银行无法从投资市场获得好的回报,此时还有来自中央银行的监管,随着央行不断调高存款准备金率,整个系统的流动性资金较少,各银行在同业拆借市场获得援助的概率较小,因而,此种情况下银行系统的网络结构对系统性风险所带来的影响基本是微乎其微的,三种网络结构的银行系统性风险区别不明显。

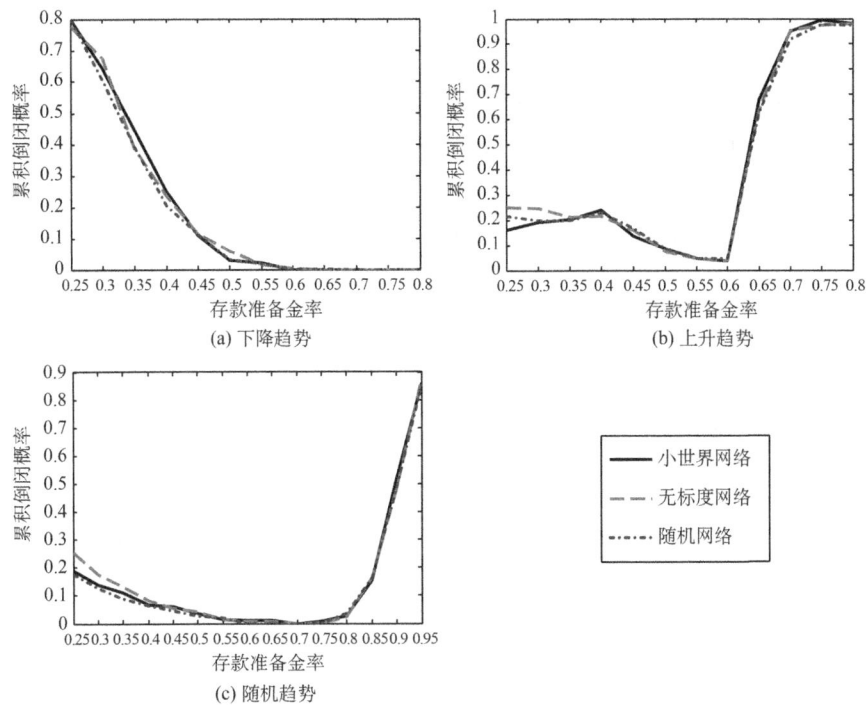

图 4-11　不同央行存款准备金率下的小世界网络、无标度网络和随机网络的银行系统性风险

宏观经济呈上升趋势和随机趋势时：初始当央行调整存款准备金率相对较小时，央行的监管力度比较薄弱，使银行系统中的流动性资产相对充裕，并且宏观经济形势转好，从而促使各银行踊跃投资，银行间拆借行为较为频繁。这种情况下，银行系统的网络结构会对其系统性风险产生一定的影响。由于其结点的特性无标度网络中大多数银行节点度相对低，会面临较大的风险，从而使整个银行系统的风险稍高于其他两种网络，因而，宏观经济呈上升趋势和随机趋势时，其系统性风险都是三种网络中相对较高的。在上升趋势下，随机网络中节点的度比小世界网络稍均匀，其同业拆借市场的拆借金额会稍低于小世界网络，因此会较多地与中央银行发生借款行为，从而使银行系统中

的部分流动性资产流向外部即中央银行,使银行系统性风险整体上稍高于小世界网络。而随机波动的经济形势影响下,随机网络和小世界网络间的区别不明显。之后,当央行将存款准备金率调高,即央行的监管力度相对较强时,各银行的投资受到进一步限制,同时上交的存款准备金越来越多,使得银行抵御风险的能力增强,无需寻求同业拆借市场的救助,此时拆借市场的影响越来越小,因而银行系统的网络结构对系统性风险基本无影响,三种网络下的银行系统性风险基本是趋于一致的。

4.4 本章小结

本章设定银行系统在遭遇三种不同的宏观经济动态冲击的情景下,中央银行作为最后贷款人采取调整援助力度、央行贷款利率以及存款准备金率对系统性风险进行控制,并探讨以上央行调控措施对银行系统性风险的影响。在我国金融监管体系中,中央银行的调控作用至关重要,特别是在当前国家政策强调守住不发生系统性金融风险底线的背景下,本章深入探讨央行的调控机制及其对银行系统性风险的影响,旨在为监管机构提供科学的决策支持。本章的结论主要有以下四点。

(1) 关于央行援助力度与银行间连接度两种力量对稳定性的作用:当银行系统面临宏观经济的动态冲击时,央行的援助必定能够有效降低银行系统性风险。当宏观经济呈下降趋势时,增强银行间的连接度基本无效,只有央行给予较大的援助才能较大的降低银行系统的系统性风险。而在宏观经济呈上升趋势以及随机情况下,央行的援助可有可无,当没有央行援助时,可以通过增加银行间的连接度来降低银行系统性风险;当存在央行援助时,央行给予一定的援助并配合提升银行间的连接度,或者直接给予力度较大的援助(此时对连接度则没有要求),这两种方式都是可行的,都能够有效地降低系统性风险。

(2) 三种宏观经济冲击下的系统性风险的比较:宏观经济呈下降

趋势下的银行系统最不稳定;而宏观经济呈上升趋势以及随机情况下的系统性风险取决于银行间的连接度,当连接度较小时,随机情况下系统性风险相对更低一些,当连接度较大时,则上升趋势下的系统性风险较低。

(3) 当银行系统面临宏观经济的动态冲击时,央行通过调整贷款利率对银行系统性风险的改善作用不明显。

(4) 存款准备金率在不同的宏观经济冲击下对系统性风险的作用不同。下降趋势下,由于最初的高投资收益率给银行系统带来的较高的累积资金以及后期存款准备金率的增加对风险的规避作用,银行系统性风险随着存款准备金率的增加而下降。上升趋势下,存在着存款准备金率的临界值使其对银行系统性风险具有相反的作用:期初递增的投资收益率以及活跃的银行间拆借使存款准备金率对系统性风险具有正向的降低作用,而后期由于拆借市场的萎靡以及投资资金的不足使存款准备金率对系统性风险具有负向的提升作用。随机情况下的存款准备金率的临界值较大,当存款准备金率未超过临界值时,由于累积的利润以及活跃的银行间拆借,银行系统随着存款准备金率的增加而愈加稳定,而超过临界值后,银行系统由于流动性资产的减少而愈不稳定。

以上的研究结论或可在银行系统遭遇风险需要央行进行调控时提供一定的参考意义。在研究不同网络中央行调控对银行系统性风险的影响时,当面临宏观经济呈下降趋势的冲击时,研究发现,三种网络的系统性风险都无显著差别,表明了当银行系统面临经济形势不好的冲击时,银行系统本身的承受能力较差,其网络结构所能产生的影响十分有限。当面临宏观经济呈上升趋势和随机趋势的冲击时,在不同的央行援助力度和贷款利率影响下无标度网络的银行系统性风险都是最高的;而在存款准备金率影响下存在一个拐点,使得无标度网络在"网络参数拐点"前后由系统性风险最低变为系统性风险最高。

5 银行系统的宏观审慎监管研究

金融危机的爆发对银行系统产生了深刻的影响,引发了国内外学者和相关监管机构对银行系统监管的重视。金融危机表明,以关注单个银行稳健性为核心的微观审慎监管存在一定的缺陷。微观审慎监管仅仅从单个银行的视角考虑,但是即使单个银行本身是稳健的,也可能会通过银行间的同业拆借联系发生传染风险,从而危害整个银行系统。因此,基于整个银行系统视角的宏观审慎监管已经成为国内外学者以及相关监管机构的共识。在我国,随着金融市场的快速发展和金融体系的日益复杂化,我国监管部门不断强调加强宏观审慎监管,防范系统性金融风险的重要性。

通过对已有研究的回顾,本书发现当前对银行系统的宏观审慎监管研究是发展趋向,而国内目前的相关研究多为定性分析。本章的特色在于对银行系统进行了动态建模,并收集我国上市银行的实际数据,使用金融仿真计算的方法对我国银行系统展开了定量的宏观审慎监管研究。在对银行系统进行动态建模的过程中,国外有少量的宏观审慎监管的定量研究,但还不够完善。因此,首先,本章基于 Lehar(2005)和 Elsinger 等(2006)关于测量银行系统性风险的模型建立了动态的我国银行网络系统模型。该模型的改进之处在于:第一,考虑了银行同业拆借的网络,并且该拆借网络在银行系统的演化过程中是动态变化的;第二,网络上各银行的资本和负债在每个时间步也是动态变化的。其次,本章基于以上动态的我国银行网络系统模型,利用 Gauthier 等(2012)和 Liao 等(2015)提出的 Component VaR(简称为

"CVaR")、Incremental VaR(简称为"IVaR")、Shapley value EL 以及 ΔCoVaR 的四种风险分配机制的原理,并通过编写算法及仿真计算,展开对我国银行网络系统定量的宏观审慎监管研究,并将第 3 章宏观经济对银行系统动态冲击的研究思路与本章的宏观审慎监管研究相结合,展开仿真研究,进而使银行系统的宏观审慎监管研究更加丰富。最后,依据仿真结果对我国银行系统的宏观审慎监管进行分析和总结,为我国相关监管机构提供一定的理论依据。

5.1 银行系统宏观审慎监管实证研究

5.1.1 银行系统的宏观审慎监管模型的构建

本书构建的我国的银行网络系统模型框架如图 5-1(a)所示,首先利用我国 2008—2015 年 16 家上市银行的实际拆借总数据,通过标准化和最优化估计我国银行系统的同业拆借矩阵,该矩阵即为我国的银行网络系统的网络结构(数学模型见 5.1.1.1 节);其次利用我国银行系统的实际股价数据估计网络中各银行的资产的动态演化,再利用我国银行系统的实际初始负债数据估计各银行的负债的动态演化;最后随着网络结构的演化及网络节点上银行的资产和负债的演化,形成了我国银行网络系统的动态演化(数学模型见 5.1.1.2 节)。

图 5-1(b)为定量的宏观审慎监管模型。该模型建立在我国银行网络系统的动态演化的基础上,即在银行系统网络结构的演化和银行资产负债演化的基础上,首先计算网络中各银行的损失,其次引入四种风险分配机制(component VaR、incremental VaR、shapley value EL 和 ΔCoVaR),计算各银行的宏观审慎资本,从而进一步对我国银行网络系统进行宏观审慎监管(数学模型见 5.1.1.3 节)。

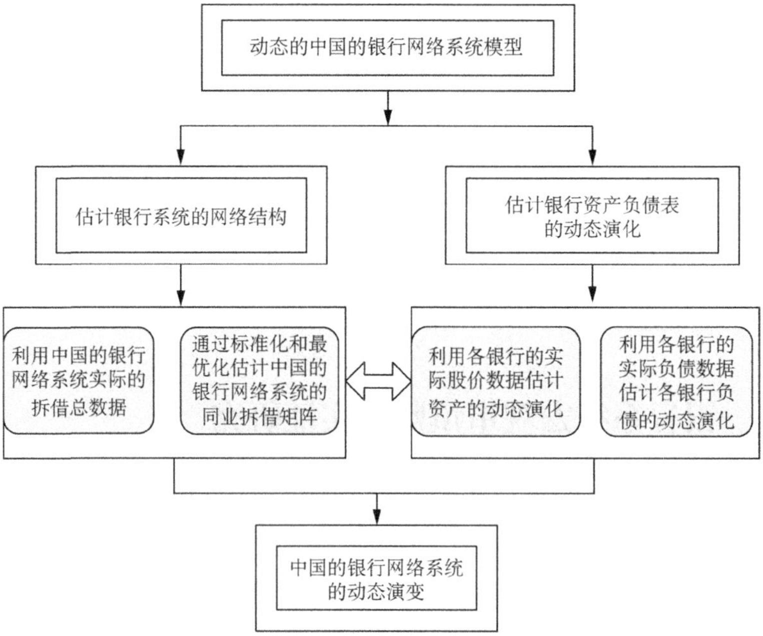

(a) 中国的银行网络系统模型框架

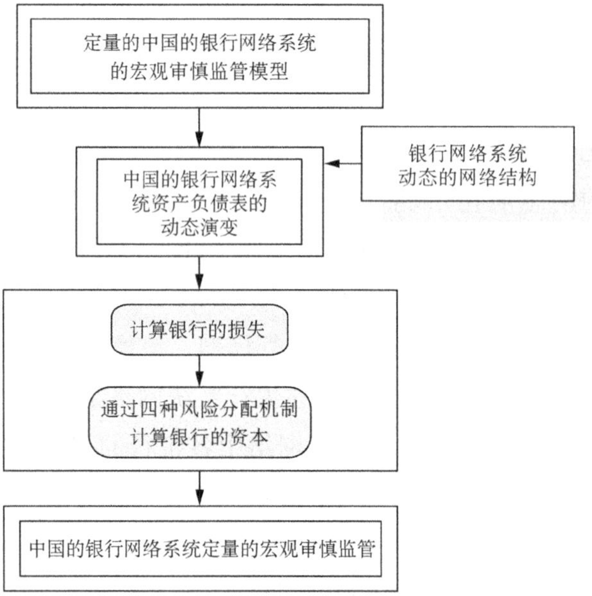

(b) 宏观审慎监管模型

图 5-1 中国银行网络系统模型及定量宏观审慎监管模型框架

5.1.1.1 估计银行系统的网络结构

由于银行部分信息不透明,我们无法获取银行间具体的拆借数据,只能从银行的资产负债表中获得银行的拆借总资产 a_i 和拆借总负债 b_i,并通过最小化银行拆借信息的不确定性来估计银行间的同业拆借矩阵。银行间的同业拆借关系可以用矩阵 $\mathbf{X}(N \times N)$ 来表示:

$$\mathbf{X} = \begin{bmatrix} x_{11} & \cdots & x_{1j} & \cdots & x_{1N} \\ \vdots & \ddots & \vdots & \ddots & \vdots \\ x_{i1} & \cdots & x_{ij} & \cdots & x_{iN} \\ \vdots & \ddots & \vdots & \ddots & \vdots \\ x_{N1} & \cdots & x_{Nj} & \cdots & x_{NN} \end{bmatrix} \begin{matrix} \sum_j \\ b_1 \\ \vdots \\ b_i \\ \vdots \\ b_N \end{matrix} \quad (5\text{-}1)$$

$$\sum_i \quad a_1 \quad \cdots \quad a_j \quad \cdots \quad a_N$$

公式(5-1)中,矩阵中元素 x_{ij} 表示银行 i 向银行 j 的借款;每行元素之和 b_i 表示银行 i 的拆借总负债;每列元素之和 a_j 表示银行 j 的拆借总资产。具体表示为:

$$b_i = \sum_j x_{ij}, \quad a_j = \sum_i x_{ij} \quad (5\text{-}2)$$

通过对 $\sum_j a_j = \sum_i b_i = 1$ 的标准化过程来最小化银行拆借信息的不确定性,得到 $x_{ij} = a_j * b_i$,这表示银行 i 对银行 j 标准化的借款量。考虑到银行自身不会相互拆借,对拆借矩阵中的元素 x_{ij} 进行以下重新定义:

$$x_{ij}^0 = \begin{cases} 0 & (i = j) \\ a_j b_i & (\text{其他}) \end{cases} \quad (5\text{-}3)$$

重新定义后的矩阵 $\mathbf{X}^0 = (x_{ij}^0)$ 不满足公式(5-2)中的约束,因此为得到最终的银行间拆借矩阵,本章使用 Nier 等(2007)中所用的优化算法按照公式(5-4)对拆借矩阵 X^0 中的元素进行优化。

$$\begin{cases} \min \sum_{i=1}^{N} \sum_{j=1}^{N} x_{ij} \ln\left(\dfrac{x_{ij}}{x_{ij}^0}\right) \\ \sum_{j=1}^{N} x_{ij} = b_i, \ \sum_{i=1}^{N} x_{ij} = a_j, \ x_{ij} \geqslant 0 \end{cases} \quad (5\text{-}4)$$

公式(5-4)中,由于拆借矩阵中对角线的元素 x_{ij}^0 都取 0,因而使整个矩阵的行、列总和值变小,需要对所有矩阵中元素 x_{ij} 进行调整,直到调整后的矩阵元素与上一次调整后的矩阵的值保持不变,从而使公式(5-4)中第一行公式最小。

5.1.1.2 资产负债表的动态演化

银行资产的价值并不是每天都能观测到,但是可以从股市获取银行股价每天的数据,因此可以用银行股价的时间序列数据通过随机模型和最大似然估计法来估计银行资产每天的价值,得到资产价值的动态演变。假设银行 i 的总资产 V_i 服从于几何布朗运动,用公式(5-5)来表示:

$$\mathrm{d}V_i = u_i V_i \mathrm{d}t + \sigma_i V_i d_z \quad (5\text{-}5)$$

公式(5-5)中,μ_i 和 σ_i 分别表示银行 i 资产的漂移率和波动率;d_z 是一个维纳过程,即银行的总资产 V 的演变是一个随着其漂移率波动的随机游走且不可预测的几何布朗运动随机微分方程。

根据期权定价模型,通过银行的资产组合和无风险利率下的负债,银行 i 在 t 时刻的股权价值可以用公式(5-6)来表示:

$$S_i(t) = V_i(t) \phi(d_t) - LD_i(t) \phi(d_t - \sigma_i \sqrt{T}) \quad (5\text{-}6)$$

其中,$\phi(\cdot)$ 为标准正态分布函数。

公式(5-6)中,上市银行的股权价值 S 为该银行的资产价值 V 与以 d_t 为参数的标准正态分布函数的乘积减去该银行随利率增加的无风险负债 LD 与以 $(d_t - \sigma_i \sqrt{T})$ 为参数的标准正态分布函数的乘积之后的差值。其中,$LD_i(t)$ 是银行 i 有 t 期利率为 r 的总负债,用公式

(5-7)来表示：

$$LD_i(t) = LD_i(0)e^{rt} \tag{5-7}$$

d_t 用公式(5-8)来表示：

$$d_t = \frac{\ln(V_i(t)/D_i(t)) + \left(\frac{1}{2}\sigma_i^2\right)T}{\sigma_i\sqrt{T}} \tag{5-8}$$

公式(5-8)中 T 表示 365 天。

利用已有的银行股权价值的时间序列数据 $\{S_i(0), S_i(1), \cdots, S_i(T)\}$、银行总负债的时间序列数据 $\{LD_i(0), LD_i(1), \cdots, LD_i(T)\}$ 以及初始的参数值 $\mu_i(0)$、$\sigma_i(0)$，根据公式(5-6)计算出银行资产价值的时间序列值 $\{\hat{V}_i(1), \hat{V}_i(2), \cdots, \hat{V}_i(T)\}$。接下来使用最大似然估计法依据公式(5-9)来估算漂移率 μ_i 和波动率 σ_i：

$$\begin{aligned} & L(u_i, \sigma_i; \hat{V}_i(1), \hat{V}_i(2), \cdots, \hat{V}_i(T)) \\ & = -\frac{T}{2}\ln(2\pi\sigma_i^2 h) - \frac{T}{2}\sum_{k=1}^{T}\frac{(R_i(k) - (u_i - \frac{\sigma_i^2}{2})h)^2}{\sigma_i^2 h} - \sum_{k=1}^{T}\ln\hat{V}_t \end{aligned} \tag{5-9}$$

其中，$R_i(k) = \ln(\hat{V}_i(t)/\hat{V}_i(t-1))$，$h = 1/365$。

公式(5-9)中，L 为最大似然函数，其中，μ_i 和 σ_i 是未知参数，是需要我们根据已知的银行资产价值的时间序列值 $\{\hat{V}_i(1), \hat{V}_i(2), \cdots, \hat{V}_i(T)\}$，通过对公式(5-9)求极大值而计算出参数值 μ_i 和 σ_i。

在计算出漂移率 μ_i 和波动率 σ_i 值后，最终依据公式(5-10)得到银行资产的演化值 $V_i(t)$：

$$V_i(t) = V_i(0)e^{u_i - (\sigma_i^2/2)th + \sigma_i\sqrt{th*Z}} \tag{5-10}$$

其中，Z 服从于标准正态分布。

银行网络系统中的总负债 $D_i(t)$ 用公式(5-11)来表示：

$$D_i(t)=(V_i(0)-C_i(0))e^{rt} \qquad (5\text{-}11)$$

其中,$C_i(0)=7\% * V_i(0)$,$C_i(0)$表示银行i的初始资本。根据《巴塞尔协议Ⅲ》中对全球各商业银行的核心一级资本充足率提升至7%的相关规定,这里定义银行的初始资本即为7%的初始总资产。

当银行i自身由于资不抵债而破产,即满足公式(5-12)时,就判定银行i倒闭:

$$V_i(t)+a_i(t)-D_i(t)-b_i(t)<0 \qquad (5\text{-}12)$$

公式(5-12)中,银行i的拆借资产$a_i(t)$和拆借负债$b_i(t)$会受到银行间同业拆借的传染性风险的影响,在此对Elsinger等(2006)所提出的清算支付机制进行改进,以确定动态演化的银行系统中受到同业拆借传染下的债务支付。先定义一个新的矩阵$\Pi'\in[0,1]^{N\times N}$来对银行的同业间负债进行标准化处理,具体表示为:

$$\Pi'_{ij}(t)=\begin{cases}x_{ij}(t)/b_i(t) & (b_i(t)>0)\\ 0 & (\text{其他})\end{cases} \qquad (5\text{-}13)$$

其中,$b_i(t)=\sum_j x_{ij}(t)$意为银行i在t时刻的拆借总负债。定义一个支付向量$p^*(t)$,它表示在清算机制下银行的总债务支付,用公式(5-14)来表示:

$$p_i^*(t)=\begin{cases}b_i(t) & \sum_{j=1}^{N}\Pi'_{ij}(t)p_j^*(t)+e_i(t)\geqslant b_i(t)\\ \sum_{j=1}^{N}\Pi'_{ij}(t)p_j^*(t)+e_i(t) & 0\leqslant \sum_{j=1}^{N}\Pi'_{ij}(t)p_j^*(t)+e_i(t)<b_i(t)\\ 0 & \sum_{j=1}^{N}\Pi'_{ij}(t)p_j^*(t)+e_i(t)<0\end{cases}$$

$$(5\text{-}14)$$

其中,

$$e_i(t)=V_i(t)-D_i(t) \qquad (5\text{-}15)$$

公式(5-14)中,如果银行 i 的同业拆借资产 $\sum_{j=1}^{N} \Pi'_{ij}(t) p_j^*(t)$ 与其净权益 $e_i(t)$ 之和大于其拆借总负债 $b_i(t)$,即该银行是有支付能力的,那么该银行在清算机制下的债务支付 $p_i^*(t) = b_i(t)$;如果银行 i 的同业拆借资产 $\sum_{j=1}^{N} \Pi'_{ij}(t) p_j^*(t)$ 与其净权益 $e_i(t)$ 之和大于 0 且小于其拆借总负债 $b_i(t)$,即该银行无支付能力为破产倒闭状态,那么该银行在清算机制下的债务支付是有限的,表示为 $p_i^*(t) = \sum_{j=1}^{N} \Pi'_{ij}(t) p_j^*(t) + e_i(t)$;最后如果银行 i 的同业拆借资产 $\sum_{j=1}^{N} \Pi'_{ij}(t) p_j^*(t)$ 与其净权益 $e_i(t)$ 之和小于 0,同样的,该银行无支付能力为破产倒闭状态,那么该银行在清算机制下的债务支付 $p_i^*(t) = 0$。这里使用 Elsinger 等 (2006)的违约机制算法求解 $p^*(t)$。需要注意的是,当银行 i 倒闭时它对其债务银行的支付是有限的,设置支付比例为:

$$\chi_i = \frac{\sum_{j=1}^{N} \Pi'_{ij}(t) p_j^*(t) + e_i(t)}{b_i(t)} \tag{5-16}$$

因此,受到银行间同业拆借联系的影响,银行 i 的倒闭对其债务银行 j 的总资产和总负债产生影响,按照公式(5-17)进行更新:

$$\begin{aligned} V_j(t+1:T) &= V_j(t) - \chi_i * x_{ij} \\ D_j(t+1:T) &= D_j(t) - \chi_i * x_{ij} \end{aligned} \tag{5-17}$$

公式(5-17)中,在 t 时刻,由于银行 i 的倒闭,受银行系统拆借网络的影响,银行 i 的债务银行——银行 j,其总资产 V_j 和总负债 D_j 在 $t+1$ 到 T 时刻都发生了变化,分别为银行 j 在 t 时刻的总资产 $V_j(t)$、总负债 $D_j(t)$ 与倒闭银行 i 有限的债务支付之差。

同时,银行 i 倒闭后将其清除出银行网络系统并设置其拆借关系 $x_{ij}(t) = 0$,再重新估算拆借矩阵,因此在 $t+1$ 时刻银行 j 的拆借总资产和拆借总负债更新为公式(5-18):

$$a_j(t+1) = \sum_{i=1}^{N} x_{ij}(t+1)$$
$$b_j(t+1) = \sum_{j=1}^{N} x_{ij}(t+1)$$
(5-18)

经过以上银行资产负债表及其拆借关系的演化过程,我们能够得到动态的银行网络系统。

5.1.1.3 定量的宏观审慎监管方法

量化银行的宏观审慎资本 C 的核心在于动态的量化银行的损失,在每次的仿真过程中,银行的总资产和总负债以及拆借资产和拆借负债经过 t 个时间步的动态演化后,银行的损失用公式(5-19)来设定:

$$l_i(t) = \min(\sum_{j=1}^{N} \Pi'_{ij}(t) p_j^*(t) + e_i(t) - b_i(t), 0) \quad (5-19)$$

其中 $e_i(t)$ 用上节中的公式(5-15)来计算。

公式(5-19)中,当银行 i 在 t 时刻破产倒闭时,银行 i 的损失 $l_i(t)$ 定义即为其净权益值 $\sum_{j=1}^{N} \Pi'_{ij}(t) p_j^*(t) + e_i(t) - b_i(t)$;当银行 i 在 t 时刻未破产倒闭时,其损失 $l_i(t)$ 即为零。

本书将以上 t 个时间步的银行系统的动态演化过程迭代 test 次 (test=1,2,3,…,m),每家银行在每次的仿真过程中的损失记为 $l_{i,test}(t)$,得到 N 个银行在 m 次仿真中的一个 $N \times m$ 的损失矩阵。将银行在给定资本 $C_i = (C_1, C_2, …, C_N)$ 下的损失矩阵表示为 $l(C)$,使用四种系统性风险分配机制 $f(\cdot)$ 将银行系统中的总风险分给每个银行表示为 $f_i(l(C))$。因此,对于每个银行 i,其宏观审慎资本 C_i^* 满足:

$$\begin{cases} C_i^* = f_i(l(C_i^*)) \times (\sum_{i=1}^{N} C_i^0) \\ \sum_{i=1}^{N} f_i(l(C)) = 1, f_i(l(C)) \geqslant 0 \end{cases} \quad (5-20)$$

公式(5-20)中,银行 i 重新分配后的资本 C_i^* 等于银行 i 通过风险分配机制 $f(\cdot)$ 计算出的风险贡献 $f_i[l(C_i^*)]$ 与各银行初始资本 C_i^0 总和的乘积,并且满足各银行的风险贡献都大于 0,且其和为 1。

银行的倒闭概率设定为银行的倒闭次数与仿真总次数 m 之比。对银行系统定量的宏观审慎监管的算法流程如图 5-2 所示。

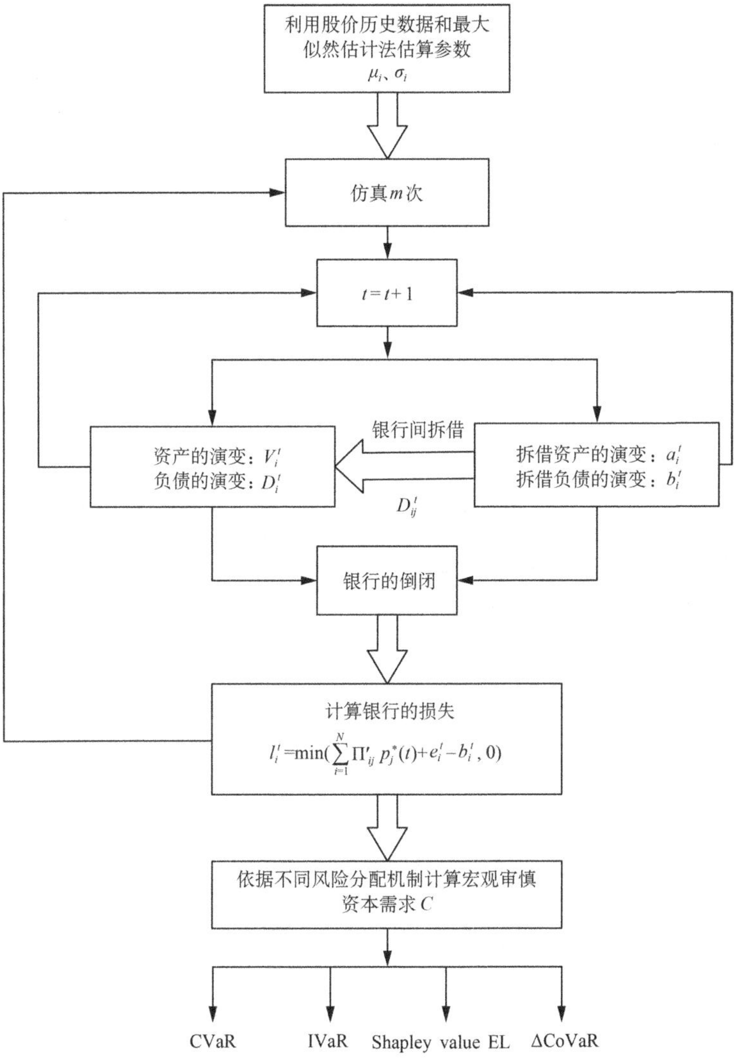

图 5-2 定量的宏观审慎监管的算法流程

参考 Gauthier 等（2012）和 Liao 等（2015），我们使用 Component VaR、Incremental VaR、Shapley value EL 以及 ΔCoVaR 四种风险分配机制来量化每个银行的宏观审慎资本。

1) Component VaR

该机制的核心思想是依据每个银行的损失 l_i 对系统中的总损失 $\sum_{i=1}^{n} l_i (l_p)$ 的贡献 β，来重新分配资本。其中，$\beta_i = \dfrac{\mathrm{cov}(l_i, l_p)}{\sigma^2(l_p)}$。即该机制衡量的是各银行对整个系统风险的贡献，并且各银行的风险贡献比例之和为 1。

在 Component VaR（CVaR）计算机制下，银行 i 的宏观审慎资本为：

$$C_i^{CVaR} = \beta_i \sum_{i=1}^{n} C_i^0 \tag{5-21}$$

在该机制下，银行 i 的资本变化率计算为：$(C_i^{CVaR} - C_i^0)/C_i^0$。

2) Increment VaR

该机制的核心思想是依据银行系统中某个银行所引起的风险的增加来重新分配资本，即该机制所衡量的是银行系统中某个银行的破产违约为整个系统所带来的风险贡献。

具体计算方法为在 test 次的仿真中将银行系统的总损失从大到小排列，设定置信水平为 99.5%。在此情况下得到所有银行的总损失以及去除银行 i 之后的总损失分别为 VaR_p 和 VaR^{-i}。因此，银行 i 增加的风险为：$IVaR_i = VaR_p - VaR^{-i}$。

在 Increment VaR（IVaR）计算机制下，银行 i 的宏观审慎资本为：

$$C_i^{IVaR} = \dfrac{IVaR_i}{\sum_{i=1}^{n} IVaR_i} \sum_{i=1}^{n} C_i^0 \tag{5-22}$$

在该机制下，银行 i 的资本变化率为：$(C_i^{IVaR} - C_i^0)/C_i^0$。

3) Shapley value EL

该机制即为在 IVaR 机制的基础上仿真 n 次,求算数平均。对 VaR_P 和 VaR^{-i} 进行算数平均之后求出的新的 $IVaR_i$ 表示为 ϕ_i。即该机制所衡量的是某个银行的违约破产对银行系统风险的平均边际贡献。

在 Shapley value EL 计算机制下,银行 i 的宏观审慎资本要求为:

$$C_i^{ShapleyEL} = \frac{\phi_i}{\sum_{i=1}^{n} \phi_i} \sum_{i=1}^{n} C_i^0 \qquad (5-23)$$

在该机制下,银行 i 的资本变化率为:$(C_i^{ShapleyEL} - C_i^0)/C_i^0$。

4) $\Delta CoVaR$

银行 i 的 $CoVaR$ 是银行 i 的损失取特定条件下的 VaR 值时相应的银行系统的总损失。$CoVaR_i$ 为:

$$\Pr(l_p < CoVaR_i \mid l_i \in [(1-\ell)VaR_i, (1+\ell)VaR_i]) = 0.5\%, \ell = 0.1 \qquad (5-24)$$

$\Delta CoVaR_i$ 是 $CoVaR_i$ 与银行 i 的损失取其中位数的条件下银行系统总损失的 VaR 值之差:

$$\Delta CoVaR_i = CoVaR_i - (VaR_p \mid l_i = \text{median}(l_i)) \qquad (5-25)$$

在 $\Delta CoVaR$ 计算机制下,银行 i 的宏观审慎资本为:

$$C_i^{\Delta CoVaR} = \frac{\Delta CoVaR_i}{\sum_{i=1}^{n} \Delta CoVaR_i} \sum_{i=1}^{n} C_i^0 \qquad (5-26)$$

在该机制下,银行 i 的资本变化率计算为:$(C_i^{\Delta CoVaR} - C_i^0)/C_i^0$。

5.1.2 数据及仿真设置

本节收集了 2008—2015 年中国 16 家上市银行的资产负债表数据

(详见附录)及其股价的相关交易数据。其中,银行的资产负债表的数据中主要用到银行的总资产(V)、总负债(LD)以及银行同业间拆借总资产(a)和银行同业间拆借总负债(b),这些数据主要用于银行网络模型中的初始化设置以及银行间拆借矩阵的初始估计。需要注意的是,农业银行和光大银行都是在 2010 年上市,因此,在 2008—2010 年,银行系统中仿真的银行数 $BN=14$,2011—2015 年 $BN=16$;银行的初始资本 C_0 参考《巴塞尔协议》,设置 C_0 为 7% 的总资产的初始值。以银行在 $m=10\,000$ 次仿真中的倒闭概率来衡量银行的稳定性。

需要指出的是,尽管本章研究所使用的数据资料截止于 2015 年,但研究方法和分析框架对当前和未来的金融网络系统性风险相关研究仍具有重要的参考价值。由于银行间交易明细数据的不可获得性,需要收集整理相关数据资料,并基于本模型展开研究中所需的银行间拆借矩阵估算、银行资产价值演变的估算、银行总负债演变的估算、银行网络系统动态演化过程中的清算支付估算、银行宏观审慎资本的估算,以及整体的计算与分析,工作量较大,耗时较长,利用最新数据进一步展开相关工作难以实现。然而,本研究所需建模与估算方法已在本书详尽阐述,为后续研究提供了方法论基础。

5.1.3　实证结果分析

使用以上四种风险分配机制,通过仿真计算获得每个银行的宏观审慎资本,然后对银行系统进行宏观审慎监管,探讨银行的倒闭情况以及监管效果。

5.1.3.1　资本的变化

图 5-3 是各银行每年在四种风险分配机制下的宏观审慎资本与系统中的初始资本相比的变化率。

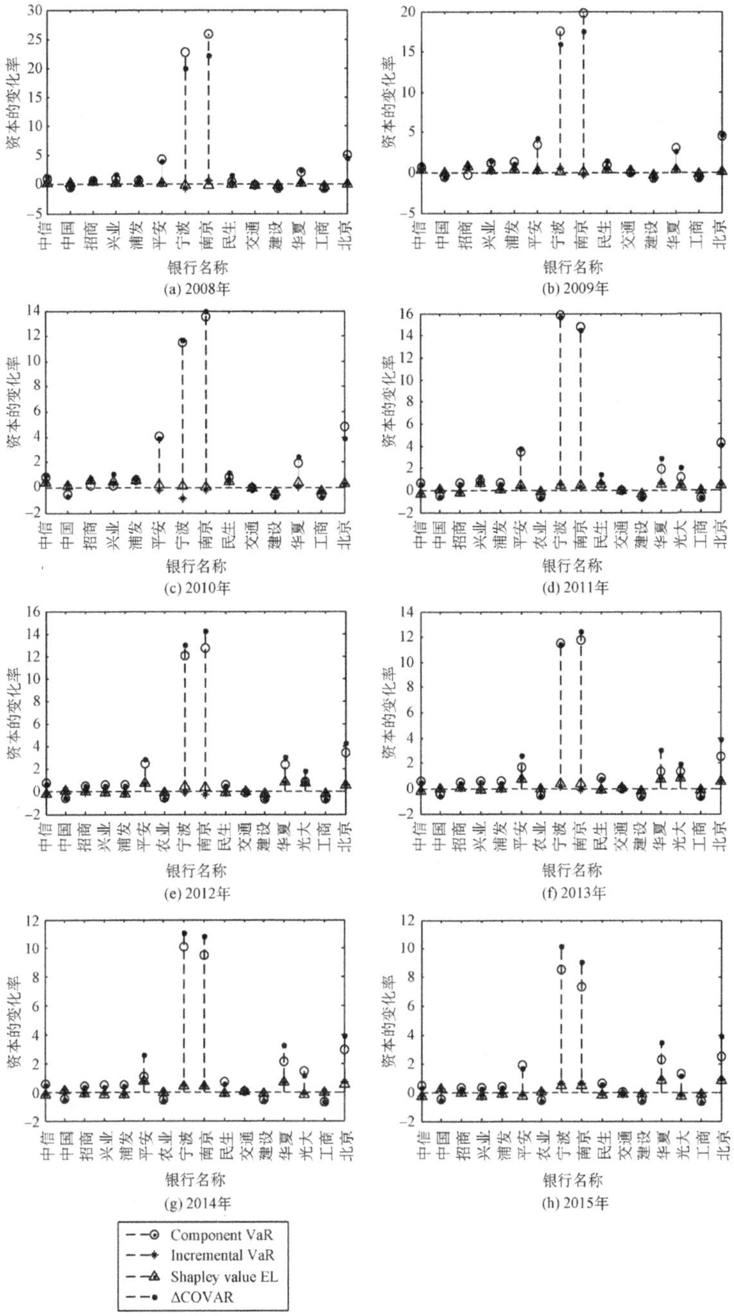

5 银行系统的宏观审慎监管研究

图 5-3 2008—2015 年不同机制下各银行的资本变化率

图 5-3 表明，ΔCoVaR 和 Component VaR 风险分配机制下银行的宏观审慎资本的变化情况类似，大多数银行的宏观审慎资本都呈现出正向增加的趋势，表明了大多数银行当前的资本是不足以抵御其风险的；少数银行的资本则呈小幅度降低，表明这些银行当前的资本是较为充足的，因此在经过重新分配后，资本有所减少。相比之下，ΔCoVaR 下的宏观审慎资本的增加稍大于 Component VaR。其中，宁波银行和南京银行每年增加的较多，也表明了这两个银行对系统性风险的贡献最大。此外，平安银行、华夏银行、光大银行以及北京银行在这两种风险分配机制下的宏观审慎资本也呈现出相对明显的增加，而中国银行、农业银行、交通银行、建设银行以及工商银行的宏观审慎资本则出现小幅的降低。除以上银行外，其他银行的变化不明显，在初始资本值附近轻微浮动。Incremental VaR 机制下，除了 2008 年、2010 年以及 2012 年的宁波银行，2009 年、2012 年以及 2013 年的南京银行和 2010 年的平安银行的宏观审慎资本出现相对明显的小幅降低，其他银行每年都保持小幅的增加。而 Shapley value EL 机制下每家银行的宏观审慎资本每年都变化不大。

5.1.3.2 宏观审慎资本下银行的倒闭概率

利用四种风险分配机制下的宏观审慎资本仿真计算银行的倒闭概率，得到图 5-4 所示的仿真结果。

图 5-4 表明，银行的资本在初始值的情况下，2008—2015 年，中国银行、交通银行、建设银行和工商银行都未发生倒闭，表明了其较强的稳健性。而宁波银行、南京银行、华夏银行和北京银行则每年都发生倒闭并在 2010 年倒闭概率最高；除了 2015 年，平安银行也每年都发生倒闭且倒闭概率也较高。总体来看，银行系统在 2008—2010 年最不稳定，在 2012 年和 2014 年则相对较为稳定。在通过四种风险分配机制重新计算银行系统中的资本的情况下，由图 5-4 可知，在 Component VaR、Shapley value EL 以及 ΔCoVaR 三种分配机制下，除了 Component VaR 机制在 2009 年使招商银行的倒闭概率明显增加，以

及 Shapley value EL 机制在 2008 年使宁波银行和南京银行的倒闭概率轻微增加，2008—2015 年每个银行的倒闭概率都有所降低。Incremental VaR 机制使每个银行的倒闭概率在 2011 年、2014 年和 2015 年都明显降低，而在其他年份则使个别银行的倒闭概率增加，其中包括 2008 年、2010 年及 2012 年的宁波银行、2009 年、2010 年、2012 年及 2013 年的南京银行、2008 年的民生银行以及 2010 年的平安银行。整体而言，Component VaR 机制和 ΔCoVaR 机制的监管效果较为显著，都使银行的倒闭概率降低较多。相比之下，在 2008—2011 年 ΔCoVaR 机制最为显著，而 2011 年之后两者无区别。Incremental VaR 机制和 Shapley value EL 机制的监管效果没有以上两机制的效果显著，且前者对个别银行体现出明显的反向监管效果。

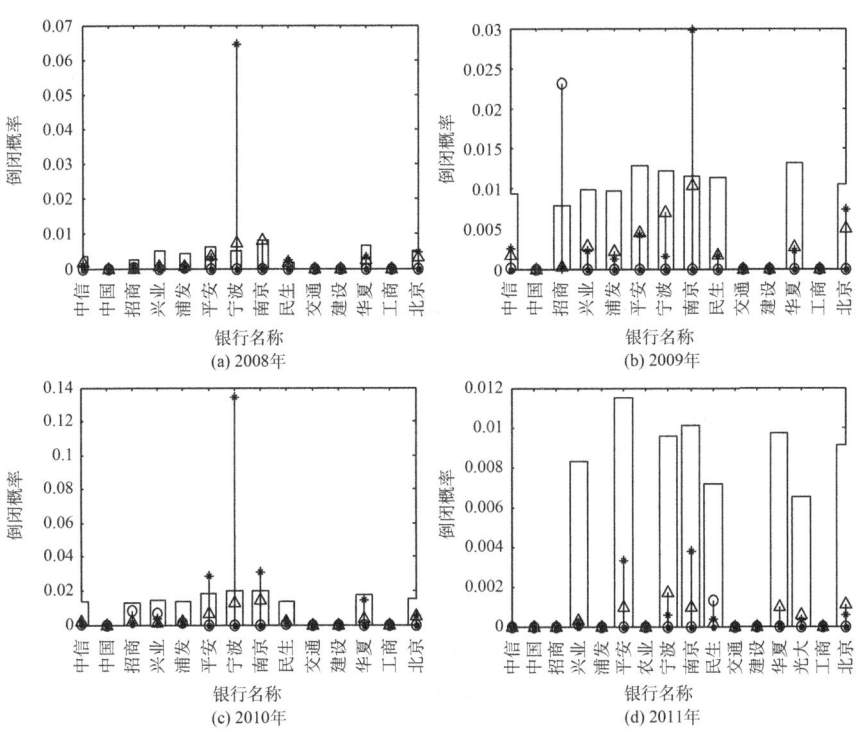

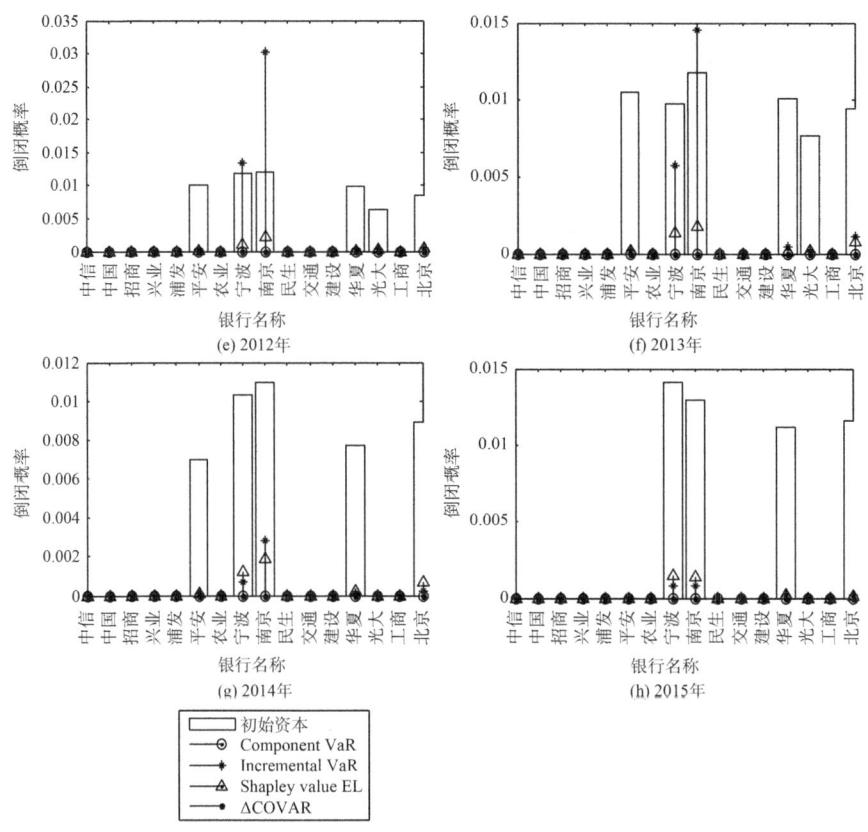

图 5-4 2008—2015 年不同机制下各银行的倒闭概率

5.1.4 宏观审慎监管分析

5.1.4.1 监管效果分析

将图 5-3 和图 5-4 相结合,探讨以上四种风险分配机制降低倒闭概率的内在机理。研究发现,通过四种风险分配机制进行的再分配过程,本质上都是将资本从稳定性较高、资本相对充足的大银行,如中国银行、工商银行、交通银行、建设银行及农业银行等,转移到了资本不足的小银行,尤其是宁波银行和南京银行,分配后资本增加的幅度较大,使其倒闭概率降低,因而风险分配机制提升了小银行抵御风险的能力。然而，在特定年份下的少数银行经 Component VaR 机制、Incremental VaR 机制和 Shapley value EL 机制的宏观审慎监管后的倒闭概率反而增加。究其原因，这些银行在初始资本下已经倒闭，且调整后其资本也有所降低，这表明了这些银行的风险较大，即使使用以上三种风险分配机制进行资本的再分配也不能满足其资本需求。这也表明了以上三种风险分配机制的局限性，并不能保证每次都能将稳健性较强的银行的资本转移到相对较弱的银行。

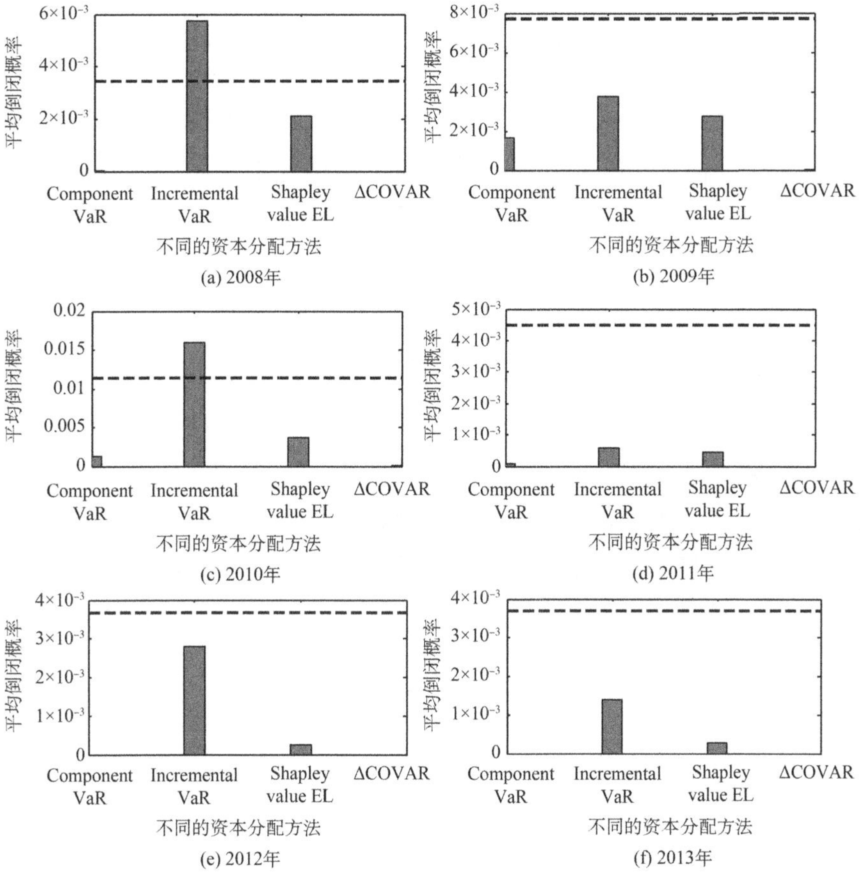

(a) 2008年

(b) 2009年

(c) 2010年

(d) 2011年

(e) 2012年

(f) 2013年

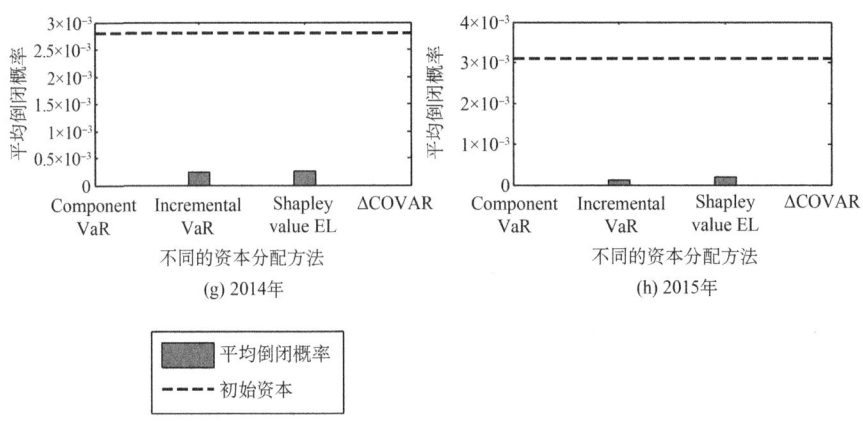

图 5-5 2008—2015 年不同机制下银行系统的平均倒闭概率

虽然 Component VaR 机制、Incremental VaR 机制和 Shapley value EL 机制这三种风险分配机制使个别情况下一些银行的倒闭概率增加，但以银行系统的平均倒闭概率来衡量，由图 5-5 可知，除了 2008 年和 2010 年的 Incremental VaR 机制之外，2008—2015 年四种风险分配机制下银行系统的平均倒闭概率与初始资本下的相比，都有所降低。这充分表明了四种风险分配机制下的宏观审慎资本对银行系统的显著监管效果。相比之下，ΔCoVaR 机制的宏观审慎监管效果最好，Incremental VaR 机制则最差。

5.1.4.2 宏观审慎资本与银行特性

为了探讨影响银行宏观审慎资本的因素，以下选定银行的总资产、同业间资产以及同业间负债展开相关性分析。宏观审慎资本与银行特性之间的相关性如下表 5-1 所示。

表 5-1 宏观审慎资本与银行特性之间的相关性

年份	银行特性	Component VaR	Incremental VaR	Shapley value EL	ΔCOVAR
2008	总资产	0.498 862 415	0.962 899 226	0.964 568 085	−0.492 791 455
	同业间资产	0.644 844 562	0.631 731 631	0.629 188 934	−0.252 155 521
	同业间负债	0.475 338 063	0.699 054 837	0.698 576 767	−0.214 441 46

(续表)

年份	银行特性	Component VaR	Incremental VaR	Shapley value EL	ΔCOVAR
2009	总资产	0.398 936 765	0.972 052 264	0.972 902 982	−0.524 457 733
	同业间资产	0.214 194 122	0.260 826 089	0.263 347 933	0.311 911 464
	同业间负债	−0.173 432 636	0.457 851 247	0.455 909 368	−0.241 912 281
2010	总资产	0.681 504 789	0.935 563 306	0.940 612 142	−0.517 733 74
	同业间资产	0.246 450 923	0.404 389 968	0.402 985 939	−0.120 510 436
	同业间负债	0.079 479 586	0.561 091 009	0.549 942 115	−0.279 157 894
2011	总资产	0.619 249 154	0.972 808 035	0.972 629 939	−0.504 356 326
	同业间资产	0.384 470 12	0.370 385 442	0.369 942 306	−0.094 194 852
	同业间负债	0.370 119 678	0.539 591 149	0.540 757 651	−0.307 747 678
2012	总资产	0.703 321 883	0.982 636 633	0.982 384 618	−0.482 394 392
	同业间资产	0.208 060 573	0.328 017 623	0.331 312 179	−0.180 209 383
	同业间负债	0.366 729 33	0.310 385 147	0.311 105 685	−0.289 622 077
2013	总资产	0.733 456 311	0.983 422 28	0.984 831 742	−0.495 352 318
	同业间资产	0.571 485 132	0.566 286 694	0.560 676 798	−0.294 767 222
	同业间负债	0.326 676 918	0.244 094 319	0.239 149 195	−0.394 941 45
2014	总资产	0.626 185 026	0.986 901 765	0.985 840 184	−0.490 948 702
	同业间资产	0.632 494 733	0.490 161 139	0.488 074 423	−0.461 920 706
	同业间负债	0.573 345 997	0.720 717 307	0.721 379 777	−0.474 833 227
2015	总资产	0.733 378 626	0.973 281 843	0.974 641 55	−0.480 106 482
	同业间资产	0.690 426 837	0.712 172 469	0.708 859 016	−0.387 720 723
	同业间负债	0.628 568 976	0.788 493 577	0.785 298 342	−0.337 939 742

由表 5-1 可知，2008—2015 年每年在 Incremental VaR 机制和 Shapley value EL 机制下银行的宏观审慎资本都与其总资产之间呈较强的正相关。即规模越大的银行相应地需持有越多的资本，该结论也支持了大型银行若违约，将通过同业银行间的拆借联系对银行系统产生重大影响，因此需要持有更多的资本的观点。Component VaR 机制也体现了宏观审慎资本与总资产之间的具有一定的相关性，但是没有 Incremental VaR 机制和 Shapley value EL 机制下的相关性显著。

ΔCoVaR 机制下,宏观审慎资本与银行总资产两者完全不相关。由于 ΔCoVaR 风险分配机制与银行损失的分布有关,而中国的银行系统中各银行的规模异质性较强,银行间的拆借情况也不同,银行的损失分布没有一定的规律可循,这就造成了该机制下的宏观审慎资本与银行特性不相关的现象。总体来看,四种风险分配机制下的宏观审慎资本与银行的同业间资产和同业间负债之间的相关性并不明显,表明在本书所设定的同业银行间的拆借网络为全连接的仿真情景下,银行的倒闭以"资不抵债"引发的基础倒闭为主,而由银行间的拆借造成的传染倒闭则较少,银行的同业间资产与负债和宏观审慎资本的相关性不大。

5.2 经济波动下对银行系统宏观审慎监管的仿真研究

5.2.1 模型构建及仿真设置

在第 3 章的宏观经济波动下的银行系统模型基础上,本章考虑将其与我国银行系统宏观审慎监管的实证模型相结合,来探讨在不同宏观经济波动的情况下对银行系统进行宏观审慎监管的效果。

本节在宏观经济波动的银行系统模型中引入宏观审慎监管实证模型中定量计算银行宏观审慎资本的思想,通过使用第 5.1 节中的四种风险分配机制及宏观审慎监管思想,分别仿真计算宏观经济上升趋势、下降趋势以及随机趋势下的银行系统中各银行的宏观审慎资本。在该仿真过程中,宏观经济波动下银行系统的宏观审慎监管动态流程如图 5-6 所示。

根据图 5-6,首先,宏观经济冲击下银行系统中各银行的资本负债表结构及其演化以第 3 章中的模型思想为基础,然后引入 5.1 节中的银行系统的宏观审慎监管模型思想。定量仿真计算银行的宏观审慎资本的核心在于计算银行的损失,在具有宏观经济波动的银行系统中,银行 i 在 t 时刻的损失 l_i^t 定义为:

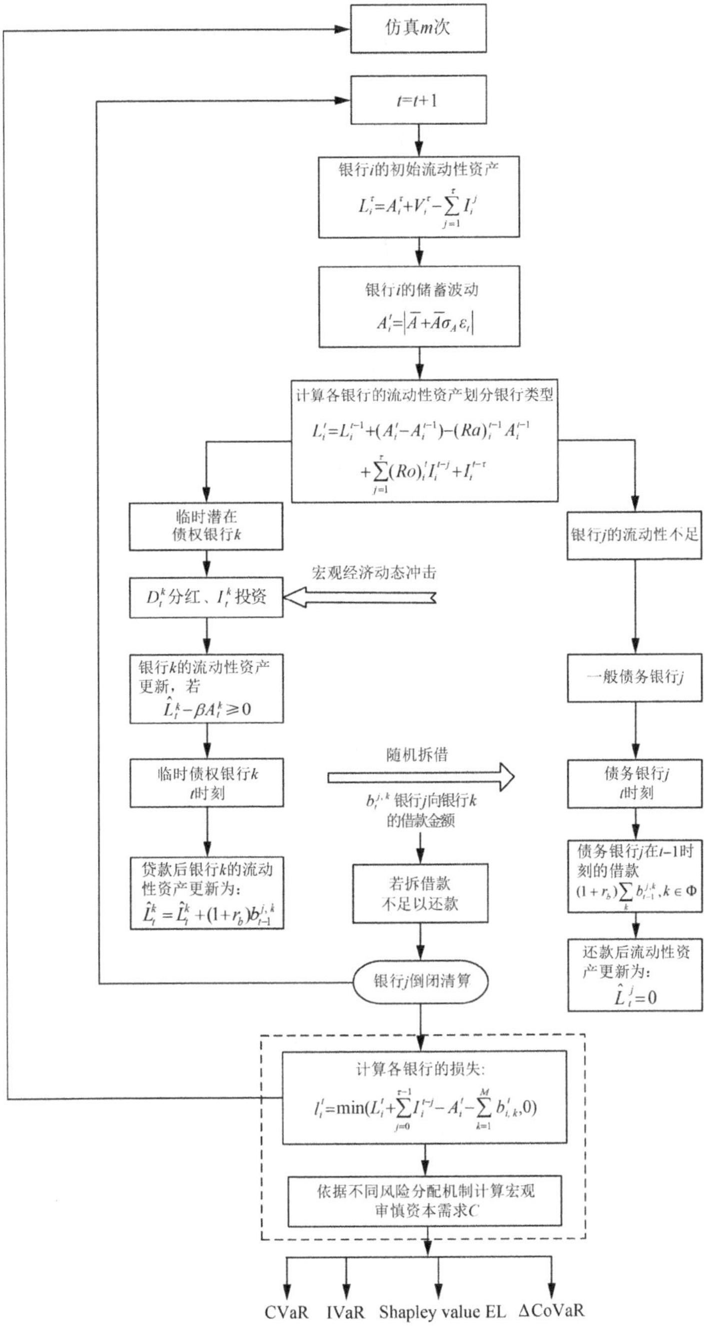

图 5-6 宏观经济波动下的银行系统的宏观审慎监管模型框架图

$$l_i^t = \min(L_i^t + \sum_{j=0}^{\tau-1} I_i^{t-j} - A_i^t - \sum_{k=1}^{M} b_{i,k}^t, 0) \tag{5-27}$$

其中,L_i^t 是银行 i 在第 t 个时间步内的流动性资产;$\sum_{j=0}^{\tau-1} I_i^{t-j}$ 是在第 t 个时间步,银行 i 的所有投资期内的投资之和,即银行 i 的固定资产,$t-\tau$ 期之前的投资已经达到其投资期限,该部分的投资已经收回充当为银行的流动性资产;A_i^t 是银行 i 在第 t 个时间步内的储蓄负债;$\sum_{k=1}^{M} b_{i,k}^t$ 表示银行 i 在第 t 个时间步与其所有拆借银行间的总拆借负债。

其次,在对经济波动下的银行系统进行宏观审慎监管时,通过 $C_i^* = f_i(l(C_i^*)) \times (\sum_{i=1}^{N} C_i^0)$ 来仿真计算银行 i 的宏观审慎资本 C_i^*,银行 i 的初始资本 C_i^0 在本模型中设置为公式(5-28):

$$\begin{cases} C_i^0 = 7\% * (A_i(\tau) + v_i(\tau)) \\ A_i(\tau) = \overline{A}, v_i(\tau) = C_i^0 \end{cases} \tag{5-28}$$

公式(5-28)中,A_i 为银行 i 的储蓄;v_i 为银行 i 的所有者权益。通过进一步计算,得出 $C_i^0 = 7\% * \overline{A}/(1-7\%)$,即银行 i 的初始所有者权益设置为 $v_i(\tau) = aa_i * \overline{A}/(1-aa_i)$,其中 aa 为银行的资本充足率,并且初始资本下所有银行的资本充足率相同。依据巴塞尔协议中的相关规定,我们设定初始 $aa = 7\%$。在银行的资本通过四种风险分配机制被重新分配后,各银行的初始所有者权益也会发生相应的变化。

最后,结合本章的宏观审慎监管思想,在该仿真过程中,设置初始资本下银行 i 的分红 D_i^t 在 t 时刻需要满足公式(5-29):

$$v_i^t / (L_i^t + \sum_{j=1}^{\tau-1} I_i^{t-j}) \geqslant 7\% \tag{5-29}$$

只有满足以上分红条件的银行才能进行分红计算,其股利分配按

照公式(5-30)计算:

$$D_i^t = \max\left[0, \min\left[Ro_i(t)\sum_{j=1}^{\tau} I_i^{t-j} - r_a A_i^{t-1}, \hat{L}_i^t - R_i^t,\right.\right.$$
$$\left.\left. \hat{L}_i^t + \sum_{j=1}^{\tau-1} I_i^{t-j} - A_i^t - 7\% * (\hat{L}_i^t + \sum_{j=1}^{\tau-1} I_i^{t-j})\right]\right] \quad (5-30)$$

在本次的仿真中,为了仿真计算银行的宏观审慎资本,需要将演化 t 个时间步的宏观经济冲击下的银行系统迭代 test 次(test=1,2,3,$\cdots$,m)。我们设定银行系统中的银行数 $M=16$,银行演化的时间步 $t=365$,银行系统的迭代次数 $m=1000$。在宏观经济波动下的银行系统宏观审慎监管模型中,我们主要探讨宏观审慎资本下各银行的稳定性变化,即考虑的是银行的累积倒闭概率,因此银行的损失取最后一个时间步的损失值。在银行系统的动态演化下,我们最终能够得到一个 16×1000 的损失矩阵。

5.2.2 仿真计算与分析

5.2.2.1 银行资本的变化

在宏观经济波动下的银行系统中引入宏观审慎监管的思想之后,得到宏观经济呈下降趋势、上升趋势和随机趋势下各银行的资本变化率,分别如图 5-7、图 5-8 和图 5-9 所示。

当宏观经济呈下降趋势时,根据图 5-7,银行的资本在 Incremental VaR 机制下变化幅度比较大,16 家银行中有 10 家银行的资本都得到了提升,并且这些银行的资本增加幅度相对较大,基本都超过 30%;剩余的资本降低的银行中有 3 家银行的资本降低幅度较大都超过 50%。相比之下,Component VaR 机制、Shapley value EL 机制以及 ΔCoVaR 机制下银行资本的调整幅度相对较小,并且 Component VaR 机制对银行系统资本的调整幅度整体上是最小的。

当宏观经济呈上升趋势时,根据图 5-8 可知,其与上述宏观经济呈下降趋势的情况不同,该情况下,银行系统在 Component VaR 机制下

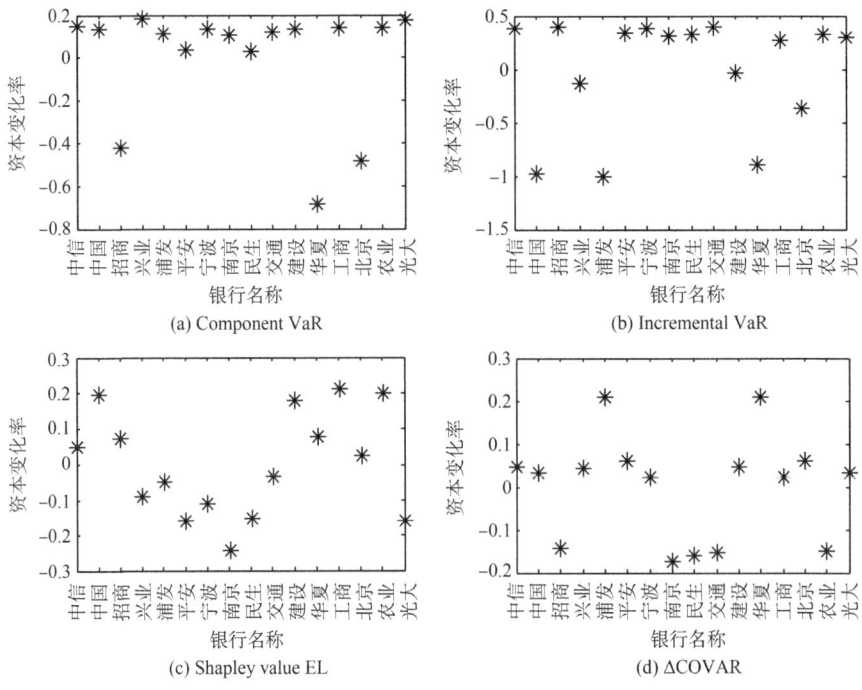

图 5-7 下降趋势下银行的资本变化率

的调整最为显著,大部分银行的资本都被调高,并且增加幅度基本都在 50% 左右,而少数银行的资本是降低的,且降低幅度也都比较大。相比之下,其他三种机制下银行资本的变化率相对小一些,尤其是 Shapley value EL 机制和 ΔCoVaR 机制,基本都在 10% 以内。

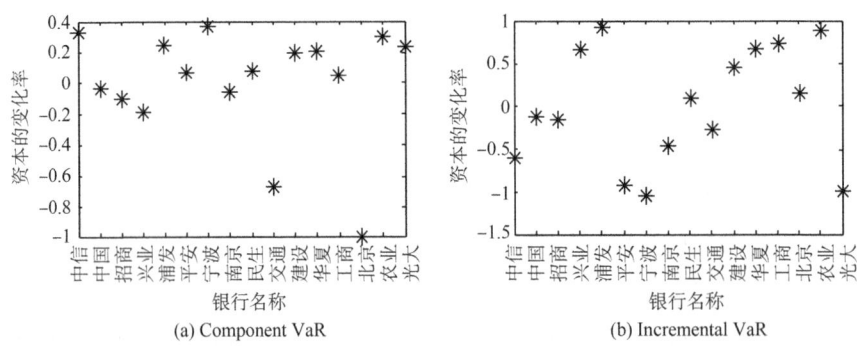

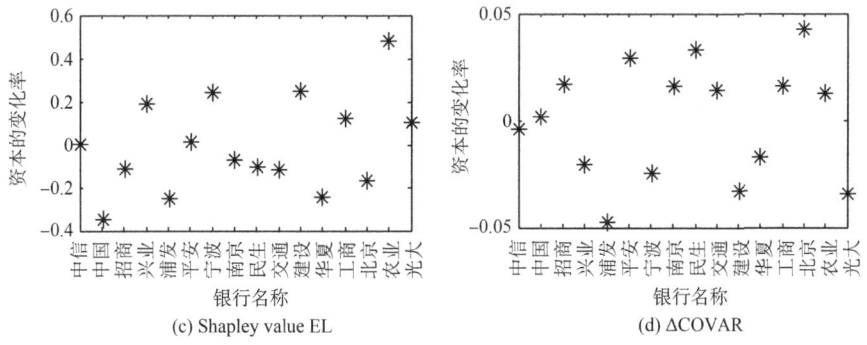

(c) Shapley value EL (d) ΔCOVAR

图 5-8　上升趋势下银行的资本变化率

当宏观经济呈随机趋势时，根据图 5-9 可知，银行资本的变化与图 5-8 上升趋势的情况有些类似，随机趋势下各银行的资本在 Component VaR 机制下的变化幅度相对较大，大部分银行的资本是增

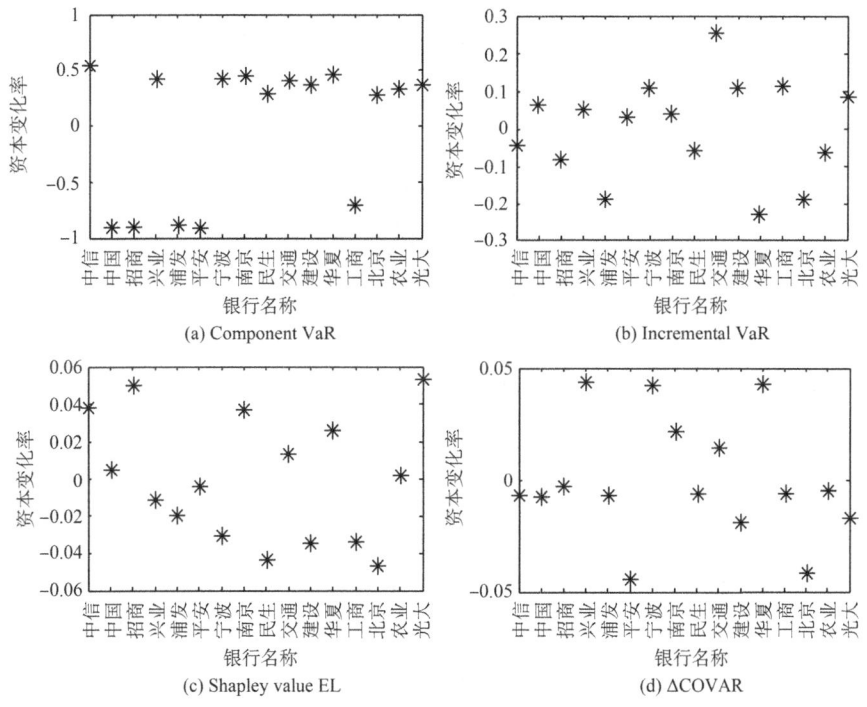

(a) Component VaR (b) Incremental VaR

(c) Shapley value EL (d) ΔCOVAR

图 5-9　随机趋势下银行的资本变化率

加的,且个别银行的资本增加了 40% 左右;少数银行的资本是降低的,且个别银行的资本降低超过 50%。Incremental VaR 机制和 Shapley value EL 机制对银行资本的调整幅度相对较低,而 ΔCoVaR 机制对银行资本的调整幅度最小,基本都在 5% 以内。

5.2.2.2 宏观审慎资本下银行系统性风险

在宏观经济波动下的银行系统中,各银行的资本通过四种机制重新分配后,银行系统性风险也有了不同的变化。由图 5-10 可知,四种风险分配机制在三种宏观经济趋势下对银行系统的宏观审慎监管效果不同。其中,在宏观经济呈下降趋势时,四种风险分配机制都不同程度地降低了银行系统的倒闭概率,即宏观审慎监管都不同程度地降低了银行系统性风险;并且下降趋势下,Shapley value EL 机制的监管效果较为显著,而 Component VaR 机制的则最不显著。上升趋势和随机情况下四种风险分配机制的监管效果类似,在这两种宏观经济波动情景下,ΔCoVaR 机制对银行系统性风险的监管效果是无效的,其他三种风险分配机制则都有效地降低了银行系统性风险,且相比之下 Component VaR 机制最为显著。

下面我们将宏观经济波动下银行资本的变化率与宏观审慎资本下银行系统的倒闭概率相结合,来探讨四种风险机制在不同的宏观经济波动情境下对银行系统监管的内在机理。

宏观经济呈下降趋势下时,如图 5-10(a)所示,很明显 Component VaR 机制对各银行资本调整的幅度最小,绝大部分银行的资本变化率相似,不够分散,且调整幅度不大,Incremental VaR 机制和 Shapley value EL 机制下调整幅度较大,ΔCoVaR 机制下的调整则适中。而四种机制下银行系统的倒闭概率表明 Incremental VaR 机制和 Shapley value EL 机制的监管效果相对显著,Component VaR 机制则效果不明显。

究其原因,在 Component VaR 机制下,资本出现下降的几家银行,其资本降低幅度都较大,虽然该机制下大部分银行的资本都出现了增长,但是其增加的幅度较小。在宏观经济呈下降趋势下,投资收益相对

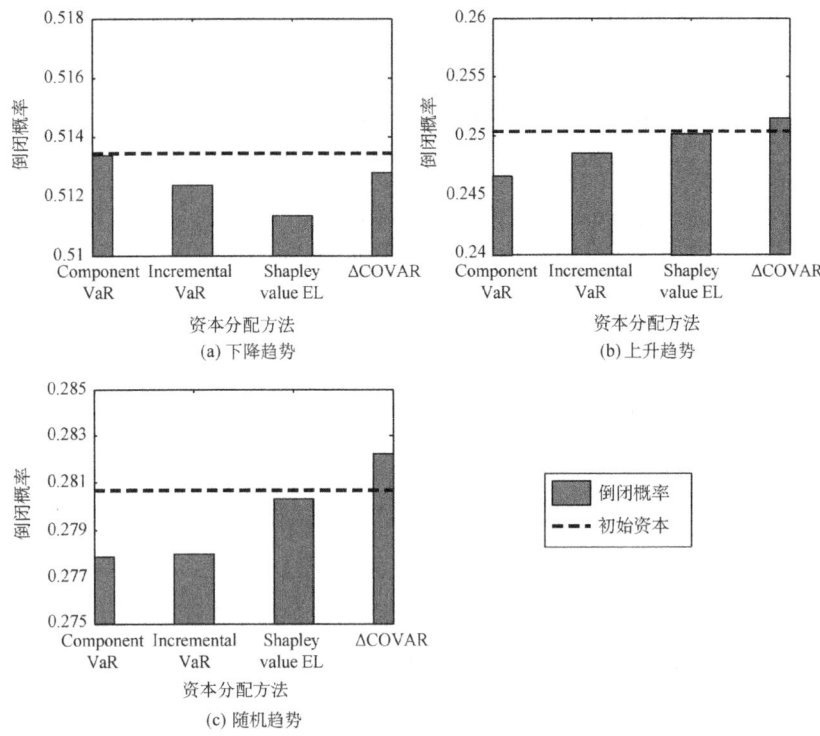

图 5-10 在宏观审慎资本下不同宏观经济趋势中的银行系统性风险

较差,银行系统较为脆弱,较小幅度的资本提升不能有效地缓解流动性资本的缺乏,因此该机制下资本有所增长银行对资本出现下降银行所带来的风险虽然有所吸收,但是效果不显著。因而,总体上 Component VaR 机制对整个银行系统的审慎监管效果是不显著的。反观 Incremental VaR 机制和 Shapley value EL 机制,这两种机制下银行系统中部分银行的资本减少,同时部分银行的资本增加且幅度较大,使得这些银行在稳定自身流动性需求的同时,还能完全抵御资本减少的银行所带来的风险,因而,这两种机制整体上对银行系统的审慎监管效果是比较显著的,另外,Shapley value EL 机制下银行资本降低的幅度明显低于 Incremental VaR 机制下银行资本降低的幅度,而 ΔCoVaR 机制下银行资本增加的幅度又明显低于这两种机制,因此,相比之下，Shapley value EL 机制对整个银行系统的审慎监管最显著。

宏观经济呈上升趋势[图 5-10(b)]和随机情况[图 5-10(c)]下都是 Component VaR 机制下对银行系统的审慎监管效果最好，ΔCoVaR 机制则监管无效。同样的，结合四种风险分配机制下各银行资本的变化，发现这两种宏观经济冲击情境下，Component VaR 机制对银行资本的调整使大多数银行的资本增加，且增加幅度较大，使得这些银行可以在经济形势较好的时候可以从投资市场获取较好的收益，自身流动性充足，同时可以通过同业拆借协助资本减少的银行抵御风险，虽然有个别银行的资本出现了大幅下降，但是资本增加的银行足以应对资本较低的个别银行所带来的风险，从而整体上提升整个银行系统的稳定性，监管效果显著。

而 ΔCoVaR 机制下各银行的资本调整的幅度非常小，这表明这两种宏观经济形势下，该机制的宏观审慎监管效用不明显。并且，多数银行的资本下降，而部分资本增加的银行其资本增加幅度过低，不能够充分利用宏观经济形势的利好，从投资市场获取资本对自身进行补充。因而在风险发生时整个银行系统的流动性仍然不足，抵御风险的能力没有得到有效改善，反而因为多数银行资本减少，抵御风险的能力有所下降，根本无法抵御资本降低的银行所带来的风险。因此，整体上来说，ΔCoVaR 机制下银行系统的倒闭概率反而是稍微增加的，该监管是无效的。

5.3 不同网络结构中对银行系统宏观审慎监管的仿真计算

全连接网络结构是随机网络中当其连接概率 $p=1$ 时的特殊情况，该种网络中任意两个节点之间都具有联系，在 5.1 节中我们依据各银行实际的总拆借资产和总拆借负债而估算出的银行间拆借矩阵就是全连接网络的银行系统，因此，为了全面探讨网络结构对其的影响，本节利用 2010—2015 年我国 16 家（其中 2010 年只有 14 家银行）上市银行的初始资产负债表的数据，对全连接网络、无标度网络、小世界网络以及随机网络的银行系统在四种风险分配机制下的宏观审慎监管情况展开了对比分析。

5.3.1 不同网络中资本的变化

根据仿真结果,我们得到2010—2015年四种网络结构中各银行资本的变化情况,如图5-11至图5-16所示。

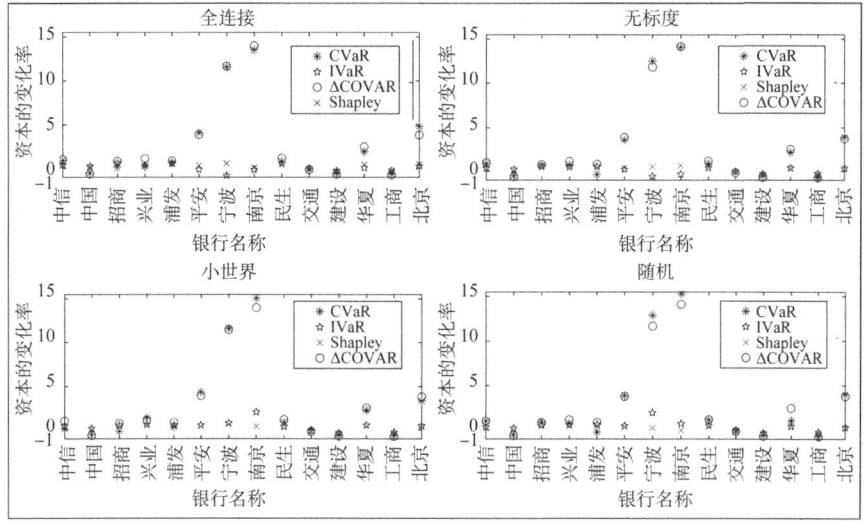

图 5-11　2010年不同网络结构中各银行资本的变化

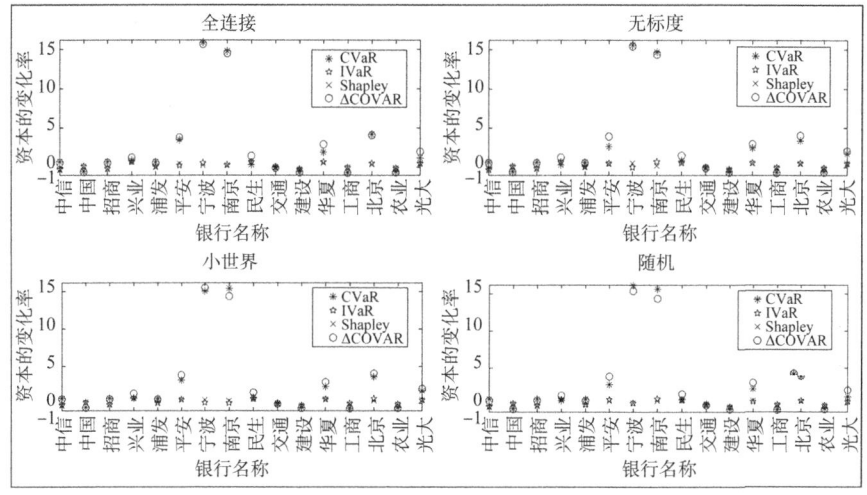

图 5-12　2011年不同网络结构中各银行资本的变化

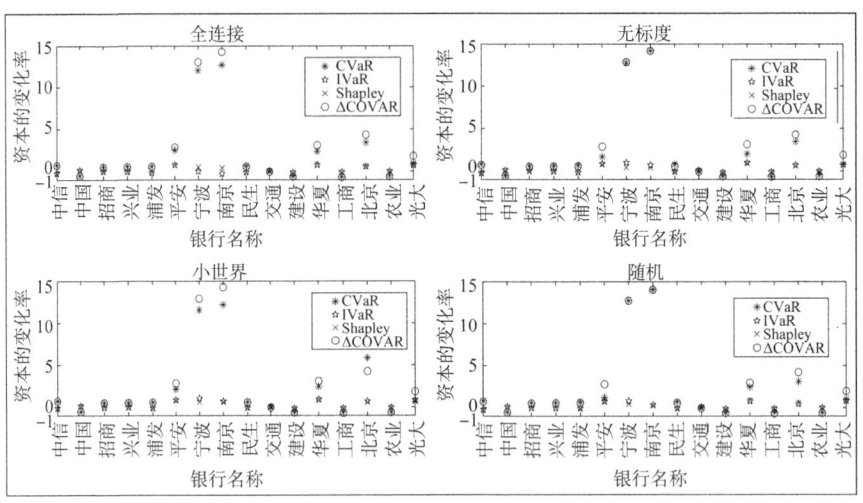

图 5-13 2012 年不同网络结构中各银行资本的变化

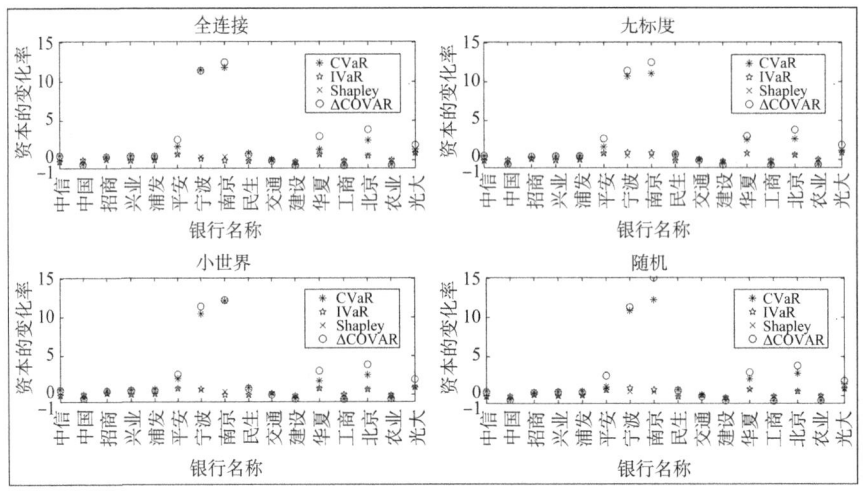

图 5-14 2013 年不同网络结构中各银行资本的变化

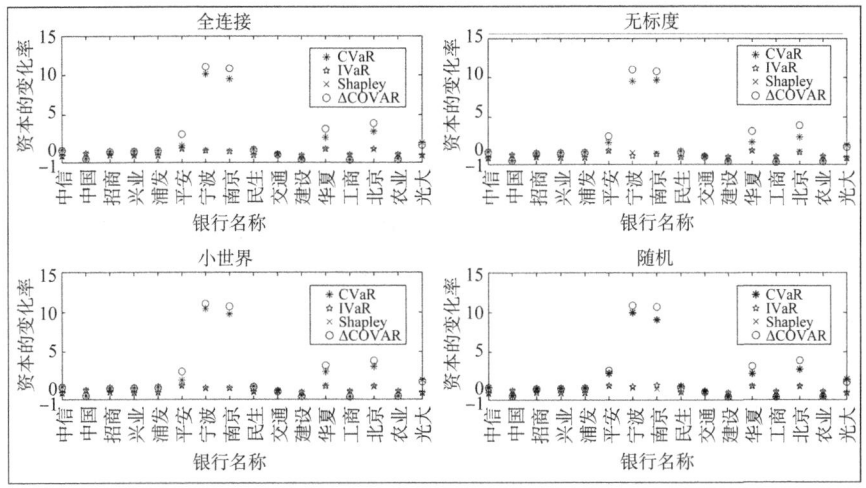

图 5-15　2014 年不同网络结构中各银行资本的变化

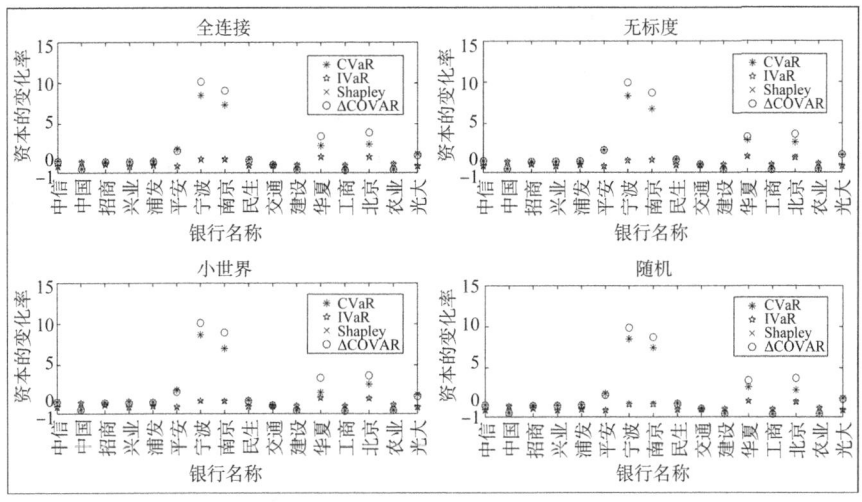

图 5-16　2015 年不同网络结构中各银行资本的变化

根据图 5-11 至图 5-16 的仿真结果，本书主要分析四种风险分配机制下在不同网络结构中资本变化区别较大的银行。

Component VaR 机制下：在 2010 年，招商银行的资本只有在小世界网络中略微降低，而在无标度网络和随机网络中都有所增加，在全连接网络中基本不变。浦发银行的资本在无标度网络和随机网络略有下降，而在其他两种网络中都是增加的，并且在全连接网络中增加稍多。兴业银行的资本在小世界网络中增加较为明显。平安银行的资本在小世界网络（还有 2013 年）中资本增长较为明显，2011—2012 年在全连接网络中增加最多，2014 年在随机网络中资本增长稍多。宁波银行在随机网络（以及 2011 年、2012 年）中资本增加稍多。南京银行的资本 2010 年和 2011 年在随机网络和小世界网络中增加稍多，2012 年在无标度网络和随机网络中增加稍多。华夏银行的资本明显随机网络中增加最少，在 2013 年、2015 年的无标度网络中增加稍多。北京银行在 2011 年在全连接网络中增加稍多，2012 年小世界网络中增加最多。

Incremental VaR 机制下：中国银行的资本 2010 年在无标度网络中增加稍高，2011 年在小世界网络中增加稍高，2014 年在全连接网络中加最少。平安银行的资本只有在全连接网络中出现了降低，在其他网络中都是增加的，并且在小世界网络中增加稍高。宁波银行和南京银行的资本只有在全连接网络和无标度网络中是降低的，并且宁波银行资本在全连接网络中降低幅度明显最大，2011 年在全连接网络中增加最多，2014 年则是在随机网络增加最多。南京银行明显在小世界网络中资本增加最多，并且只有在 2012 年在全连接网络、2013 年在全连接网络和小世界网络中资本是稍微降低的，在其他网络中都是增加的，在 2014 年随机网络中资本增加较多。在 2012 年，中信银行的资本在小世界网络中降幅度最小，在 2013 年则在全连接网络和小世界网络中降低幅度稍大。招商银行和兴业银行分别只有在无标度网络和小世界网络中资本是基本不变的，在其他三种网络中资本则都是稍微降低的。浦发银行资本在全连接网络中降低幅度最大，在其他年份不同网络机构下没有明显变化。

Shapley value EL 机制下,平安银行在 2010 年和 2011 年分别在无标度网络和小世界网络中资本增加稍多。宁波银行在 2010 年和 2013 年都是在小世界网络中资本增加稍多,在 2011 年是在小世界和无标度网络中增加稍多。南京银行在 2010 年是在无标度网络中资本增加稍多,2012 年在小世界网络中增加稍多。建设银行在 2012 年全连接网络中资本降低稍多。

在 Incremental VaR 机制和 Shapley value EL 机制下,2010 年兴业银行和浦发银行以及 2011 年平安银行都是在全连接网络中资本增加最少。宁波银行在 2012 年小世界网络中资本增加稍多。南京银行在 2011 年和 2013 年随机网络中增加最多。在 2015 年浦发银行、交通银行、建设银行和工商银行都是在小世界网络中资本降低稍多。在四种风险分配机制下,2010 年交通银行、建设银行和工商银行的资本都是在无标度网络中降低幅度较小,在小世界网络和随机网络中降低幅度较大。

因此,总体上,Component VaR 机制、Incremental VaR 机制和 Shapley value EL 机制受银行系统网络结构的影响相对较大,ΔCoVaR 机制则基本不受其影响。在不同网络结构中资本的变化区别较大的银行主要有:招商银行、兴业银行、浦发银行、平安银行、宁波银行、南京银行。Component VaR 机制下还有华夏银行、北京银行;Incremental VaR 机制和 Shapley value EL 机制下还有交通银行、建设银行、华夏银行、工商银行。此外,Component VaR 机制下,2010 年不同网络中银行资本变化区别较大,各网络中资本下降的银行数有所不同,在小世界网络和无标度网络中稍多,且其资本下降幅度高于其他两种网络。2011—2015 年资本变化的幅度较小,且各网络结构中资本增加及下降的银行数基本一致,整体上区别不明显。Incremental VaR 机制和 Shapley value EL 机制下,2010 年、2012 年、2013 年各网络结构中资本降低的银行数不同(相对较多),并且资本增加的幅度不同;2011 年、2014 年、2015 年主要是各网络中资本变化的幅度不同,其中较为显著的主要有:2010 年全连接网络中资本下降的银行的较多且资本下降幅度较大,而银行资本上升的幅度稍小;2012 年小世界网络中银行资本增加的幅度较高,而全连接网络中资本降低的银行数较多幅度稍大;2015年全连接网络中银行资本降低幅度相对较小,资本增加幅度稍大。

5.3.2 不同网络中银行的倒闭概率

本节仿真计算了各银行在初始资本和四种机制下各网络结构中的倒闭概率,对比分析银行在不同网络中的宏观审慎监管效果,如图5-17至图5-22所示。

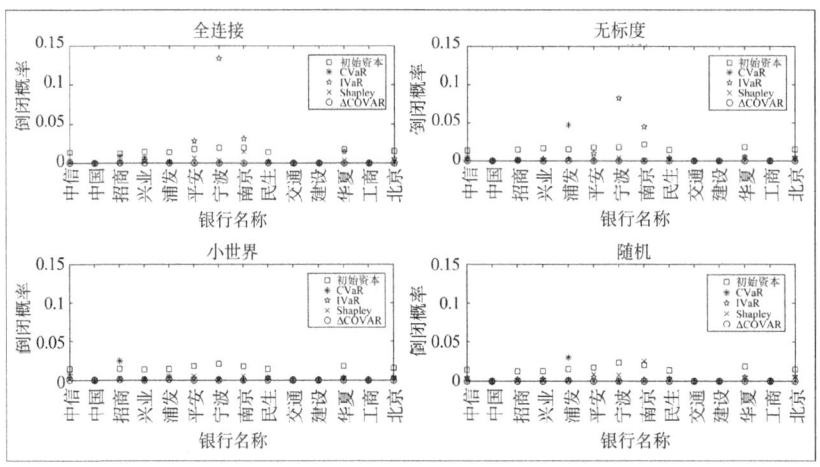

图5-17 2010年不同网络结构中各银行的倒闭概率

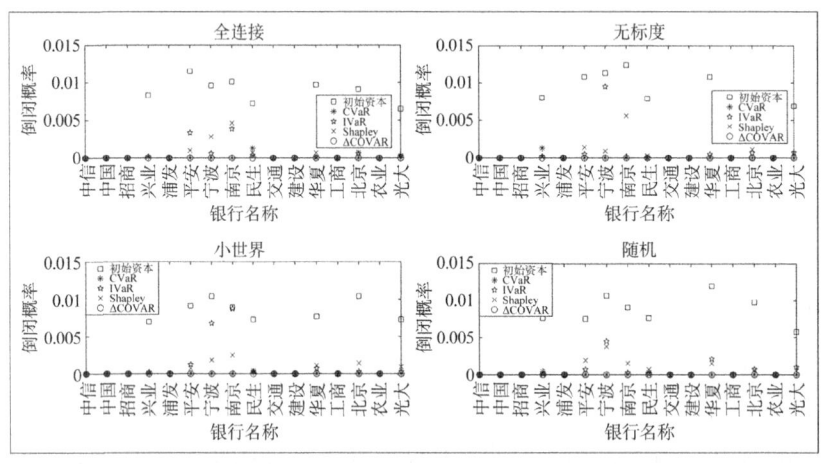

图5-18 2011年不同网络结构中各银行的倒闭概率

5 银行系统的宏观审慎监管研究

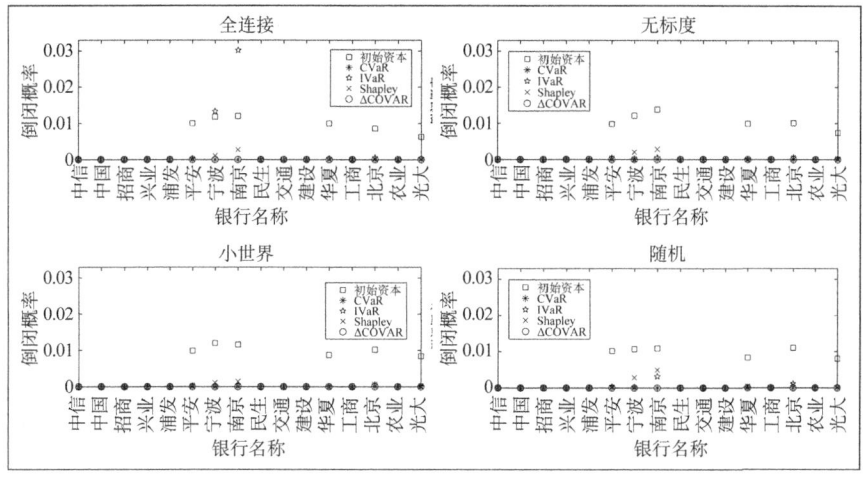

图 5-19　2012 年不同网络结构中各银行的倒闭概率

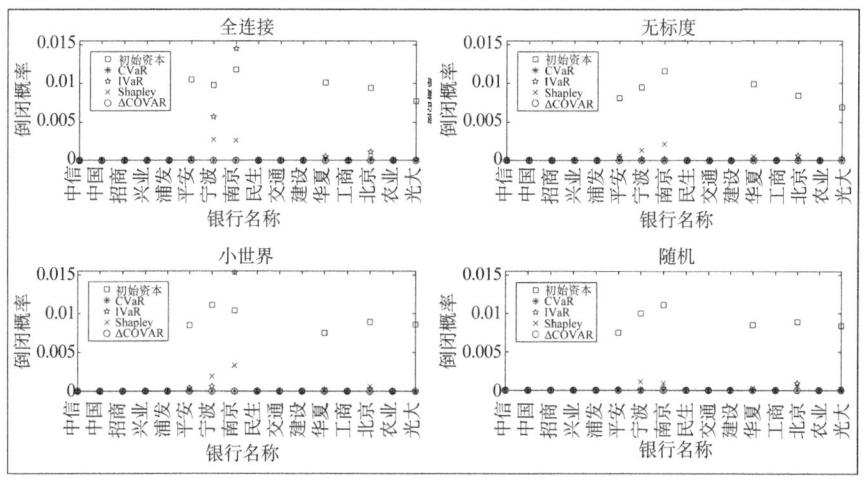

图 5-20　2013 年不同网络结构中各银行的倒闭概率

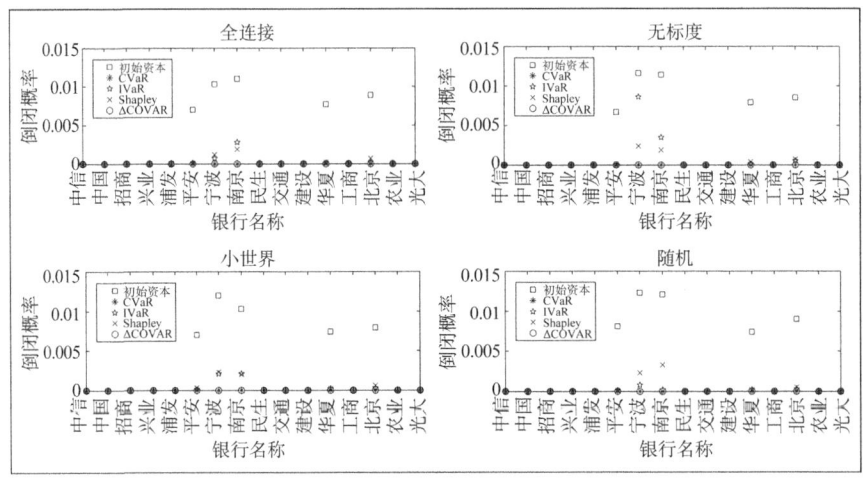

图 5-21　2014 年不同网络结构中各银行的倒闭概率

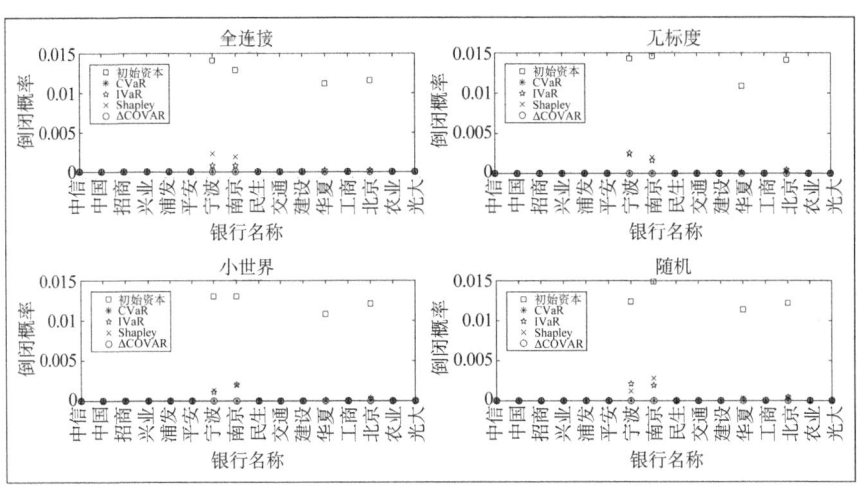

图 5-22　2015 年不同网络结构中各银行的倒闭概率

根据图 5-17 至图 5-22，四种网络相比之下，首先，最明显的区别就是，在 Component VaR 机制、Incremental VaR 机制下，个别网络中个别银行的倒闭概率反而高于初始资本下的倒闭概率。Component VaR 机制下，2010 年无标度网络和随机网络中的浦发银行（无标度网络中最高）以及小世界网络中的招商银行；Incremental VaR 机制下，2010 年全连接网络中的平安银行、宁波银行、南京银行和无标度网络中的宁波银行、南京银行（尤其是这两种网络中，宁波银行在全连接网络中的倒闭概率最高，南京银行在无标度网络中较高），2012 年全连接网络中的宁波银行、南京银行，2013 年全连接网络和小世界网络中的南京银行，其中小世界网络稍高；此外，还有 Shapley value EL 机制下 2010 年随机网络中的南京银行，其倒闭概率也稍高于初始资本下的倒闭概率。

其次，除以上情况外，各银行经四种风险分配机制调整后其倒闭概率都低于初始资本下的，但这些银行的倒闭概率在不同网络中仍有明显区别。Component VaR 机制下，中信银行在 2010 年小世界网络中的倒闭概率稍高，兴业银行的倒闭概率在 2010 年全连接网络中稍高而在 2011 年无标度网络中稍高，民生银行的倒闭概率在 2011 年全连接网络中稍高。Incremental VaR 机制下，华夏银行的倒闭概率在 2010 和 2011 年分别在全连接网络和随机网络中稍高；在 2011 年平安银行、宁波银行、南京银行的倒闭概率分别在全连接网络、无标度网络和小世界网络中稍高。宁波银行、南京银行的倒闭概率在 2014 无标度网络中最高，在 2015 年无标度网络和随机网络中稍高。Shapley value EL 机制下，平安银行、宁波银行的倒闭概率在 2010 年、2011 年、2012 年随机网络中稍高，南京银行的倒闭概率在 2011 年无标度网络中稍高，在 2012 年、2014 年、2015 年随机网络中稍高，在 2013 年则是在小世界网络中稍高。北京银行的倒闭概率在 2011 年小世界网络中稍高。

因此，我们可以看出，2010—2015 年，平安银行、宁波银行、南京银行是资本在经 Incremental VaR 机制和 Shapley value EL 机制调整后，倒闭概率在不同网络中的差别较为显著的主要银行。另外,在 Component VaR 和 Shapley value EL 机制下,个别年份(主要是 2010 年和 2011 年)还有中信银行、招商银行、兴业银行、浦发银行、民生银行、北京银行以及 Incremental VaR 机制下的华夏银行在不同网络结构中的倒闭概率也有所不同。在 Incremental VaR 机制下这些银行的倒闭概率在全连接和无标度网络中较高;Shapley value EL 机制下,这些银行在随机网络中的倒闭概率较高;Component VaR 机制下,不同银行在不同网络中的倒闭概率呈现不规律性。

为了衡量四种风险分配机制在四种网络结构中的整体调控效果,本书计算了整个银行系统的倒闭概率,如图 5-23 至图 5-28 所示。

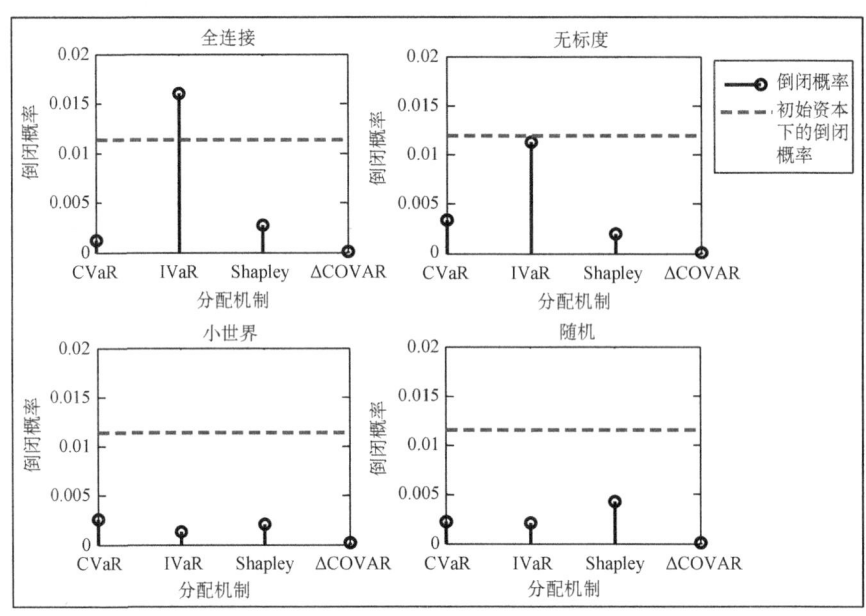

图 5-23 2010 年不同网络结构中银行的倒闭概率

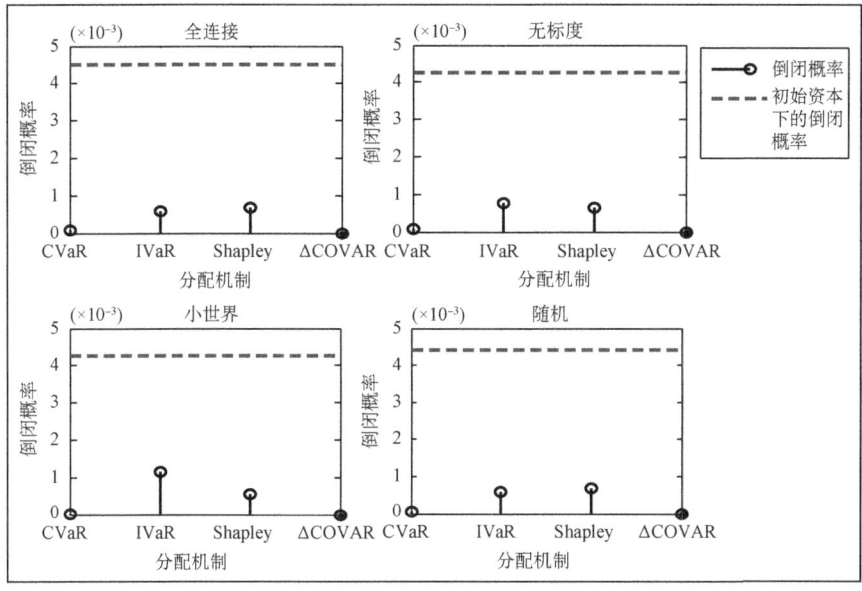

图 5-24　2011 年不同网络结构中银行的倒闭概率

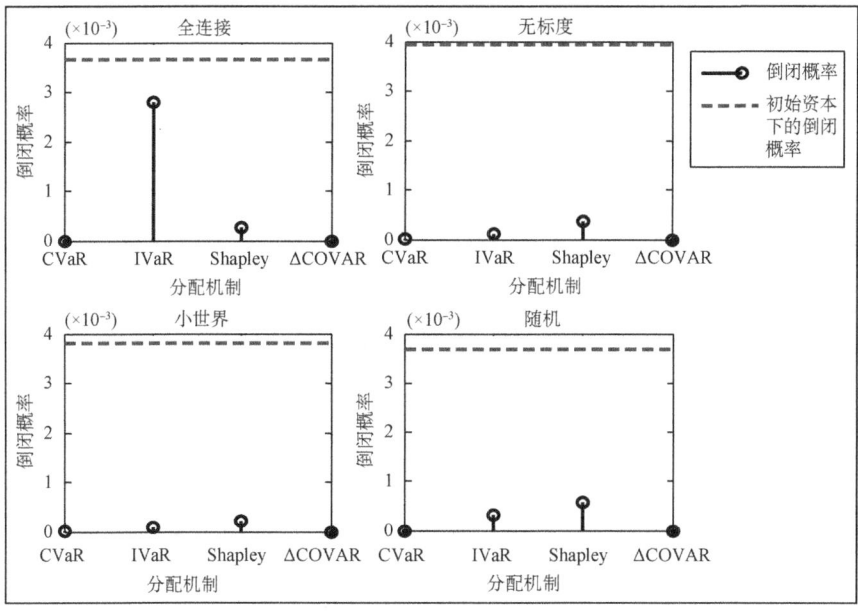

图 5-25　2012 年不同网络结构中银行的倒闭概率

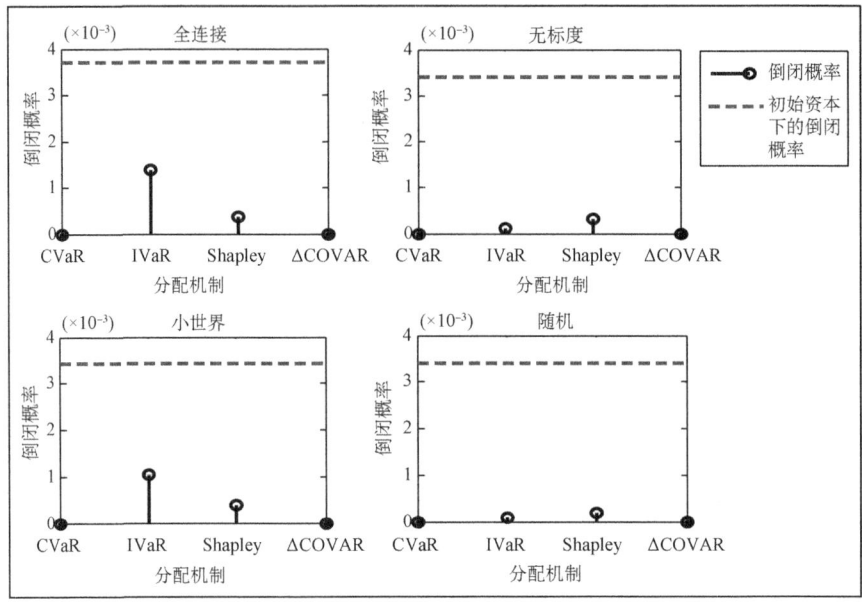

图 5-26 2013 年不同网络结构中银行的倒闭概率

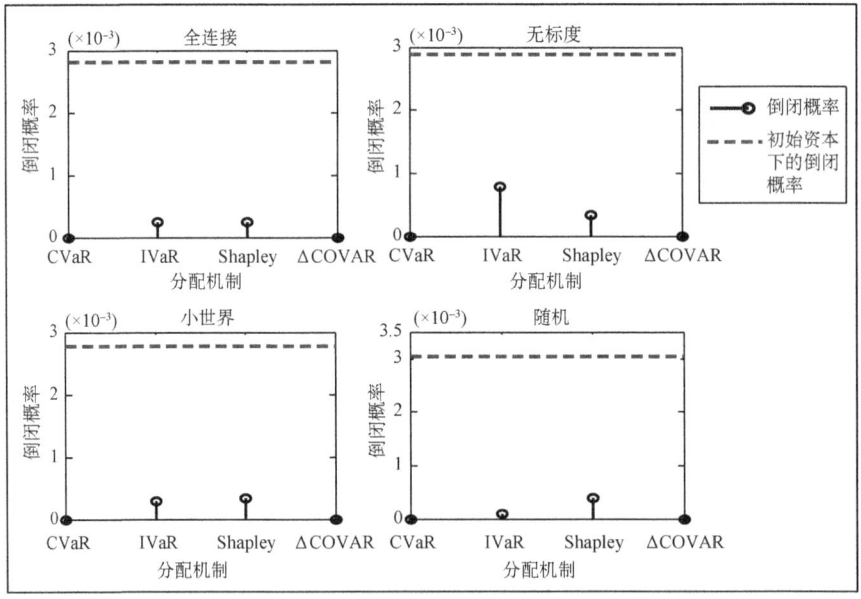

图 5-27 2014 年不同网络结构中银行的倒闭概率

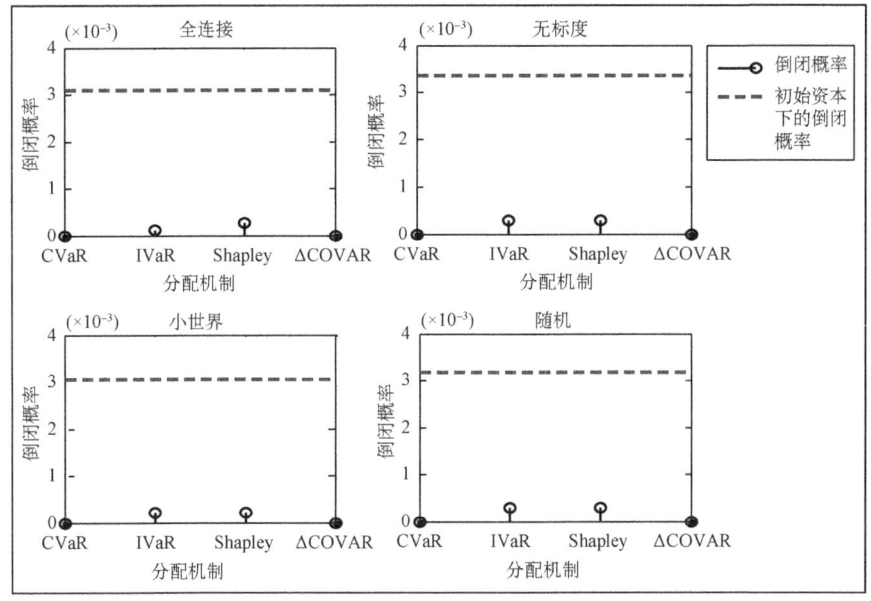

图 5-28 2015 年不同网络结构中银行的倒闭概率

从图 5-23 中可知,只有在 2010 年 Incremental VaR 机制下,全连接网络结构的银行系统中,银行倒闭概率明显高于初始资本下的,即该情况下的审慎监管无效。结合上节银行资本的变化分析中,该情况下资本降低的银行数以及降低幅度在四种网络中都是明显最大的,并且就该网络自身而言,银行资本降低的幅度高于其他银行资本所增加的。除此之外,2010—2015 年,在四种不同的网络结构的银行系统中,四种监管机制下银行倒闭概率均低于初始资本下的倒闭概率,监管效果显著。在 Incremental VaR 机制和 Shapley value EL 机制下四种网络结构中银行的倒闭概率有显著区别,而 Component VaR 机制下 2011—2015 年以及 ΔCoVaR 机制下 2010—2015 年四种网络结构中银行的倒闭概率基本无差别,在进行了资本调整之后银行系统中的倒闭概率基本为 0。只有 Component VaR 机制下,2010 年银行系统的倒闭概率由高到低分别是无标度网络、小世界网络、随机网络、全连接网络,由此可以看出这两种机制适用性较强基本不受网络结构的影响。Incremental VaR 机制下,每年情况不一致,2010—2015 年在各年份下银行系统的倒闭概率最低的网络分别为小世界网络、全连接和随机网络、小世界和无标度网络、无标度和随机网络、随机网络、全连接网络。Shapley value EL 机制下,2011 年、2012 年、2015 年都是在小世界网络中银行系统的倒闭概率最低,2010 年、2013 年以及 2014 年则分别是在无标度网络、随机网络、全连接网络中最低。

5.4 本章小结

首先,在我国 16 家上市银行的宏观审慎监管的实证研究中,对银行系统的分析表明:

(1) 除了 2008 年和 2010 年的 Incremental VaR 机制,2008—2015 年的四种风险分配机制下的宏观审慎资本都有效地降低了银行系统的平均倒闭概率,这与我国监管政策强调的守住不发生系统性金融风险的底线相一致,表明了对银行系统进行宏观审慎监管具有显著的效果。

(2) 通过对各银行的资本变化及其倒闭情况的联合分析发现,在银行资本被重新分配的过程中,资本通常由大型银行如我国 16 家上市银行中的中国银行、交通银行、建设银行、工商银行及农业银行等,转移到小型银行如宁波银行、南京银行、平安银行及民生银行等。

(3) 在四种风险分配机制中,ΔCoVaR 机制的宏观审慎监管效果最为显著,每年都降低了银行系统的倒闭概率;相比之下,Incremental VaR 机制下的宏观审慎监管效果则最差,这提示监管机构需要关注不同监管工具的实际效果,并及时据此进行调整。

(4) Incremental VaR 机制、Shapley value EL 机制以及 Component VaR 机制下的宏观审慎资本与银行总资产呈现出一定的正相关,表明审慎资本主要受银行总资产的影响,因此这三种机制下审慎资本设定的比例可以让每个银行相同(该种设置方案与目前央行设定宏观审慎资本的政策一致);而 ΔCoVaR 机制下两者则呈不相关,但是其监管效果最为显著,因此该机制下各银行的审慎资本应该依据其对系统性风险的贡献来设定,可以设定各银行的宏观审慎资本的比例不同(目前央行可以借鉴该种方法进行监管)。

以上的研究结论都对我国银行系统的监管具有一定的理论指导意义。

其次,在考虑宏观经济冲击下对银行系统的宏观审慎监管的仿真研究中,分析表明,宏观经济处于下降趋势时四种风险分配机制对银行系统的宏观审慎监管效果不同于宏观经济处于上升趋势和随机情况时的效果。四种风险分配机制在宏观经济呈下降趋势时都不同程度地降低了银行系统性风险,即审慎监管都是有效的,并且该情况下 Shapley value EL 机制的监管效果最显著。当宏观经济呈上升趋势和随机情况时,四种风险分配机制的监管效果类似,除了 ΔCoVaR 机制对银行系统的宏观审慎监管是无效的,其他三种风险分配机制都有效地降低了银行系统性风险,且 Component VaR 机制的监管效果最为显著。

最后,在研究不同网络中对银行系统的宏观审慎监管时,发现 Component VaR 机制和 ΔCoVaR 机制下四种网络的银行系统的倒闭概率基本无差别,Component VaR 机制下在 2010 年无标度网络结构的银行系统中倒闭概率最高,全连接网络中倒闭概率最低,因而这两种机制适用性较强,基本不受网络结构的影响。相比之下,Incremental VaR 机制和 Shapley value EL 机制相受网络结构的影响稍大,并且在不同年份中各网络间的差别不同,这提示监管机构在实施监管政策时需要考虑金融网络的结构特性,以确保监管措施的有效性。2010—2015 年,Incremental VaR 机制下,全连接网络和无标度网络在较多年份的倒闭概率最高,而每年倒闭概率最低的银行系统网络结构分别为小世界网络、全连接和随机网络、小世界和无标度网络、无标度和随机网络、随机网络、全连接网络;Shapley value EL 机制下随机网络在较多年份的倒闭概率最高,而倒闭概率最低的在 2011 年、2012 年、2015 年都是小世界网络,2010 年、2013 年以及 2014 年则分别是无标度网络、随机网络、全连接网络中。

6 基于银行—资产双边网络模型的系统性风险研究

20世纪末以来,频发的金融危机使世界经济发展遭受重创,尤其是随着经济全球化和金融一体化的发展,金融风险传播的广度与深度也不断加强。金融系统实际上可以看作是一个复杂的网络系统,金融机构间的相互联系和相互影响极易使风险在整个系统中传播、扩散和累积,进而形成系统性风险。面对系统性风险的挑战,我国监管机构高度重视金融稳定,采取了一系列措施来加强金融监管,防范系统性风险,以守住不发生区域性、系统性金融风险的底线。系统性风险一旦爆发,它将会在金融机构间产生巨大的破坏力,因而系统性风险是金融危机的主要来源之一,也是当前相关研究的热点。从系统性风险传播渠道视角来看,当前对系统性风险的相关研究主要集中于两大渠道,基于"银行—银行"直接传播渠道的相关研究已较为成熟,而基于"银行—资产—银行"间接传播渠道的相关研究则起步较晚,但是当前已引起广泛关注。

通过对当前已有研究的梳理,本书发现基于双边网络模型对我国银行系统的系统性风险的实证研究较为匮乏。因此,本章使用47家我国上市银行的资产负债表数据构建了我国银行系统的双边网络模型,研究分析不同资产类遭受冲击时的银行系统性风险。在此基础上,综合考虑金融风险的真实性和复杂性,进一步将 Levy-Carciente 等(2015)的研究中随机选取一种资产进行冲击的方式修改为所有资产均受到冲击的系统性冲击方式,通过设置低收益低风险、高收益高风险两类资产,并生成这两类资产下的四种冲击事件来构建银行投资策略模型,同时引入Caccioli等(2014)中的市场影响函数来更准确地衡量资产的降价出售效应,从资产视角来探讨银行最优的投资组合策略。通过深入分析资产价格变动如何通过金融网络影响银行系统稳定性,本研究为监管机构提供了针对监控金融市场、预防和控制系统性风险传播、保障国家金融稳定和经济的健康发展的策略建议。

6.1 模型构建

6.1.1 我国银行系统的银行—资产双边网络模型

本章主要考虑银行投资不同的资产的情况,研究某种资产遭遇一定的冲击对银行所产生的影响,以及受冲击后倒闭的银行抛售资产所产生的内在风险传染,探讨由银行、资产以及它们之间的联系所构成的复杂网络系统中银行的风险水平。在由银行与资产所构成的复杂网络系统中,银行与银行、资产与资产以及银行与资产间都能够产生复杂的相互联系,三者既能够形成相互独立的复杂网络,也能形成紧密联系的复合复杂网络;其中,银行间网络与资产间网络都是由同种类型节点构成,而银行—资产网络由两种不同类型且具有紧密联系的节点构成,具备双边特征,因此称为双边网络。本章重点研究银行与资产间联系对银行系统性风险的作用。在已有的相关研究中,Huang等(2013)、Chen等(2014)、Caccioli等(2014)、Levy-Carciente等(2015)都基于双边网络,只考虑两种不同类型节点间的相互联系构建了银行(金融机构)—资产的双边网络模型,针对银行(金融机构)与资产之间的联系与相互作用展开深入研究。本章基于Levy-Carciente等(2015)的模型,使用我国上市银行数据来构建我国银行系统银行—资产双边网络模型,研究我国银行系统性风险。

本书收集了2018年年末47家我国上市银行的资产负债表数据,

涵盖了我国银行市场上外资银行以外的所有五大类银行(国有大型商业银行、股份制商业银行、城市商业银行、农村商业银行以及政策性银行),同时基本涵盖了我国所有上市银行。因而,本书所收集的上市银行数据基本能够反映我国银行业各类银行的整体资产状况。本书利用上述47家我国上市银行的资产负债表数据,将银行的资产划分为五大类,构建了我国银行系统的银行—资产双边网络模型,如图6-1所示。

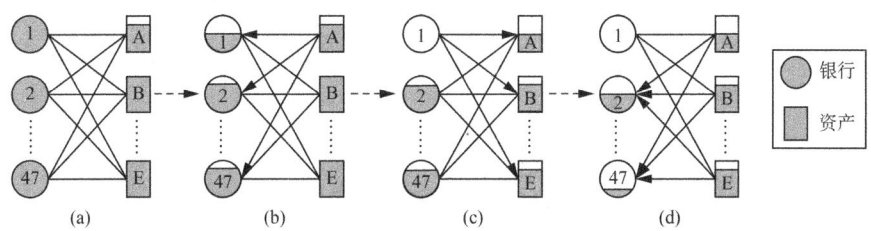

图6-1 我国银行系统的银行—资产双边网络模型图

该双边网络中只有两种类型的节点,即银行节点(图6-1中的圆形)和资产节点(图6-1中的矩形),节点之间的连线代表银行与资产间互相影响的方向,深色部分代表银行与资产的价值。模型假设银行与银行节点之间无任何联系,资产与资产节点之间无任何联系,重点研究银行与资产联系下的银行系统性风险。银行与资产之间的联系则由银行的投资组合情况确定,只要银行投资某类资产就产生银行与该资产之间的联系,通过各银行的投资组合情况最终形成银行与资产间的双边网络。银行的投资组合中包含多种不同的资产,例如:同业拆借资产、现金,以及金融投资等。

图6-1所示的我国银行系统银行—资产双边网络模型中有47家银行(银行1、银行2、……、银行47)以及五类资产(资产A、资产B、……、资产E)。该模型中银行与资产相互作用的过程为:当资产A出现贬值时,投资资产A的所有银行,如图6-1(b)中的银行1,银行2、……、银行47,其资产总值相应贬值,若有银行资不抵债,如图6-1(c)中的银行1,则该银行倒闭。倒闭银行进行清算会降价出售其持有

的所有资产,这样会导致其出售的资产再次发生贬值,相应的持有此类贬值资产的银行资产总值也会发生贬值,见图 6-1(d)中的银行 2、银行 3、……、银行 47。这就是资产的降价出售效应。因此,在中国的银行—资产双边网络中,一家银行的倒闭行为可能会引发一系列的连锁反应,产生级联倒闭。

根据本书所选取的 47 家我国上市银行的投资组合情况①绘制的我国银行系统的银行—资产双边网络图如图 6-2 所示。本书在进行资产划分时,主要根据投资属性、收益类型将各银行的资产划分为五大类,分别为现金类、同业类、金融投资类、贷款类及其他资产类②。图 6-2 中圆形表示资产,矩形表示银行,各节点的大小代表了其总资产的大小,每条连接线的粗细代表了各银行投资每类资产的总值大小。另外将所有银行即矩形节点按照其银行属性分别用五种不同代号来表示:D 开头的银行表示国有大型商业银行,G 开头的银行表示股份制商业银行,C 开头的银行表示城市商业银行,N 开头的银行表示农村商业银行,Z 开头的银行表示政策性银行。

由图 6-2 可知,在我国银行的投资组合中,贷款类资产所占的比例最大,其次是金融投资类资产,现金类和同业类资产所占比例相对较低且两者较为接近,而其他类资产的比例是最低的。另外,从各银行节点情况来看,六大国有商业银行的总资产最大且持有较多的贷款类资产,另外 12 家股份制商业银行中的浦发银行、兴业银行、民生银行以及招商银行的贷款类资产与剩余的商业银行相比也是较多的。需要注意的是,按照本书的资产分类,银行与资产间的网络是全连接网络。

在本书的研究中,银行 i 的投资组合中所持有的各类资产用 $B_{i,1}$,$B_{i,2}$,……,$B_{i,N}$ 来表示,其中,下标 N 为资产种类总数(在该模型中

---

① 本书所使用的 47 家我国上市银行数据来源于各家银行披露的年报中的资产负债表数据,主要收集了各银行的总资产、总负债以及详细的资产组合数据。
② 对于仅个别银行资产负债表中所罗列的特殊资产,本书按照其性质进行归类或归为其他资产,例如:商誉属于无形资产,归属在其他资产类;应收融资租赁款属于应收投资款,归属在金融投资类。

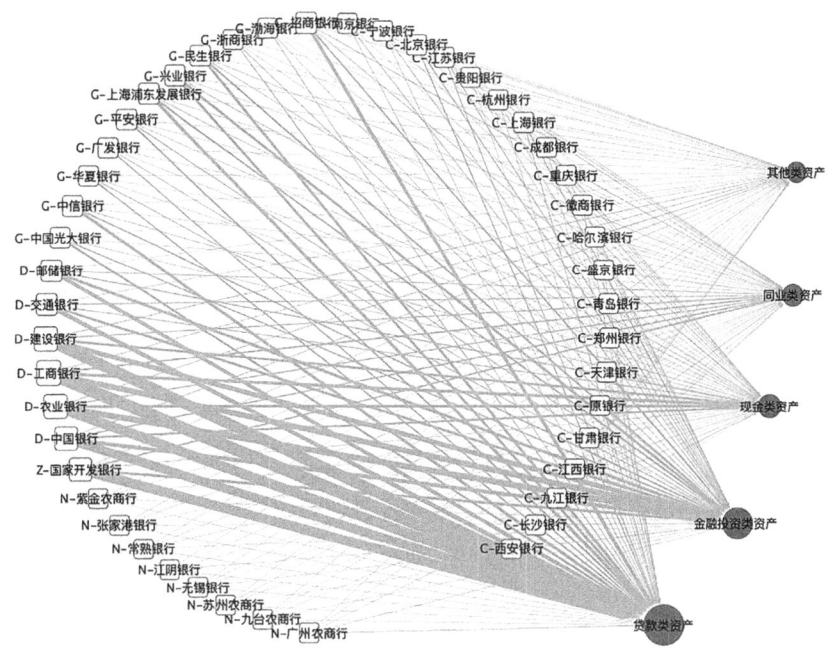

图 6-2 我国银行—资产间的双边网络图

$N=5$),银行 i 的总资产即为 $B_i=\sum B_{i,m}$;银行 i 的总负债用 L_i 表示。某类资产 m 的总市值定义为 $A_m=\sum_i B_{i,m}$,因此,银行 i 投资资产 m 所占的市场份额为 $S_{i,m}=B_{i,m}/A_m$;另外,资产 m 在整个市场中的相对规模 β 定义为 $\beta_m=A_m/\sum_n A_n$。对于银行 i,其投资资产 m 占银行 i 总资产的比重为 $\eta_{i,m}=B_{i,m}/B_i$。根据上述的我国银行系统的实际数据,得到银行初始的总资产、总负债、银行的各类资产总值以及银行与资产之间的投资矩阵。用 $B_{i,m,\tau}$ 表示银行 i 在模型中 τ 次演化后资产 m 的值,其初始值即为 $B_{i,m,0}$,那么银行 i 在模型中 τ 次演化后的总资产可表示为 $B_{i,\tau}=\sum_m B_{i,m,\tau}$。同理,模型演化 τ 次后资产 m 的总值表示为 $A_{m,\tau}=\sum_i B_{i,m,\tau}$。银行 i 的总负债 L_i 在模型的演化中则设定为固定不变的。

然后,向模型中引入外部冲击 $p(p \in [0,1])$,使某种资产类贬值,并且引入非流动性参数 $\alpha(\alpha \in [0,1])$ 来衡量银行破产所导致的银行降价出售后资产的贬值程度。p 为外生参数,α 是内生性参数。模型的第一步是先选定资产类 m' 经历外部冲击,受冲击后的资产 m' 的总值更新为:

$$A_{m', \tau=1} = p A_{m', \tau=0} \tag{6-1}$$

当设定 $p = 0.7$ 时,受冲击资产 m' 的贬值率为 30%;而当 $p = 0.3$ 时,受冲击资产贬值率为 70%。因此,p 值越大表明外部冲击越小。需要注意的是,本阶段除了被冲击的资产类 m',其他资产类都是保持不变的。然后,任何一家银行只要持有被冲击的资产类 m',其持有的资产类 m' 也将受到同比例的贬值,如公式(6-2)所示:

$$B_{i, m', 1} = p B_{i, m', 0} = B_{i, m', 0} \frac{A_{m', 1}}{A_{m', 0}} \tag{6-2}$$

遭受冲击后,重新计算各银行的总资产,并将银行更新后的总资产与其总负债大小进行比较,若所有银行都满足 $B_{i,1} > L_i$,则意为银行的净权益都大于 0,所有银行都存活,冲击的影响终止;若存在银行 $B_{i,1} \leqslant L_i$,则表明银行 i 在冲击下倒闭,冲击的影响将继续。倒闭银行将会对资产进行清算,降价出售。在银行—资产双边网络中,与倒闭银行有联系的所有资产类都会遭受一定的贬值,其资产类值按照公式(6-3)进行更新:

$$A_{m, \tau+1} = A_{m, \tau} - \alpha B_{i, m, \tau}, \quad \forall m, i \mid B_{i,1} \leqslant L_i \tag{6-3}$$

参数 α 衡量了某类资产所对应的降价出售效应。若 $\alpha = 0$ 则意为倒闭银行所持有的资产类总值不受倒闭银行资产降价出售的影响,因此不会再引发进一步的级联倒闭;而若 $\alpha = 1$ 则意为倒闭银行所持有的资产类总值遭受贬值,将损失掉倒闭银行所持有的所有资产类总值,此种情况下的银行降价出售效应最大化,这将可能引发新的银行倒

闭,使冲击的影响继续传播。同时,资产类的贬值会引发每个银行节点所持有的同类资产相应的贬值,如公式(6-4)所示:

$$B_{i,m,\tau} = B_{i,m,0} \frac{A_{m,\tau}}{A_{m,0}} \tag{6-4}$$

上述公式(6-4)中银行资产的降低可能会引发更多银行的倒闭,银行的倒闭清算会使资产类再次贬值引发新一轮的破产等,冲击的影响也将继续直至系统中不会再有新的银行倒闭。

6.1.2 投资策略模型

为了进一步探讨银行不同的投资组合对其存活率的影响,从资产视角构建银行的投资策略模型,如图 6-3 所示。根据 6.1.1 节我国的银行系统实际的资产配置情况,我国的银行市场的资产大体可分为两类,一类以现金为代表的低风险低收益资产,一类以贷款为代表的高风险高收益资产。因此在投资策略模型中将资产类划分为两种类型:A_1 和 A_2(图 6-3 中的矩形),并赋予两种类型的资产不同的属性:A_1 类资产具有相对较低的收益率 S_1,相应的具有较低的风险损失率 R_1;A_2 类资产具有相对较高的收益率 S_2 同时具有较高的风险损失率 R_2。同时,设定该模型中共有 100 家银行(图 6-3 中的圆形),分别持有不同比例的两类资产,如图 6-3(a)中框线内部分所示。

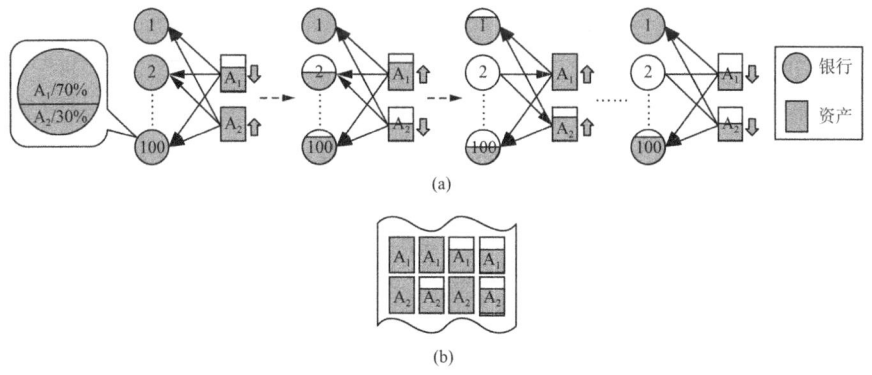

图 6-3 投资策略模型图

考虑到现实中银行的投资组合中各资产的价值可能会因市场环境等因素的影响而同时遭受一定的外部冲击,而非像 6.1.1 节模型中那样,仅有随机指定的某类资产遭受冲击,本节在投资策略模型中采用系统性的冲击方式,在每个时间步,两种资产类都同时受到冲击。如图 6-3(a)所示,在 t_1 时间步 A_1 类资产遭受负向冲击,其资产总值贬值,A_2 类资产遭受正向冲击,其资产总值增值;在 t_2 时间步,A_1 类资产遭受正向冲击,其资产总值增值回升,A_2 类资产遭受负向冲击,其资产总值贬值;同样的,在 $t_3 \sim t_n$ 时间步,两类资产均在同一时间步遭受冲击,资产总值不断变化。设定 A_1 类资产在每个时间步盈利的概率为 p_1,则其不盈利即亏损的概率为 $1-p_1$;同理,设定 A_2 类资产在每个时间步盈利的概率为 p_2 而发生亏损的概率为 $1-p_2$。将某种外部冲击定义为"事件",则这两种资产类在每个时间步共有四种冲击事件,如图 6-3(b)所示,矩形框充满表示盈利,未充满表示亏损。各冲击事件发生概率如表 6-1 所示:

表 6-1 四种冲击事件的发生概率

事件	概率
A_1 盈利且 A_2 盈利	$p_1 p_2$
A_1 盈利且 A_2 亏损	$p_1(1-p_2)$
A_1 亏损且 A_2 盈利	$(1-p_1)p_2$
A_1 亏损且 A_2 亏损	$(1-p_1)(1-p_2)$

根据上述事件的发生概率,在时间步 t 时系统生成一个随机冲击事件,受冲击后资产类 m 的总价值 A_m 和银行 i 所持有的资产类 m 的价值 $B_{i,m}$ 按照如下公式进行更新:

当资产盈利时:

$$\begin{cases} A_{m,t+1} = (1+S_m)A_{m,t} \\ B_{i,m,t+1} = (1+S_m)B_{i,m,t} \end{cases} \quad (6-5)$$

当资产亏损时：

$$\begin{cases} A_{m,t+1} = (1-R_m)A_{m,t} \\ B_{i,m,t+1} = (1-R_m)B_{i,m,t} \end{cases} \quad (6\text{-}6)$$

将各银行更新后的总资产与其总负债进行比较，若有银行资不抵债，将会降价出售其资产组合，进而引发进一步的风险。

同时在倒闭银行破产清算时引入市场影响函数来更准确地衡量资产的降价出售效应，如公式(6-7)所示：

$$f(x_m) = \ell^{-\partial x_m} \quad (6\text{-}7)$$

其中，x_m 表示倒闭银行将出售的 m 类资产占 m 类资产总和的比值，∂ 表示资产价格敏感性，即资产 m 由于降价出售而产生价值波动的程度。本书参考 Caccioli 等（2014）的研究，设置 $\partial = 1.0536$。此时若 $x_m = 10\%$，则 m 类资产总值贬值 10%。基于此，当有银行倒闭清算时 m 类资产的价值在第 τ 次降价出售后按照公式(6-8)变动：

$$A_{m,\tau+1} = A_{m,\tau} * f(x_{m,\tau}) \quad (6\text{-}8)$$

我们通过定义银行的期望收益 E_i 来衡量银行在保证自身存活的前提下的收益能力，如公式(6-9)所示：

$$E_i = P_i * \overline{\mathrm{Prof}_i} \quad (6\text{-}9)$$

公式(6-9)中，P_i 为银行 i 在 λ 次仿真中的存活概率，$\overline{\mathrm{Prof}_i}$ 为银行 i 在 λ 次仿真中的平均收益，其中银行 i 的收益 Prof_i 为其每次仿真结束后的银行资产总值与初始值的差值。

设定银行初始的资产负债比为 χ，则 $B_{i,t=0} = \chi L_{i,t=0}$，给定 $L_{i,t=0} = 1000$。当银行系统中为同质银行时，根据本书选取的47家上市银行在2018年年末的资产负债比的均值来设置本模型中的资产负债比，使 $\chi = 1.08$；当银行系统中为异质银行时，设定银行的资产负债比 $\chi \in [1,2]$。根据中国人民银行2015年10月29日公布的银行基准利率,一年期现金存款年利率为 1.5%,而同期的一年期银行贷款年利率为 4.35%,两者比值约为 3。同时为了方便研究,假定本模型中资产的收益率 S 和风险损失率 R 相当,设置低收益低风险类资产的收益率和风险损失率为:$S_1=R_1=0.15$;同理,设置高收益高风险类资产的收益率和风险损失率为:$S_2=R_2=0.435$。另外,根据中国人民银行公布的《中国金融稳定报告(2018)》,银行的不良贷款率情况为 1.85%,为了方便研究,这里设定高风险类资产 A_2 发生风险的概率为 0.3,因此其盈利的概率 $p_2=0.7$;相应的低风险类资产 A_1 发生风险的概率为 0.1,其盈利的概率 $p_1=0.9$。考虑到模型中随机性的影响,本书设置仿真次数 $\lambda=10\,000$,通过研究银行不同的投资组合比例,来探讨其最优的投资组合策略。

6.2 我国的银行系统性风险及投资策略分析

6.2.1 外部冲击力度以及降价出售效应的影响

本节仿真实验中,通过调整 p 和 α 的值来形成不同的外部冲击力度及降价出售效应,对每类资产进行冲击,来研究不同冲击下银行系统的存活率情况,不同的 p 及 α 影响下银行系统的存活率如图 6-4 所示。

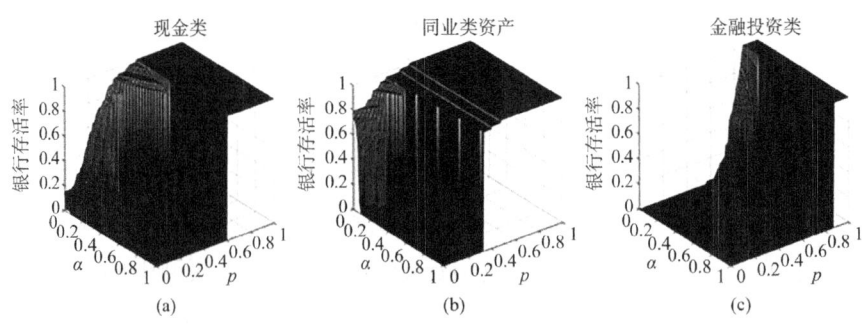

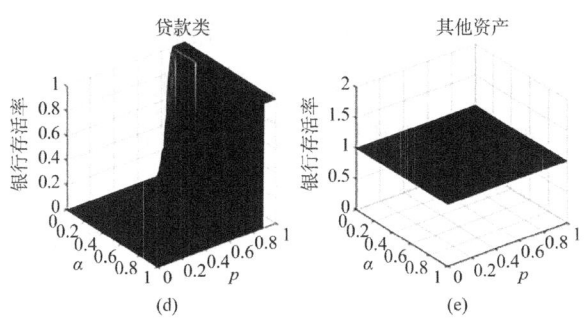

图 6-4 不同的 p 及 α 影响下的银行系统的存活率

由图 6-4(a)可知当冲击现金类资产时,在 α 一定的情况下,随着 p 的增大,银行系统的存活率逐渐增大,且当 $p>0.6$ 时,整个银行系统的存活率都为 1,无任何银行倒闭;在 p 一定($p\leqslant0.6$)的情况下,随着 α 的增大,银行系统的存活率逐渐减小,且当 $\alpha>0.36$ 时,在任意的 p 值下整个银行系统的存活率都为 0,所有银行都会倒闭,整个银行系统崩溃。因此,总体上来讲,当 p 较大($p>0.6$)时外部冲击过小无银行倒闭,因而 α 的作用无法体现;当 α 较大($\alpha>0.36$)时降价出售效应较强,外部冲击的变化无法体现。在 $p\leqslant0.6$ 且 $\alpha\leqslant0.36$ 时,当 p 一定时,α 越大系统存活率越低;当 α 一定时,p 越小系统存活率越低;表明在此区间内,外部冲击和降价出售效应叠加,外部冲击越大,降价出售效应越强,系统越不稳定。

当冲击同业类资产时,如图 6-4(b)所示,p 与 α 对银行系统的影响与上述冲击现金类资产时相似,不同的是,当 $p>0.48$ 时整个银行系统的存活率都为 1,系统中无任何银行倒闭;当 $p>0.33$ 时,α 的变化对银行系统存活率无任何影响;在 $p\leqslant0.29$ 且 $\alpha\leqslant0.19$ 时,外部冲击和降价出售效应叠加较为显著。

当冲击金融投资类资产时,如图 6-4(c)所示,可发现此时与冲击前两类资产时的情况明显不同,在 $p\leqslant0.56$ 或 $p\leqslant0.88$ 且 $\alpha>0.17$ 时整个银行系统的存活率都为 0,系统中无任何银行存活,这表明此时外部冲击较大或降价出售效应较强,银行系统较为脆弱;而当 $p \geqslant 0.88$ 时整个银行系统的存活率都为1,系统中所有银行都存活,这表明当外部冲击较小时,银行系统达到稳定;在 $0.56 < p < 0.88$ 且 $\alpha \leqslant 0.17$ 时,外部冲击和降价出售效应叠加。

当冲击贷款类资产时,如图 6-4(d)所示,银行系统的存活情况与上述冲击金融资产类时基本一致,只是各种情况下边界值不同,在 $p \leqslant 0.76$ 或 $p \leqslant 0.9$ 且 $\alpha > 0.25$ 时,整个银行系统的存活率都为0,系统中无任何银行存活,这表明此时外部冲击较大或降价出售效应较强,银行系统较为脆弱;而当 $p \geqslant 0.9$ 时整个银行系统的存活率都为1,系统中所有银行都存活,这表明外部冲击较小时,系统达到稳定;在 $0.76 < p < 0.9$ 且 $\alpha \leqslant 0.25$ 时,外部冲击和降价出售效应叠加。

当冲击其他类资产时,如图 6-4(e)所示,则发现无论 p 或 α 如何变化,系统中都无任何银行倒闭。

从上述分析可知,整体上来说外部冲击越大、降价出售效应越强,系统越不稳定;同时当外部冲击过大或过小时,降价出售效应均不体现其作用。此外,外部冲击与降价出售效应在一定区间范围内会产生叠加效应,使银行系统性风险急剧增加。不同类型的资产对外部冲击的敏感程度不同,贷款类资产对外部冲击最敏感,同业类资产最不敏感,各类资产的外部冲击和降价出售效应作用区间也不相同。结合图 6-5 可知,占比越高的资产类对外部冲击越敏感,在遭受同样力度的外

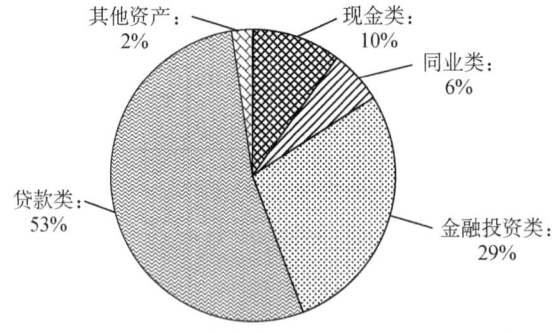

图 6-5　各类资产占总资产的比例

部冲击时其对整个系统稳定性的影响越大。

6.2.2 银行投资组合的影响

6.2.1节的研究发现,各类资产的数量对银行系统的稳定性有一定的影响,为了探讨各银行所持有的各类资产占银行总资产的比例 η 对各银行稳定性的影响,本节以 η 参数为切入点,展开如下研究。根据6.2.1节的实验数据,本节选取银行系统相对稳定的情况下对应的冲击强度来分别研究各类资产遭受冲击时各银行的存活情况,结果如图6-6所示。

根据图6-6,我们发现每种资产受到冲击时幸存的银行投资相应资产的情况都具有较强的相似性(从图6-6中可以看到,代表幸存银行的节点具有一定的聚集性)。当冲击现金类资产时[见图6-6(a)],我们发现幸存银行的现金占比聚集在0.08~0.1,例如,国有大型银行交通银行,股份制商业银行光大银行及中信银行,城市商业银行郑州银行、青岛银行及中原银行等,农村商业银行江阴银行、常熟银行及张家港银行;当冲击同业类资产时[见图6-6(b)],幸存银行的同业资产占比聚集在0.01和0.04,例如,国有大型银行农业银行和建设银行,股份制商业银行光大银行、中信银行及浦发银行,城市商业银行宁波银行、贵阳银行、青岛银行及郑州银行等,农村商业银行江阴银行、常熟银行及张家港银行;当冲击金融投资类资产时[见图6-6(c)],幸存银行的金融投资类资产占比聚集在0.3~0.34,例如,国有大型银行农业银行和交通银行,股份制商业银行光大银行、华夏银行、民生银行及浦发银行,城市商业银行重庆银行、甘肃银行及西安银行等,农村商业银行无锡银行、江阴银行、常熟银行及张家港银行;当冲击贷款类资产时[见图6-6(d)],幸存银行的贷款类资产占比聚集在0.35和0.4,例如,城市商业银行南京银行、宁波银行、贵阳银行、中原银行、青岛银行、杭州银行及成都银行等。以上现象表明,在资产遭受冲击时,银行的幸存情况和银行投资相应资产的占比存在一定的联系。

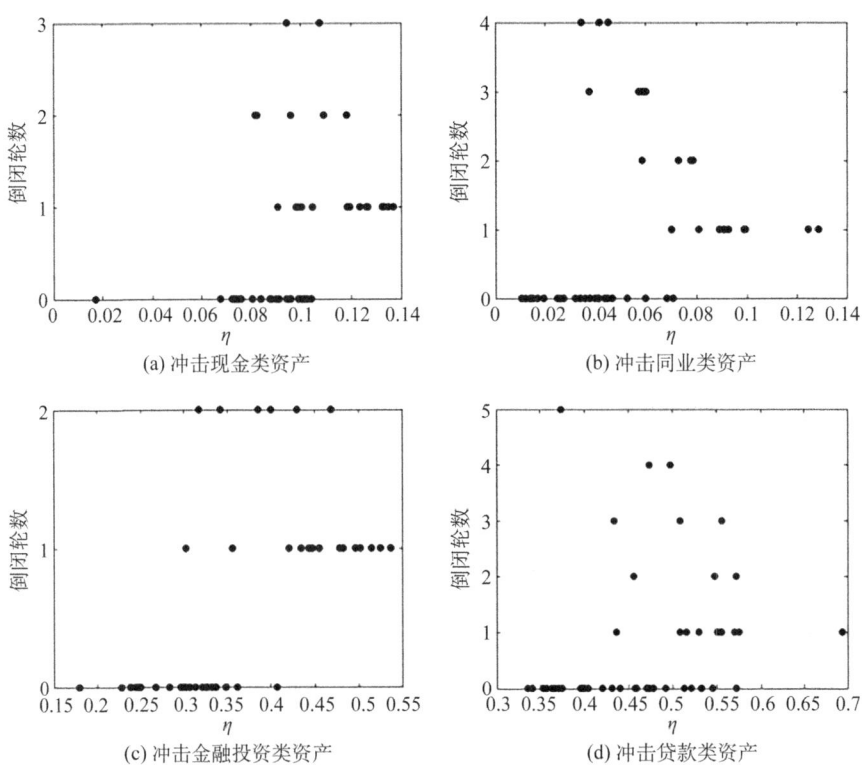

图 6-6 不同 η 值下各银行的倒闭轮数

(注:倒闭轮数为 0 表示银行幸存,即银行未倒闭)

同时我们还发现,中原银行、江阴银行、常熟银行及张家港银行这四家银行在每类资产遭受冲击时都未发生倒闭,表明了这四家银行较强的稳健性,因此我们对这四家银行的资产组合进行了分析,如表 6-2 所示。

表 6-2 典型银行各类资产占其总资产的比例

银行名称	现金类资产占比	同业类资产占比	金融投资类资产占比	贷款类资产占比	其他资产占比
中原银行	10.40%	6.80%	40.72%	39.73%	2.33%
江阴银行	10.13%	1.20%	33.61%	52.08%	2.98%
常熟银行	10.05%	1.47%	32.59%	53.22%	2.67%
张家港银行	9.90%	1.04%	34.81%	51.28%	2.97%

6 基于银行—资产双边网络模型的系统性风险研究

从表 6-2 中我们发现这四家典型银行的资产组合情况具有一定的相似性,尤其是江阴银行、常熟银行以及张家港银行,这三家银行高度一致。因此我们认为对于银行系统存在着最优的资产组合,使得银行具有较高的抗风险能力及较强的稳健性。在本节实证研究中最优的资产组合为:现金类资产占比 10.12%,同业类资产占比 2.63%,金融投资类资产占比 35.43%,贷款类资产占比 49.08%,其他资产占比 2.74%。此外,本节的研究也发现在冲击每类资产时,均存在投资占比相似但是存活情况差别较大的情形,经研究发现这与各银行的资产负债比存在一定联系,资产负债比越大,银行抵御风险能力越强。

6.2.3 最优投资策略

在 6.1.2 节中,本书构建了高收益高风险类资产以及低收益低风险类资产的银行投资策略模型,结合上述 6.2.2 节的结果,本节基于银行投资组合选择的视角来探讨银行最优投资策略。首先,基于同质的银行系统,我们研究了银行不同的资产配比对应的期望收益以及银行存活率情况,这里以低收益低风险类资产的占比视角展开研究,得到实验结果如图 6-7 所示。我们发现在低收益低风险类资产占比 0.3 左右存在着一个"拐点",在拐点之前,随着低收益低风险类资产占比的增加,银行的期望收益是波动的,且整体上呈增加的趋势,但银行系统整体存活率较低;一旦低收益低风险类资产占比超过"拐点"值,随着低收益低风险类资产占比的增加,银行的期望收益明显是不断降低的,相应的,银行系统的存活率不断提升并迅速达到稳定。

当投资低风险低收益类资产相对较少时,对应的银行所投资的高收益高风险类资产较多,使得银行系统的期望收益整体处于较高的水平,同时银行系统面临较大的风险使其稳定性较差;随着银行所投资的低风险低收益类资产比例的增加,银行系统的稳定性逐步增强,这虽然降低了高收益资产的占比,但是期望收益整体仍然呈增长趋势。当银行所投资的低风险低收益类资产比例持续增加至一定程度时(在

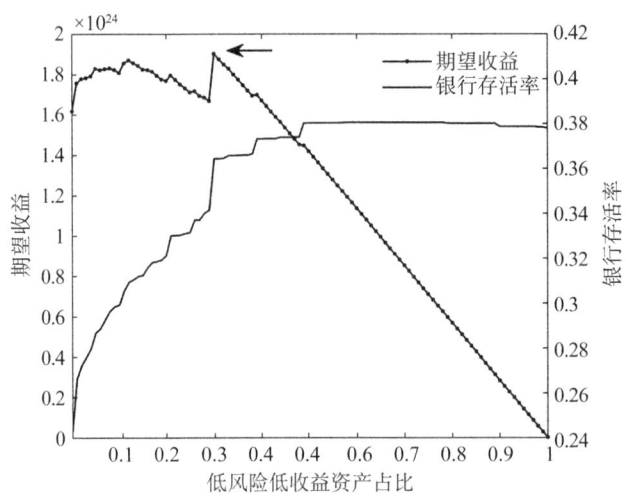

图 6-7 不同低风险低收益资产占比下的期望收益及银行存活率

本次实验中为 0.3),由于银行系统过多地考虑了系统的稳定性,此时的投资策略较为保守(追求低风险),使得系统的期望收益不断下降。因此,在银行系统中确实存在着使得银行在合理考虑系统风险的情况下获取最大收益的最优资产配比。在此次实验中,银行的最优投资比例组合为:低风险低收益类资产比例 0.3,对应的高风险高收益类资产比例为 0.7。

在上述研究的基础上,本次实验结合实际情况,考虑到现实生活中银行系统为异质的,通过调整银行不同的资产负债比 χ,来进一步探讨银行系统中各银行的资产配比对其期望收益的影响,其实验结果如图 6-8 所示。在不同的资产负债比情况下,银行系统均呈现出与上节相似的情况,即随着低收益低风险类资产占比的增加,银行系统的期望收益整体上呈"先增加后下降"的趋势。同时,实验结果显示,随着银行资产负债比 χ 的增大,其期望收益最大时所持有的低收益低风险类资产的比例在不断减小,即在综合考虑风险的情况下,随着资产负债比 χ 的增大,银行所能持有的高风险高收益类资产占比越来越大。这表明,资产负债比越大的银行其风险承受能力越强,从而可以选择更激进的投资策略来追求高收益。

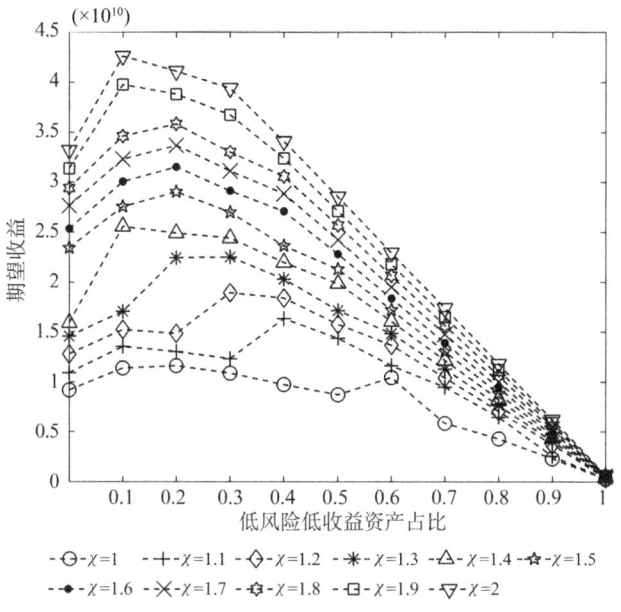

图 6-8 不同的资产负债比 χ 下期望收益情况

6.3 本章小结

针对"银行—资产—银行"间接传播渠道下银行系统性风险的相关研究较为匮乏,且缺少该渠道下对我国银行系统性风险的实证研究。本章使用复杂网络理论基于银行—资产双边网络模型展开相关研究。另外,在此基础上,从资产类视角进一步探讨了银行最优的投资策略。研究发现:

在我国的银行—资产双边网络系统中,整体上来说外部冲击越大、降价出售效应越强,则银行系统性风险越高;同时当外部冲击过大或过小时,降价出售效应均不体现其作用;此外,外部冲击与降价出售效应在一定范围内会产生叠加效应,使银行系统性风险急剧增加。这一发现对于监管机构制定宏观审慎政策具有重要的指导意义,有助于监管机构识别和控制金融网络中的风险点,防止系统性金融风险的发生。但是不同的资产类对外部冲击的敏感程度又不同,相应的外部冲击和降价出售效应作用区间也不相同。结合各类资产占总资产类的比例可知,在遭受同样力度的外部冲击时,遭受冲击的资产占总资产的比例越高,对整个系统稳定性的影响越大。

各类资产遭受冲击时,在本章选取的47家我国上市银行中,中原银行、江阴银行、常熟银行及张家港银行这四家银行都未发生倒闭,表明了这四家银行具有较强的稳健性。进一步分析发现这四家银行的资产组合情况具有一定的相似性,因此本章研究认为存在着银行最优的资产组合。

以资产类视角探讨银行最优投资策略的研究发现,银行系统中确实存在着使得银行在合理考虑系统风险的情况下获取最大收益的最优资产配比。这一发现为银行提供了重要的投资决策参考,有助于银行在追求收益的同时,有效控制风险,符合国家对金融系统稳定性的要求。在本书设置的同质银行系统中最优投资比例组合为:低风险低收益类资产比例0.3,对应的高风险高收益类资产比例为0.7。同时,本章还发现随着资产负债比的增大,银行所能持有的高风险高收益类资产占比越来越大。这表明,资产负债比越大的银行风险承受能力越强,从而所能选择的投资策略也就越激进。

本章进一步丰富了基于双边网络的"银行—资产—银行"间接传播渠道下的银行系统性风险的相关研究,并以资产类视角展开分析,拓宽了研究广度。本研究发现了外部冲击和降价出售效应的作用规律,为银行—资产双边网络下银行系统性风险的相关研究拓展了思路,奠定了一定的研究基础。研究也表明了银行的投资组合情况对银行系统性风险具有显著影响,有助于银行投资决策,也为相关监管部门的风险监控提供了一定的参考。

7 经济波动下银企多层金融网络系统性风险研究

金融系统中的风险会通过银行、企业、非银行金融机构等不同实体间的复杂联系进一步传播与扩散,极易引发系统性风险。银行处于金融系统的核心地位,已有对银行系统性风险的研究大都关注银行间拆借市场,考虑银行间拆借联系、拆借网络等产生的影响;对于银行与企业间信贷联系下的系统性风险相关研究关注则比较少(Badarau 和 Lapteacru,2020),且发现已有研究还未考虑宏观经济波动对企业经营所产生的影响以及在多层金融网络中所引发的风险。企业部门的健康状况直接关系到金融系统的稳定性,企业自身的发展对国民经济及银行运行状态具有显著影响。党的十九大报告和党的二十大报告均强调了金融要服务实体经济,同时也指出了金融监管的重要性。考虑到企业是银行的主要贷款对象,企业自身的发展对国民经济及银行运行状态具有显著影响,因而,本章基于银行间拆借联系及银企间借贷联系,考虑三种不同的宏观经济趋势对企业收益的影响,构建多层金融网络系统,仿真研究不同宏观经济情境下多层金融网络中的系统性风险。通过深入探讨宏观经济波动对银行和企业的影响,以及这些影响如何在多层金融网络中传播,本章为监管机构提供了更全面的防范系统性金融风险的视角。

7.1 银企多层金融网络系统的模型构建

本书在构建多层金融网络系统时,首先考虑了银行和企业两大主体,构建了基于银行间拆借联系的银行间网络和基于银企间借贷联系的银企网络;其次考虑宏观经济的影响,通过构建宏观经济呈上升趋势、下降趋势及随机趋势三种宏观经济冲击情境,分析宏观经济趋势对企业的经营利润的影响;最后基于银行间拆借网络和银企间信贷网络,通过模拟银行和企业的行为构建动态演化的银行间及银企间多层金融网络模型。

7.1.1 企业和银行的行为

企业通过开展生产经营活动以获得利润。企业的产量与其投入生产活动的资本成正比,参考 Grilli 等(2014),企业的产量 Y 可表示为:

$$Y_{i,t} = \phi K_{i,t} \tag{7-1}$$

其中,ϕ 表示资本生产率,K 表示企业生产中投入的资本。企业的资本来源于两部分资金,一部分是自有资金,表示为 $E_{i,t}^{firm}$;另外一部分来源于银行的贷款,表示为 $L_{i,t}^{firm}$。因此,企业的资本可表示为 $K_{i,t} = E_{i,t}^{firm} + L_{i,t}^{firm}$。

企业在经营中通过出售其产出而获得营收,企业获得的营收扣除需要支付给银行的到期本金和利息,即为企业的经营利润,则在 t 时刻企业的经营利润为:

$$\pi_{i,t}^{firm} = Ro_{i,t} Y_{i,t} - \sum (r_{i,j,t-\tau}^{firm} + 1) L_{i,j,t-\tau}^{firm} \tag{7-2}$$

公式(7-2)中,Ro 表示单位商品的利润率。企业在实际经营中,其经营活动通常会受到宏观经济的影响。参考范宏和高倩倩(2017),本书引入上升、下降和随机趋势三种宏观经济冲击情境,商品的利润率 Ro 受

宏观经济的影响在不同宏观经济情境下呈不同趋势,三种宏观经济冲击情境下 Ro 的变化如公式(7-3)所示:

$$Ro_{i,t} = \eta[\beta_1 Ro_{i,t-1} + \beta_2 \xi_{i,t} + (1-\beta_2)\zeta_t] + \beta_3 \quad (7-3)$$

其中,$\xi_{i,t}$,ζ_t 是服从正态分布的随机数,η 控制趋势的强度,β_1 控制趋势的强度(在随机趋势下 $\beta_1=0$),β_2 控制波动的大小,β_3 控制均值的大小。通过调整上述参数,控制三种情景下相同的 Ro 均值,得到三种宏观经济趋势。在宏观经济呈上升趋势时,企业利润率向上波动,整体利润率持续上升。在宏观经济下降趋势时,企业利润率向下波动,整体利润率持续下降。在宏观经济随机趋势下,企业利润率上下波动,无明显趋势。不同宏观经济冲击下企业利润率的三种不同趋势,会对企业的生产经营产生不同的影响。

此外,公式(7-2)中 r 表示企业向银行借款的利率,τ 表示企业贷款偿还周期。根据上述条件,企业的净权益更新如下:

$$E_{i,t}^{firm} = E_{i,t-1}^{firm} + \pi_{i,t}^{firm} \quad (7-4)$$

当企业的净资产 $E_{i,t}^{firm} < 0$ 时,企业破产倒闭。企业倒闭后,企业的净资产将按照其债权银行所持有的债务比例进行破产清算,其债权银行的贷款损失可表示为:

$$Loss_{j,t} = L_{i,j}^{firm} - E_{i,t-1}^{firm} \frac{L_{i,j}^{firm}}{\sum L_{i,j'}^{firm}} \quad (7-5)$$

其中,$L_{i,j}^{firm} = \sum_{t-\tau}^{t-1} L_{i,j,t'}^{firm}$。债权银行收回的剩余本金扣除损失后,将转换为其持有的现金资产,以补充其信贷供应。现金资产增量可表示如下:

$$\Delta C_{j,t}^{bank} = E_{i,t-1}^{firm} \frac{L_{i,j}^{firm}}{\sum L_{i,j'}^{firm}} \quad (7-6)$$

在该多层网络中,银行主体的资产负债情况如表 7-1 所示。

表 7-1 银行资产负债情况

资产	负债
企业贷款	净权益
同业贷款	储蓄
现金	同业借款

银行的总资产 A_j 表示为:

$$A_{j,t} = E_{j,t}^{bank} + D_{j,t} + B_{j,t}^{bank} \tag{7-7}$$

其中,公式(7-7)右端三项依次表示银行的净权益、银行储蓄与银行间同业借款。设定企业贷款 $L_j^{firm} = \sum_{i=1}^{N_f} L_{i,j}^{firm}$ 占其总资产的比例规模为 θ,则 $L_{j,0}^{firm} = \theta A_{j,0}$。同理,银行的同业贷款可表示为 $L_{j,0}^{bank} = (1-\theta)A_{j,0}$。

按照《巴塞尔协议Ⅲ》的监管要求,为了避免银行过度放贷,设置资本充足率 ω 来限制银行的信贷供应量,银行的信贷供应可表示为:

$$S_{j,t} = \max\{\min[\min(E_{j,t}^{bank}/\omega, \theta A_{j,t}) - L_{j,t}^{firm} - L_{j,t}^{bank}, C_{j,t}^{bank}], 0\} \tag{7-8}$$

银行的收益来源于利息差收入,具体表示为:

$$\pi_{j,t}^{bank} = \sum (r_{i,j,t-\tau}^{firm} + 1)L_{i,j,t-\tau}^{firm} + \sum (r_{k,j,t-\tau}^{bank} + 1)L_{k,j,t-\tau}^{bank}$$
$$- \sum (r_{j,k',t-\tau}^{bank} + 1)B_{j,k',t-\tau}^{bank} - \bar{r}_{j,t-\tau}D_{j,t-\tau} \tag{7-9}$$

公式(7-9)右端的第一部分为银行在企业贷款市场的利息收入;第二部分为银行在同业拆借市场的利息收入(该部分收入可能为正也可能为负,取决于银行在银行间市场是处于贷方还是借方);第三部分为银行的储蓄利息支出,储蓄利率为银行当期的平均利率。则银行的净权益更新为:

$$E_{j,t}^{bank} = E_{j,t-1}^{bank} + \pi_{j,t}^{bank} - Loss_{j,t} \qquad (7-10)$$

其中,$Loss_{j,t}$为银行的贷款损失(企业或银行倒闭所带来的贷款损失)。若银行的净权益$E_{j,t}^{bank}<0$,则银行破产倒闭。与企业破产清算类似,银行的净权益将按照各债权银行所持有的债务比例进行破产清算。

7.1.2 银企信贷网络和银行间拆借网络

企业与银行间的信贷关系表现为一个二元网络,根据 De Masi 和 Gallegati(2012)对意大利银行—企业信贷网络的研究,银行—企业信贷网络中银行的度远大于企业,小型银行的借款人往往也只有较少的债权人,且银行间存在大型枢纽,拥有大量的借款人。参考 Lux(2016)银企信贷网络模型,本书假设银企网络中各银行的资产规模服从帕累托分布,则银行的总资产 A 的分布可表示为:

$$f(A) \sim \frac{\alpha L^{\alpha} A^{-\alpha-1}}{1-\left(\dfrac{L}{H}\right)^{\alpha}} \qquad (7-11)$$

其中,L 和 H 分别代表银企网络中各银行的最小总资产和最大总资产,α 为帕累托参数。本书的银企网络中设定各企业的贷款规模也服从相同的帕累托分布。根据前文中企业贷款占银行总资产的比例为 θ,对于银行数量为 N_b,企业数量为 N_f 的银企网络系统,则有:

$$\overline{L^{firm}} = \theta \overline{A} \frac{N_b}{N_f} \qquad (7-12)$$

其中,$\overline{L^{firm}}$ 表示企业的平均贷款规模,$\overline{A}$ 表示银行的平均总资产。同时,银企网络中各企业的最小借款 l 和最大借款 h 也可以分别表示为:$l = \theta L \dfrac{N_b}{N_f}$,$h = \theta H \dfrac{N_b}{N_f}$。若银企网络中各银行的平均连接度为 λ_b,企业的平均连接度(债权人数量)为 λ_f,则有 $\lambda_f = \lambda_b \dfrac{N_b}{N_f}$。银企信贷网络中各企业和银行的连接度可以分别表示为:

$$\begin{cases} \lambda_i = \lambda_f \dfrac{L_i^{firm}}{L^{firm}} \\ \lambda_j = \lambda_b \dfrac{A_j}{\overline{A}} \end{cases} \quad (7-13)$$

按照各企业和银行连接度的大小,依次从银行和企业中选取相应的节点使其建立银企间的信贷联系(优先选取连接度较大的银行或企业),并减少相应银行或企业的可用连接数,直至所有节点都建立链接。生成银企间借贷联系之后,将银行的企业贷款总额按照各企业的贷款规模比例分配至所有企业,最终完成银行—企业信贷网络的建立。

银行间同业拆借作为银行系统性风险的直接传播渠道已被广泛研究,本书采用 Montagna 等(2013)及 Lux(2016)中的银行间同业拆借模型,银行间拆借联系使用一个与银行资产规模相关的概率函数来产生,j 银行与 k 银行间存在拆借关系的概率为:

$$p_{kj}^{bank} = P(A_k, A_j) = d \left(\dfrac{A_j}{A_{\max}} \right)^{\alpha_1} \left(\dfrac{A_k}{A_{\max}} \right)^{\alpha_2} \quad (7-14)$$

其中,$A_{\max}$ 表示整个银行系统中银行资产规模最大的银行总资产,d,α_1,α_2 为其他参数。由于 j 银行的同业贷款规模 $L_{j,0}^{bank} = (1-\theta)A_{j,0}$,则其中 j 银行借出给 k 银行的同业贷款资金为:

$$L_{k,j,0} = \dfrac{L_{j,0}^{bank} p_{kj} A_j}{\sum p_{k'j} A_{k'}} \quad (7-15)$$

根据上述描述,本书的多层金融网络系统如图 7-1 所示:

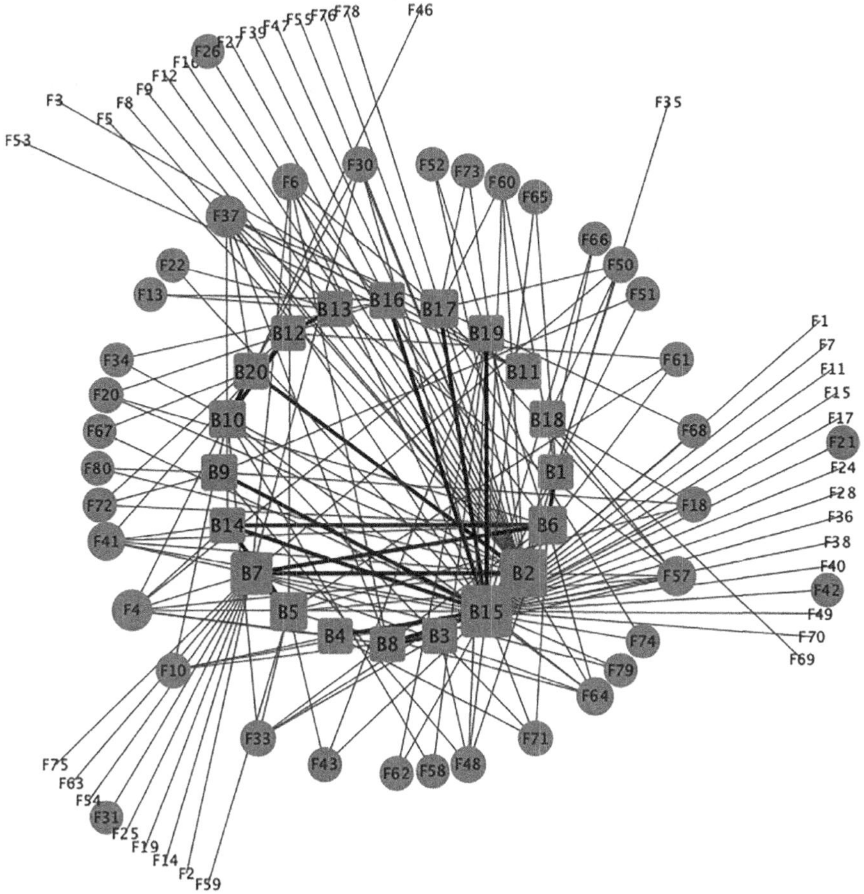

图 7-1 多层金融网络的示意图

(图中包含 20 家银行和 80 家企业,矩形节点表示系统中的银行,圆形节点表示系统中的企业,加粗线表示银行同业拆借联系,灰色线表示银企信贷联系。)

从图 7-1 中我们可以看到,在包含了银行间拆借网络和银企间信贷网络的多层金融网络中,明显存在几个聚集的企业簇与同一个银行节点存在信贷联系,因而系统中存在个别银行节点(如银行节点 B2、B15、B7 等)其具有较多的信贷联系;同时这些银行节点也具有较大的资产规模和较多的银行间联系,它们在该多层网络中处于核心地位。

7.1.3 多层金融网络系统的动态演化

在多层金融网络系统中，宏观经济的波动使企业的经营活动受到影响，企业为了维持其经营活动会向银行寻求贷款，银行根据企业的杠杆和自身的资产决定是否向企业提供贷款，从而建立起银行和企业间的信贷联系；若银行自身资产不足，则会进一步寻求同业拆借。若企业资不抵债而进行倒闭清算，则将对其债权银行造成损失，最终通过本书的多层金融网络进行风险传播而造成系统性风险，该系统的动态演化过程具体如图 7-2 所示。

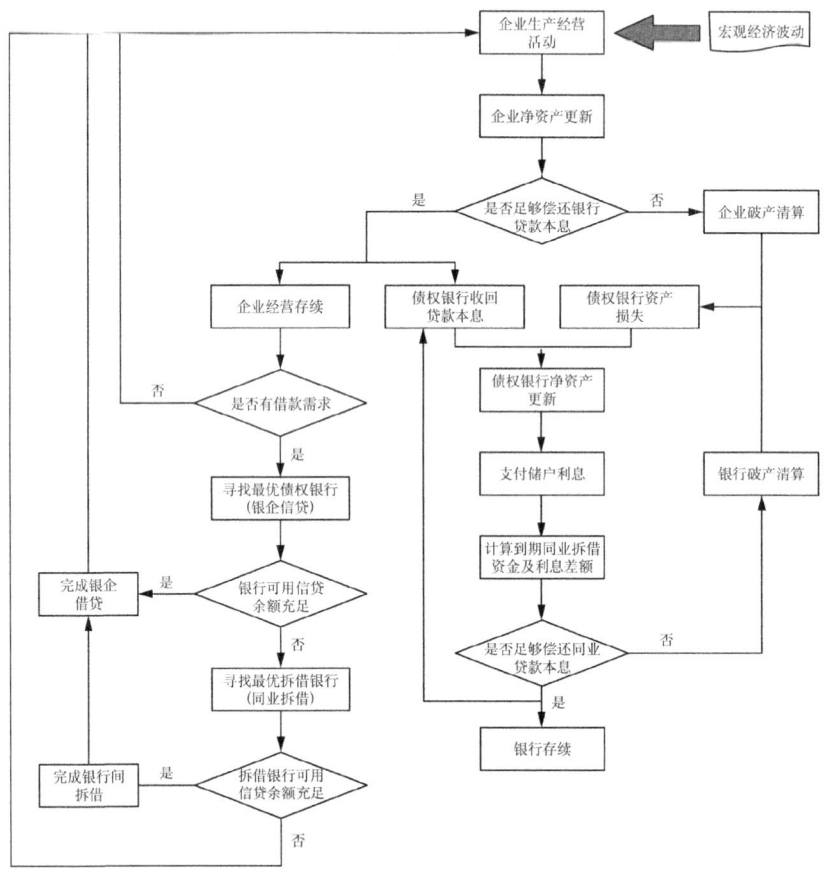

图 7-2 多层金融网络系统的动态演化过程

在多层网络系统中,受宏观经济波动和企业经营状况的影响,企业会随时调整其经营策略,动态变更其经营投入。在本书的模型中,企业的杠杆为 $l_{i,t}^{firm} = L_{i,t}^{firm}/E_{i,t}^{firm}$,则 t 时刻企业的贷款需求为:

$$L_{i,t}^{firm*} = E_{i,t}^{firm} l_{i,t-1}^{firm} - L_{i,t}^{firm} \quad (7-16)$$

在该模型中,银行根据其对企业的风险评估来确定是否向企业提供贷款支持。我们使用 $\chi \in [0,1]$ 来表示银行的风险厌恶程度,χ 越大,表明银行的风险厌恶程度越高。根据 Grilli 等(2014),银行向企业提供贷款支持的概率可以表示为:

$$p_{i,j,t}^{firm} = 1 - \chi \left(\frac{L_{i,t}^{firm}}{S_{j,t}}\right)^{\psi} \quad (7-17)$$

其中,ψ 为弹性参数。由公式(7-17)可知,企业当前债务越大,则其从银行获得贷款的概率就越小;同时,银行的信贷供应越充足,则其向企业提供贷款支持的概率就越大。

银行向企业提供贷款的利率则与银行的净权益和企业的杠杆有关,企业的杠杆越大,其贷款利率就越大;同时,银行的净权益越大则贷款利率就越低,根据 Gatti 等(2010),银企间的贷款利率用公式(7-18)表示:

$$r_{i,j,t}^{firm} = \sigma (l_{i,t}^{firm})^{\sigma} + \sigma (E_{j,t}^{bank})^{-\sigma} \quad (7-18)$$

其中,σ 为常量参数。在多层网络系统中,企业根据其所有潜在债权银行所提供的贷款利率,选择利率最低的一家银行进行贷款,若该银行信贷供应量能满足企业的贷款需求,则银企间建立新的信贷联系,银行将按照"先到先得"的顺序向企业提供贷款支持;若该银行信贷供应量不能满足企业的贷款需求,则该银行进入同业拆借市场寻求援助。银行在寻求同业援助时仍然遵从公式(7-17)与公式(7-18),选择能满足其拆借需求的银行建立新的同业间借贷联系。

多层金融网络系统的动态演化算法如下:

(1) 在各种宏观经济冲击情景下,企业进行生产经营活动,获得利润 π^{firm}。

(2) 企业偿还当前到期的本金和利息,并重新计算其净权益 E^{firm}。

(3) 如果企业的净权益 $E^{firm} > 0$,企业存续,其债权银行收回贷款本金,获得贷款利息收入;如果其净权益 $E^{firm} \leqslant 0$,则企业破产,将被清算,其债权银行遭受信用损失,收回剩余本金。

(4) 银行收回同业拆借,收取同业拆借利息收入,同时偿还同业借款,并向债权银行支付利息。

(5) 银行支付存款利息,并重新计算其净权益 E^{bank}。

(6) 如果银行的净权益 $E^{firm} > 0$,该银行存活下来,其债权银行获得利息收入;如果银行的净权益 $E^{firm} \leqslant 0$,银行将被破产清算,其债权银行遭受同业拆借损失,收回剩余本金。

(7) 幸存下来的公司根据当前宏观经济形势计算其新的信贷需求 L^{firm*},向潜在债权人银行寻求信贷支持;如果银行无法满足公司的信贷需求,则进入银行间贷款市场向其他银行寻求援助,幸存的公司在信贷活动后返回第一步。

(8) 当系统中没有幸存的银行或公司,或达到最大时间步长时,系统停止演化。

当一家公司的信贷需求没有得到满足时,它将继续根据自己的财务状况进行生产和运营,但其生产规模将会缩小,从而收入减少,这可能导致该公司在我们发展的后期阶段无法偿还现有的债务。

总的来说,本章基于复杂网络理论,将银行和企业视为不同类型的节点,通过银行间贷款联系和银行与企业之间的信用联系,建立银行间和银行—企业信用网络。基于这两个网络,本章构建了一个多层金融网络系统模型,其中外源冲击在主体之间传递,模型的动态演化加剧了传染和风险积累。

7.2 仿真计算与分析

本章基于动态演化的多层金融网络模型仿真计算不同宏观经济趋势下银行系统性风险。假设多层金融网络中银行的数量为 $N_b=50$，各银行总资产的最小值和最大值分别为 $L=5$ 和 $H=100$，设定各银行总资产服从帕累托参数 $\alpha=1.2$ 的帕累托分布。设定多层金融网络中企业的数量为 $N_f=2\,000$，企业的平均债权银行数量为 $\lambda_f=2$，企业的平均杠杆为 $l=0.5$，企业贷款占银行总资产的比例为 $\theta=0.8$，设定各企业的贷款总额也服从同样的帕累托分布。设置系统中银行的风险厌恶系数为 $\chi=0.8$，弹性常数为 $\psi=0.1$，银行资本充足率要求为 $\omega=0.07$。

该模型中的时间步长代表企业的生产和银行—企业的信用周期，在每个时间步内，企业的生产、银行—企业的信贷和银行间贷款将会发生。在本研究中，所有的银行都倒闭，或者整个系统在大约 500 步后将会稳定下来，不再发生进一步的倒闭。因此，在宏观经济冲击情景下的总时间步长为 $T=500$，为了减少实验结果的随机性，将每个场景中的运行次数设置为 20 次。

7.2.1 基准模型下的结果

本章统计分析了在多层金融网络系统动态演化过程中倒闭企业的杠杆和资产规模，得到图 7-3。研究发现，在各种宏观经济冲击情景下，整体上高杠杆(杠杆>0.3)且资产规模较小(资产规模<10)的企业倒闭风险更高。另外，在宏观经济呈上升趋势时，部分低杠杆(杠杆<0.3)的小规模企业(资产规模<5)也表现出一定的倒闭风险，并且其杠杆越低，该类企业的存活时间也越久；在宏观经济呈下降趋势时，在演化初期低杠杆的小规模企业倒闭较少，随着系统演化时间步越来越长，部分小规模企业(资产规模<5)发生倒闭(400~500 步)；在随机

趋势的宏观经济冲击下,低杠杆的小规模企业倒闭比较少,整体上最为稳定。

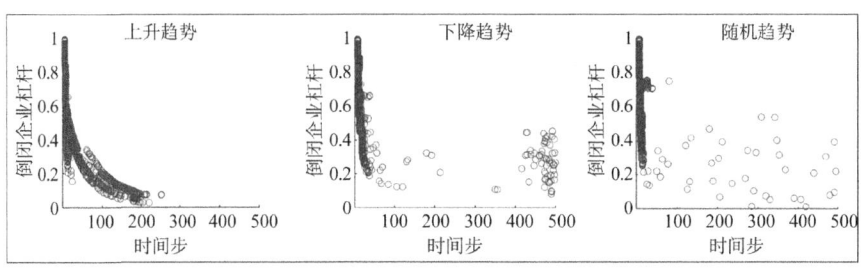

(a) 倒闭企业的杠杆及其倒闭的时间步

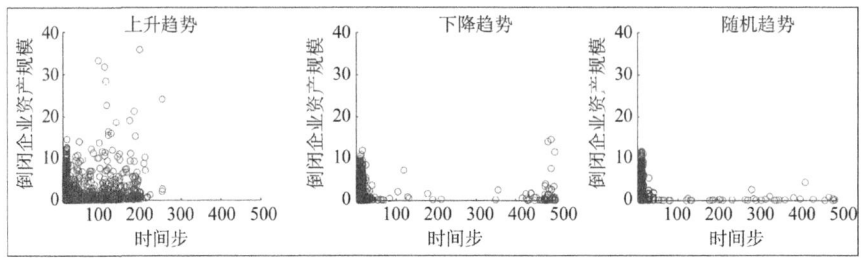

(b) 倒闭企业的资产大小及其倒闭的时间步

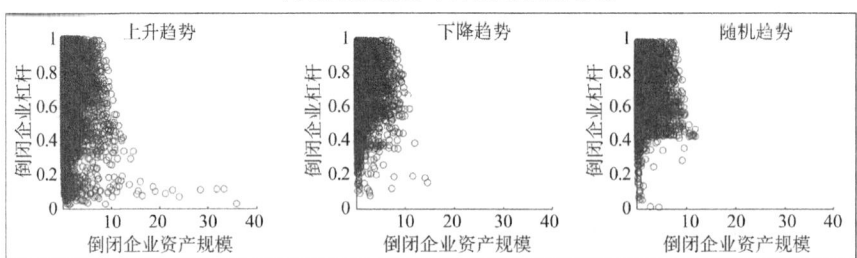

(c) 倒闭企业的资产规模及其杠杆的散点图

图 7-3 倒闭企业的杠杆和资产规模

在宏观经济冲击下,中、高杠杆企业(杠杆>0.3)面临较高的还款压力,其营业利润不足以偿还贷款本息。在多层金融体系的动态演变过程中,这些企业的净资产持续下降,其资产规模又相对较小,因此会在短时间内破产。当宏观经济趋势上升时,资产规模小(资产规模<10)和低杠杆(杠杆<0.3)的企业的净资产损失随着利润的增加而减轻;然而这种救济有限[图 7-4(a)],他们仍然会发生破产。在宏观经

济呈下降趋势的情况下,低杠杆企业在利润率相当高时积累了一定数量的净资产。但是由于对企业杠杆率的限制,资产相对较小(资产规模<5)的企业积累资产的能力有限。因此,这些企业仍然在宏观经济衰退的后期阶段陷入破产[图7-4(b)]。当宏观经济呈随机趋势时[图7-4(c)],企业的利润率是随机变化的,尽管高杠杆企业发生了倒闭,但系统整体上是稳定的。

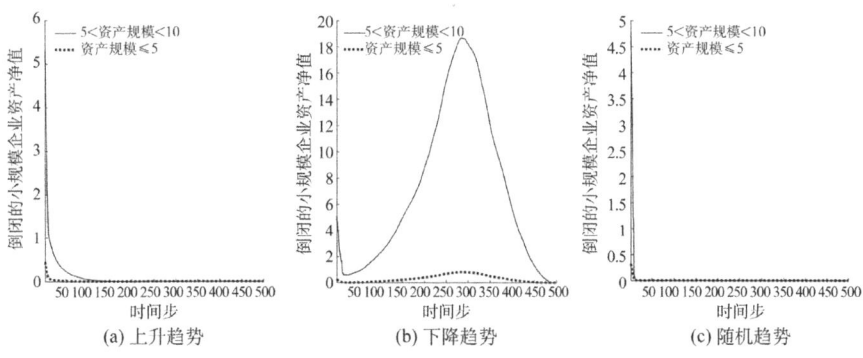

图 7-4 资产规模小、杠杆率低的倒闭企业的净资产

类似地,本书也对银行的表现进行了分析,得到图 7-5。研究表明,资产规模较大(总资产>60)且与企业有较多信贷联系(信贷联系数>300)的银行倒闭概率更低,该类银行在多层金融网络系统演化过程中表现更为稳定,并且在不同宏观经济冲击情境下均表现出较好的抗风险能力;而资产规模相对较小(总资产<60)且与其具有信贷联系的企业较少(信贷联系数<300)的银行更容易发生倒闭。在宏观经济呈上升趋势时,多层金融网络系统中的银行先大规模倒闭,后银行倒闭数量逐步减少且系统趋于稳定。在宏观经济呈下降和随机趋势时,多层金融网络系统中的倒闭银行数先持续上升,之后呈下降趋势,最终系统趋于稳定。

在本书的模型中,拥有更多企业信贷联系的银行也往往是更大的银行(公式7-13),拥有更大的信贷敞口,但也面临更多样化的信贷风

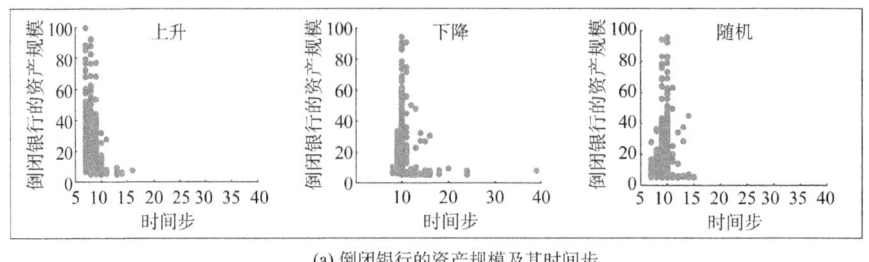

(a) 倒闭银行的资产规模及其时间步

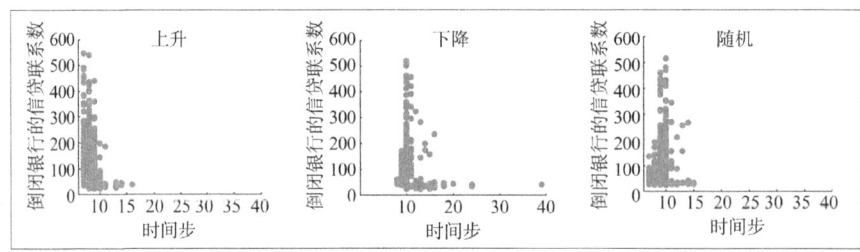

(b) 倒闭银行的信贷联系数及其时间步

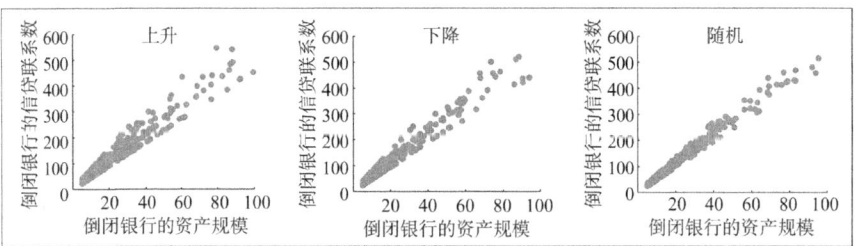

(c) 倒闭银行的资产规模与其信贷联系数的散点图

图 7-5 倒闭银行的资产规模、信贷联系数及其倒闭的时间步

险。由于其自身的资本和对宏观经济冲击的风险抵抗能力更好,当一家企业违约时,对该银行的冲击相对分散,降低了其倒闭的可能性。

图 7-6 展示了破产银行的资产规模与银行同业拆借类型之间的关系。破产的大银行是同业拆借市场上的债务人银行,在宏观经济冲击下,这部分银行既面临贷款企业的违约风险,也面临自身银行间贷款偿还的压力,因此违约风险更高。相比之下,中小型银行相对较弱,与企业之间的信贷联系较少,企业违约的影响更加集中,因此无论这些银行在银行间拆借市场上,它们是债权银行还是债务银行,都面临较

高的倒闭风险。

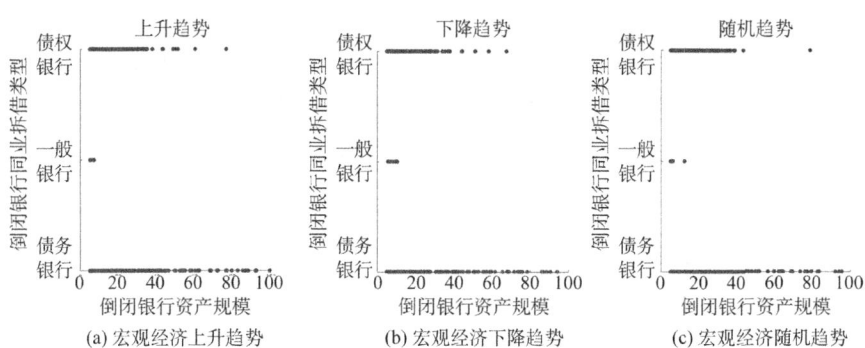

图 7-6 倒闭银行的资产规模及其同业拆借类型

基于银行违约和企业违约情况,我们研究了多层金融网络系统中系统性风险的传播情况,如图 7-7 所示。

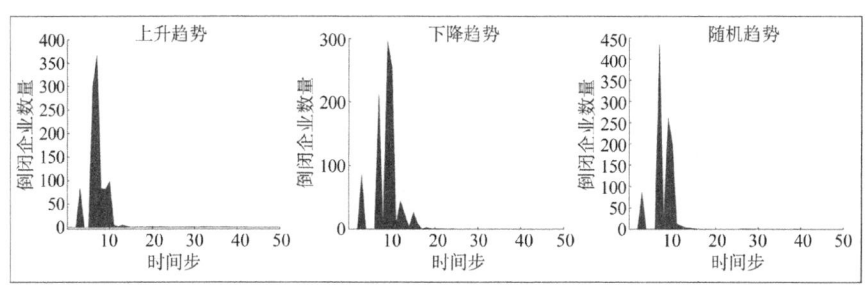

(a) 倒闭企业的数量及其时间步

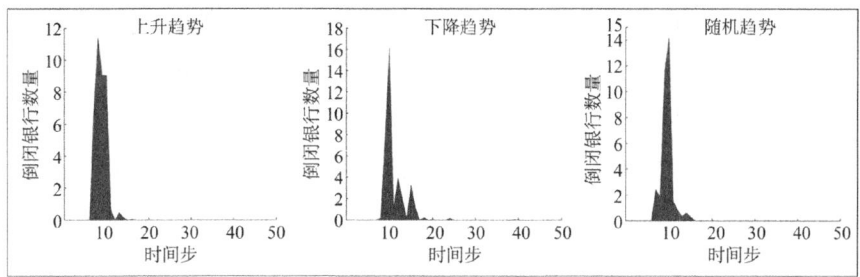

(b) 倒闭企业的数量及其时间步

图 7-7 倒闭企业和银行的数量及其倒闭的时间步

结果表明,在宏观经济上升趋势的早期阶段,大量中小型银行因大规模(超过 360 家)企业倒闭而倒闭。随着宏观经济的改善,幸存企业的损失减少,违约风险降低,对银行的影响减弱,倒闭银行的数量逐渐减少。在宏观经济呈下降趋势时,只有部分(不到 90 家)企业遭受严重的损失后在初期发生倒闭,银行系统受到的影响也比较小。随着宏观经济的持续恶化,企业继续积累亏损和倒闭的数量越来越多,而它们对银企间信贷联系较少的中小型银行的影响则在增加,导致更多的银行倒闭。随着所有有严重亏损的企业倒闭,系统逐渐稳定下来,银行的倒闭也在减少。当宏观经济趋势呈随机趋势时,企业的利润率波动很大,但随着体系逐渐稳定,倒闭银行的数量先上升后下降。

7.2.2　企业平均杠杆率、企业贷款占银行总资产的比率及贷款周期的影响

除了仿真计算基准模型的实验结果,本章还研究了不同宏观经济趋势下不同企业平均杠杆、企业贷款占银行总资产的比例及贷款周期下的系统性风险,并展开比较研究,仿真研究中设置企业平均杠杆 $l \in [0.1, 1]$,企业贷款占银行总资产的比例 $\theta \in [0.1, 0.9]$,贷款 $\tau \in [2, 30]$,结果如图 7-8、图 7-9 和图 7-10 所示。

图 7-8 表明,在三种宏观经济趋势下,随着企业杠杆的上升,银行的倒闭概率均呈现出先上升,再下降,然后又上升的现象。一般来说,更高的杠杆率意味着企业获得更多的信贷,银行获得更高的回报,面临更大风险。本章中使用的模型假设银行和企业之间的信用额度恒定,较高的杠杆率意味着企业面临较高的还款压力,以及较差的风险弹性。低杠杆企业的偿还压力低,违约概率低,其债权银行的信用收入低。随着杠杆率的增加(在第一个拐点之前,杠杆率不够大时),企业的还款压力增加,违约概率增加。考虑到银行自身的融资成本(银行间贷款和储蓄),以及银行目前的信贷收入较低,银行违约的可能性也就增加了。随着杠杆率的继续增加(超过了第一个拐点),银行对企业的信

贷利率也会上升，企业的违约概率有所增加，但仍然相对较低，因此银行的信贷收入超过了信贷损失，风险降低，从而违约概率降低。随着企业杠杆率增加更多（超过第二个拐点），其还款压力急剧上升，其违约概率显著增加。因此，银行的信贷收入无法弥补其信贷损失，银行的整体风险增加。

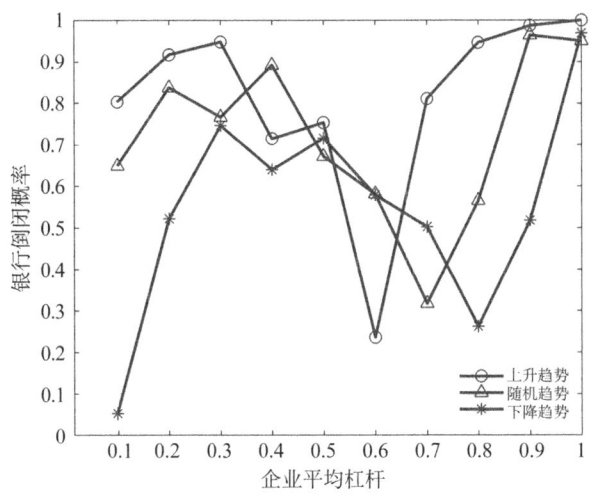

图 7-8　不同企业平均杠杆下的银行倒闭概率

另外，研究还发现三种宏观经济情境下，企业平均杠杆的拐点在上升趋势下最小，在下降趋势下最大。分析认为，在宏观经济上升趋势下，企业的利润率从一个较低的水平不断上升，因此在初期企业会出现较大规模的倒闭情况，此时，企业对于杠杆上升也更为敏感，因此，拐点也出现得较早；反之，宏观经济下降趋势时企业的利润率从一个较高的水平不断下降，因此拐点出现较晚。随机趋势下，企业的收益率是波动的，拐点出现在上升趋势和下降趋势的中间。

以上研究结果表明，银行需要针对关联企业（与其具有信贷联系的企业）的杠杆水平进行综合考量，在企业杠杆水平较低时，银行可以适当放宽贷款审批限制，增加信贷收入；在企业杠杆水平较高时，银行则要严格控制贷款审批,提高企业贷款准入限制,降低违约风险。银行需要将自己的关联企业平均杠杆控制在一个合适的水平,并根据当前宏观经济形势对银行的控制线进行及时调整。

图 7-9 表明,在宏观经济呈下降趋势时,随着企业贷款占银行总资产的比例不断上升,银行的倒闭概率也不断上升。在上升和随机趋势下,银行的倒闭概率也随着企业贷款占银行总资产比例的上升而不断上升,但是当比例大到一定的程度时,银行的倒闭概率会有小幅下降。

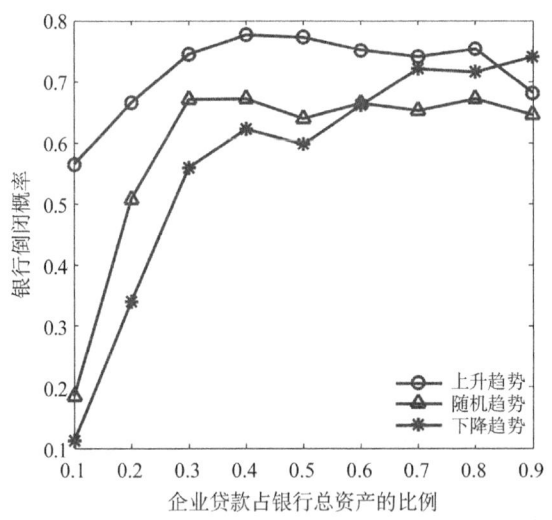

图 7-9 企业贷款占银行总资产的不同比例下的银行倒闭概率

企业贷款占银行总资产的比例越大,表明银行对银企信贷收入的依赖也越大,受宏观经济波动影响也越明显,因此随着企业贷款占银行总资产的比例上升,银行倒闭概率也呈现上升趋势。但同时,在宏观经济形势下降趋势时,企业的经营利润率越来越低,抗风险能力也越来越弱,因此较多的贷款对于企业也会形成较大的还款压力。

宏观经济呈上升趋势时,随着企业利润率的稳定提升,充足的贷款供应能够使那些存活的企业实现资本积累,违约风险不断降低,银行也可以通过银企信贷市场获取较高的收入,倒闭概率也会有所下降;宏观经济呈随机趋势时由于企业收益的不确定性,当企业贷款占银行总资产比例达到一定高度时,银行倒闭概率虽然也表现出一定的下降趋势,但是不如上升趋势表现明显。总的来说,企业贷款占银行总资产的不同比例对银企网络系统性风险的影响表明,银行需要控制银企信贷的规模,在风险和利润之间进行平衡。

图 7-10 表明,不同宏观经济情境下,延长银行贷款期限对系统性风险的影响不同。随着银行贷款期限越来越长,上升趋势下银行倒闭概率呈现先下降后上升的趋势;下降趋势下银行倒闭概率整体呈现先小幅上涨,随后逐渐降低,最后小幅上升的趋势;而随机趋势下银行倒闭概率则表现出先上升后下降再反弹的趋势。

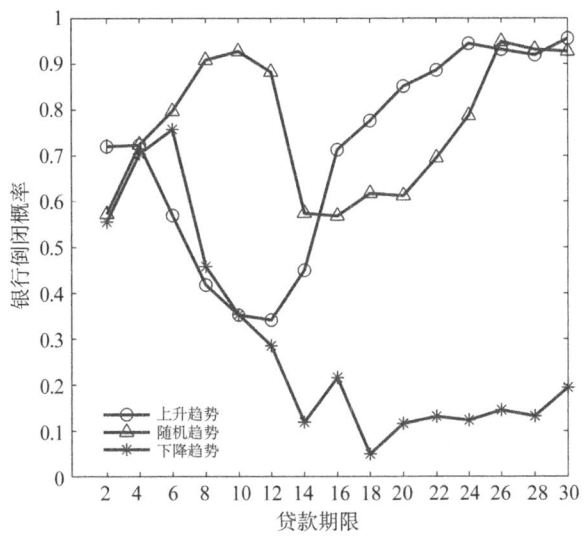

图 7-10　不同银行贷款期限下的银行倒闭概率

宏观经济呈上升趋势时,延长贷款期限有利于企业扩大生产经营,赚取更多的利润,企业违约风险降低,银行的倒闭概率也随之降低,但是过长的贷款期限(大于 12 期)也会导致银行本身的资金压力(本模型中主要来自储户利息支出)过大,导致银行倒闭概率反而上升。宏观经济呈下降趋势时经济下行,较低程度地扩大银行贷款期限(小于

6期),对于缓解企业还款压力的作用有限,同时也不利于企业及时降低生产投入,减少亏损,避免发生违约行为,因此银行的倒闭概率有所上升;但是若能较大程度地延长贷款期限(6~18期),则能够使企业既保持持续性的生产经营活动,又不至于因还款压力过大而发生违约,银行的倒闭概率也随之降低。同上升趋势下一样,若贷款期限过长(大于18期)则银行本身的资金压力过大,倒闭概率再次上升,但是不如上升趋势下明显。

同宏观经济呈下降趋势时类似,在随机趋势下,由于宏观经济的波动性较大,企业的经营收益不稳定,较低程度地延长贷款期限(小于10期),企业反而会因为盲目投入生产经营活动,而导致亏损严重,违约概率上升,银行的倒闭概率也随之上升;继续延长贷款期限(10~16期),由于企业的还款压力下降,违约概率降低,银行倒闭概率随之下降,但是当贷款期限足够长(大于16期)时,资金压力过大会导致银行倒闭概率上升。

总体上,在贷款总量不变的情况下,适当延长贷款期限会减轻企业的还款压力,有利于企业应对宏观经济波动带来的冲击,降低企业违约风险,银行的倒闭风险也因此降低。

7.2.3 资本充足率的影响

如图7-11所示,本章模拟了不同资本充足率条件下的系统性风险,以调查央行监管行为对系统性风险的影响。由图7-11可以看出,随着资本充足率的增加,银行的整体违约概率不断降低。随机宏观经济趋势下银行的违约概率低于上升和下降趋势下银行的违约概率。

当资本充足率要求较低($\omega \leqslant 0.06$)时,宏观经济上升趋势的银行违约概率低于下降趋势的银行违约概率;当资本充足率要求较高($\omega \geqslant 0.07$)时,宏观经济呈上升趋势时的银行违约概率高于呈下降趋势时的银行违约概率。分析发现,较低的资本充足率意味着银行的杠杆率较高。在低资本充足率的情况下,银行内部资本压力更大。当宏

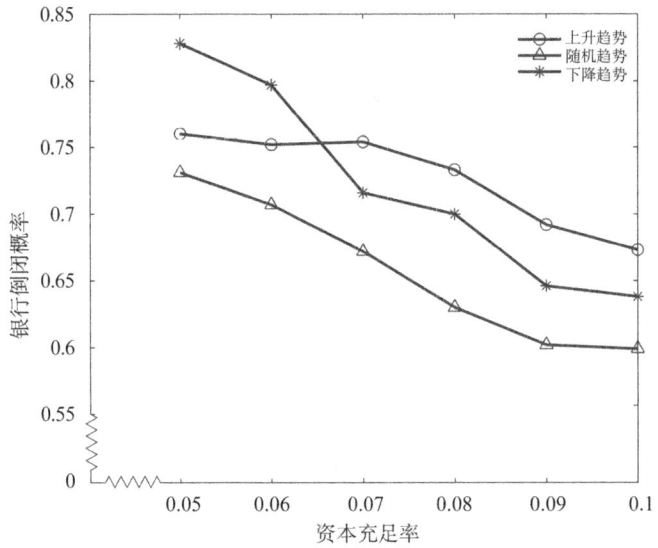

图 7-11 不同资本充足率下的银行倒闭概率

观经济呈上升趋势时,企业的盈利能力增加,信贷利息收入缓解了银行的资本压力,降低了银行的违约概率,因此银行的违约概率低于下降趋势时。在高资本充足率的情况下,银行的融资压力较低。在宏观经济呈上升趋势时,银行将进一步放宽信贷规模以获得更多的信贷收入,因此当风险出现时,所引起的损失也将会更大。在宏观经济呈下降趋势时,银行的利息收入较低,风险损失也较低,限制了银行的信贷增长,因此银行的违约概率低于上升趋势。而在随机宏观经济趋势下,银行和企业的收入处于相对稳定的波动状态,多层网络系统的整体风险小于上下下行趋势,整体违约概率也相对较低,随着资本充足率的增加,银行的违约概率也会降低。

7.3 本章小结

在全球经济一体化和金融市场复杂性的背景下,金融稳定性越来越受到国家监管部门的重视,本章通过构建动态演化的多层金融网络系统,深入分析了宏观经济波动对银行和企业间信贷联系的影响。本章首先计算银行和企业的连接度,基于无标度网络生成算法建立银企间信贷联系,然后基于银行间拆借资产和银行间联系概率函数建立银行间拆借联系,最后基于银企信贷网络及银行间拆借网络,并考虑宏观经济对企业经营的影响,构建动态演化的多层金融网络系统。

基于基准模型的结果,本章的研究揭示了宏观经济冲击下银行和企业面临的系统性风险,对制定有效的宏观审慎政策具有指导意义。本章研究发现,三种宏观经济冲击下,高杠杆且资产规模较小的企业倒闭风险更高。另外,企业经营收益受宏观经济形势的影响,部分低杠杆小规模的企业也存在一定的倒闭风险。不同的是,上升趋势下企业倒闭集中在上升周期的初期,而下降趋势下则集中在下降周期的末期,这主要是受到市场低回报的影响。研究还发现资产规模较大且存在信贷联系较多的银行表现更为稳定,在不同宏观经济趋势下均表现出较好的抗风险能力,并且,上升趋势下银行先大规模倒闭,之后逐渐趋于稳定;下降和随机趋势下,银行的倒闭数量呈现逐步上升再逐步下降的趋势。上升趋势下,在宏观经济上升周期的初期,市场回报率低,企业大规模倒闭,大量中小银行因损失较大而倒闭。

本章还研究了多层网络系统中不同参数对银行系统性风险的影响,发现随着企业杠杆的上升,银行的倒闭概率呈现出先上升,再下降,然后又上升的现象。在上升趋势的宏观冲击下,企业初始的利润率较低,因而上升趋势下企业的平均杠杆率拐点出现最早。由此,本章认为,在与银行具有信贷联系的企业杠杆水平较低时,银行可以适当放宽贷款审批限制,增加信贷收入;在与银行具有信贷联系的企业杠杆水平较高时,要严格控制贷款审批,提高企业贷款准入,降低违约风险。随着企业贷款占银行总资产的比例不断上升,整体上银行的倒闭概率也不断上升。但是,在上升和随机趋势下,当企业贷款比例大到一定的程度时,银行的倒闭概率出现了一定程度的下降,这是由于在上升和随机趋势下,充足的贷款供应使企业能够在经济形势较好时加大生产投入,获取更大的利润,实现净资产的增长和资本积累,降低违约风险。

根据宏观经济冲击下银行不同的贷款期限对银行倒闭概率的影响,本章提出在银行在贷款总量不变的情况下,可适当延长贷款期限以便于企业应对宏观经济波动带来的冲击并减轻企业的还款压力。研究还表明,提高资本充足率有助于降低宏观经济波动时的银行倒闭风险,这是监管机构降低系统性风险的重要工具。本章的研究结果表明,在宏观经济波动时期,为了降低银行系统性风险,监管机构需要更加关注银行和企业的财务健康状况。

8 研究总结与展望

银行系统性风险是金融危机的主要来源之一,也是当前相关研究的热点。随着复杂网络理论在金融领域的应用越来越广泛,已有诸多学者应用复杂网络理论来刻画复杂金融系统,展开了系统性风险相关研究。本书主要从银行间网络、银行—资产网络与银企信贷网络几大视角进行复杂金融系统建模及系统性风险研究。首先,在银行间网络系统建模中,本书考虑了不同的宏观经济动态趋势,并进一步考虑了中央银行三种援助策略及四种风险分配机制下的宏观审慎监管策略,通过构建基于银行间网络的动态银行网络系统模型,仿真研究其对银行系统性风险的影响。其次,本书考虑了金融风险的多种传染渠道,进一步拓展了银行—资产投资组合网络及银行—企业信贷网络,通过构建多主体及其之间复杂联系下的多层金融网络系统模型,仿真研究了多传染渠道下的系统性风险。

8.1 研究总结

8.1.1 基于银行间网络的复杂金融系统建模及系统性风险研究

8.1.1.1 宏观经济波动下银行间网络系统建模

本书通过构建银行系统动态的投资收益率形成宏观经济波动,具体地,通过调整投资收益率趋势性及系统性参数,定量地构造宏观经济呈上升趋势、下降趋势及随机趋势的三种宏观经济动态冲击。根据银行间资产负债表的联系,本书构建了具有宏观经济动态波动的银行间系统网络模型,并进一步考虑中央银行作为最后贷款人的情况,在银行间动态拆借流程中进一步融合央行调整援助力度、贷款利率及存款准备金率等不同调控措施,构建中央银行作用下的银行系统网络模型。此外,本书基于随机网络、小世界网络以及无标度网络的生成算法,构建不同网络结构的银行系统模型。

8.1.1.2 不同系统参数及央行调控措施下的系统性风险

本书深入探讨了宏观经济波动下银行间网络系统性风险的影响因素,为监管机构制定有效的宏观审慎政策提供了依据。通过仿真计算经济波动下银行间连接度、存款准备金率、存贷比、投资回收期及投资存款比各参数对银行系统性风险的影响,本书发现,宏观经济呈下降趋势时银行系统性风险最高,上升趋势下的系统性风险低于随机趋势;银行间连接度、存款准备金率以及存贷比与银行系统的稳定性基本呈正相关,而投资回收期及投资存款比则与银行系统的稳定性呈负相关。整体上,当银行系统面对宏观经济的动态冲击时,银行的投资回收期及投资存款比对其稳定性的影响较为显著,当宏观经济呈下降趋势时尤其如此。进一步分析发现,在银行间的连接度固定时,各宏观经济冲击情境下每个投资回收期内都存在着不同的最优投资存款比,且在宏观经济呈下降趋势下该比值最小,在宏观经济呈上升趋势和随机趋势则相近,该最优值的确定能够尽快将银行系统调整至完全稳定状态,为监管当局提供便利。

通过仿真计算经济波动下中央银行调整援助力度、贷款利率以及存款准备金率等各调控措施对银行系统性风险的影响,本书有以下三点发现。首先,央行援助力度与银行间连接度这两种力量的发挥主要受宏观经济趋势变化的影响,当宏观经济呈下降趋势时,银行间连接度对系统性风险的改善基本不起作用,央行的援助只有在力度较大时才能使银行系统稳定;而当宏观经济呈上升或随机趋势时,这两种力量都对银行系统性风险都具有显著影响。其次,央行调整贷款利率对银行系统性风险改善效果不明显。最后,央行调整存款准备金率对银行系统性风险的影响因宏观经济趋势不同而不同:当宏观经济呈下降趋势时,央行存款准备金率与系统稳定性正相关;而在宏观经济呈上升趋势和随机趋势时,存款准备金率都存在拐点,在该拐点前提升存款准备金率对银行系统稳定性都是正向的影响,拐点后则是负向影响。这本质上了揭示了银行风险的累积性。

8.1.1.3 银行网络系统的宏观审慎监管研究

本书基于中国上市银行的实际拆借总数据,通过标准化和最优化估计中国的银行系统的同业拆借矩阵,然后分别使用中国的银行系统的实际股价数据与初始负债数据估算各银行资产与负债的动态演化。在中国的银行网络系统动态演化的基础上,本书的研究计算各银行的损失,并引入四种风险分配机制(Component VaR、Incremental VaR、Shapley value EL 以及 ΔCoVaR),计算各银行的宏观审慎资本,从而构建中国的银行网络系统宏观审慎监管模型。在对 16 家中国上市银行宏观审慎监管的实证研究中,本书发现除了 2008 年和 2010 年在 Incremental VaR 机制下,2008—2015 年的四种风险分配机制下的宏观审慎资本都有效地降低了银行系统性风险,表明对银行系统进行宏观审慎监管具有显著的效果。通过对各银行的资本变化及其倒闭情况的联合分析发现,银行资本在被重新分配的过程中,通常由大型银行(如中国银行、交通银行、建设银行、工商银行及农业银行等)转移到小型银行(如宁波银行、南京银行、平安银行及民生银行等)。在四种风险分配机制中,ΔCoVaR 机制的宏观审慎监管效果最为显著,相比之下 Incremental VaR 机制下的宏观审慎监管效果则最差。进一步分析发现,Incremental VaR、Shapley value EL 以及 Component VaR 机制下的宏观审慎资本与银行总资产呈现出一定的正相关性,表明审慎资本主要受银行总资产的影响,这三种机制下各银行可以设置相同比例的审慎资本,该种设置方案与目前央行设定宏观审慎资本的政策一致;而

ΔCoVaR 机制下两者则呈不相关,但是其监管效果最为显著,因此该机制下各银行的审慎资本应该依据其对系统性风险的贡献来设定,可以设定各银行的宏观审慎资本的比例不同。这一发现能够为央行进行监管提供参考。

8.1.2 基于银行与跨经济部门间的复杂金融系统建模及系统性风险研究

8.1.2.1 基于银行—资产间投资组合网络的系统性风险研究

本书先基于中国上市银行资产负债表数据构建中国的银行系统的双边网络模型,分析各类资产遭受冲击时外部冲击、降价出售效应及银行所持有的各类资产占银行总资产的比例对银行系统性风险的影响;进而在网络模型中引入系统性冲击,通过设置具有不同属性的两大类资产并生成四种冲击事件来构建银行的投资策略模型,从资产视角探讨银行最优的投资策略。研究发现,外部冲击与降价出售效应这两个产生系统性风险的影响因素在一定区间内会产生叠加效应,使银行系统性风险急剧增加;五种资产类中,贷款类资产对外部冲击最敏感;在各类资产冲击下都未倒闭的所有银行的资产组合具有一定的相似性。进一步研究还发现,银行系统中存在着最优的资产组合,它可以使银行在稳定的同时能获取最大收益;资产负债比越大的银行,其风险承受能力越强,从而可以选择更激进的投资策略来追求高收益。

8.1.2.2 基于银企多层金融网络的系统性风险研究

本书基于银企间借贷联系及银行间拆借联系构建动态演化的多层金融网络系统,并考虑宏观经济波动对企业经营的影响,仿真计算该系统在不同宏观经济情境下的系统演化特征及几个重要参数对系统性风险的影响。

研究结果表明,三种宏观经济冲击下,杠杆处于中高水平且资产规模较小的企业倒闭风险更高,部分低杠杆小规模的企业也存在一定的倒闭风险。从银行视角来看,资产规模较大且具有较多信贷联系的银行在各种宏观经济冲击下倒闭风险都较低。宏观经济呈上升趋势时银行先大规模倒闭,之后银行系统逐渐趋于稳定;而下降和随机趋势下,银行的倒闭数量呈现出先逐步上升再逐步下降的趋势。本书通过仿真计算不同企业平均杠杆、企业贷款占银行总资产的比例及贷款期限对多层金融网络系统性风险的影响,发现随着企业平均杠杆的上升,银行的倒闭概率整体呈"先升再降最后又上升"的趋势,且上升趋势下企业的平均杠杆率拐点出现最早。据此,本书提出应根据企业的杠杆和宏观经济形势及时调整银行的贷款准入。此外,本书发现企业贷款占银行总资产的比例对多层网络中系统性风险具有显著影响,整体上随着该比例不断上升,银行的倒闭概率也不断上升,并且,银行对银企信贷收入的依赖也越大,受宏观经济波动影响也更加明显。因而,本书提出银行需控制银企信贷的规模,在风险和利润之间进行平衡。根据不同宏观经济趋势下银行不同的贷款期限对系统性风险的影响,本书提出在银行贷款总量不变的情况下,可适当延长贷款期限以减轻企业的还款压力,从而使企业更好地应对宏观经济的冲击,在宏观经济呈下降趋势时改善效果尤其显著。

8.2 研究展望

本书聚焦复杂网络下的金融系统建模及其系统性风险研究,结合复杂网络在金融领域的进一步应用及系统性风险方面的最新研究,认为相关研究人员在未来可对以下领域展开进一步研究。

(1)当前基于多层网络视角开展的系统风险研究仍较为匮乏,且多主体间的交叉融合联系建模还不够深入,未来相关研究人员可充分应用多层网络理论及其建模方法,深入探究复杂金融网络系统中的风险传播路径,分析多种不同传染渠道下的系统性风险特征。

(2)当前的实证研究多基于最大熵的方法来估计银行间拆借矩阵,存在一定的误差;同时,对银企间信贷网络的估算方法较为匮乏。

未来相关研究人员可收集更多的银行实际数据,利用估计银行间网络及银企间信贷网络的最新方法,尽可能地减少误差,使估算矩阵更贴合真实的金融系统网络。

(3) 在监管研究方面,目前对银行系统的宏观审慎监管的研究主要基于系统性风险贡献的视角开展,未来相关研究人员可结合我国宏观审慎监管的具体政策及货币政策来实证分析宏观审慎监管效果,探索新的宏观审慎监管措施,并且,尽可能提出符合我国银行系统风险特征的新的监管指标。

主要参考文献

[1] 巴曙松,左伟,朱元倩.金融网络及传染对金融稳定的影响[J].财经问题研究,2013,34(2):3-11.

[2] 包全永.银行系统性风险的传染模型研究[J].金融研究,2005(8):72-84.

[3] 鲍勤,孙艳霞.网络视角下的金融结构与金融风险传染[J].系统工程理论与实践,2014,34(9):2202-2211.

[4] 蔡世民,洪磊,傅忠谦,周佩玲.基于复杂网络的金融市场网络结构实证研究[J].复杂系统与复杂性科学,2011,8(3):29-33.

[5] 陈关荣.复杂网络及其新近研究进展简介[J].力学进展,2008,38(6):653-662.

[6] 陈冀,陈矣发,宋敏.复杂网络结构下异质性银行系统稳定性研究[J].系统工程学报,2014,29(2):171-181.

[7] 崔海蓉,何建敏.基于复杂网络理论的银行系统性风险研究评述[J].西安电子科技大学学报(社会科学版),2009,19(4):12-18.

[8] 寸晓宏,卢启程.风险投资对区域创新系统的作用机理研究:基于复杂网络理论视角[J].经济学动态,2014(9):79-87.

[9] 邓晶,曹诗男,潘焕学,等.基于银行间市场网络的系统性风险传染研究[J].复杂系统与复杂性科学,2013,10(4):76-85.

[10] 邓超,陈学军.基于复杂网络的金融传染风险模型研究[J].中国管理科学,2014,22(11):11-18.

[11] 邓超,陈学军.基于多主体建模分析的银行间网络系统性风险研

究[J].中国管理科学,2016,24(1):67-75.

[12] 范宏.动态银行网络系统中系统性风险定量计算方法研究[J].物理学报,2014,63(3):465-472.

[13] 范宏,高倩倩.宏观经济动态波动对银行系统稳定性的影响[J].系统管理学报,2017,26(6):1104-1111.

[14] 范宏,李佳妮.基于不同投资行为的动态银行网络稳定性研究[J].复杂系统与复杂性科学,2014,11(4):72-79.

[15] 范宏,刘春垚.基于资产组合相关的金融传染建模与仿真[J].系统仿真学报,2019,31(6):1062-1069.

[16] 范小云,王道平.巴塞尔Ⅲ在监管理论与框架上的改进:微观与宏观审慎有机结合[J].国际金融研究,2012(1):63-71.

[17] 方意.系统性风险的传染渠道与度量研究:兼论宏观审慎政策实施[J].管理世界,2016(8):32-57.

[18] 方意,郑子文.系统性风险在银行间的传染路径研究:基于持有共同资产网络模型[J].国际金融研究,2016(6):61-72.

[19] 符林,邱田振.我国经济周期与信贷风险关系研究[J].金融与经济,2011(11):41-45.

[20] 高志勇.系统性风险与宏观审慎监管:基于美国银行业的实证研究[J].财经理论与实践,2010(165):12-18.

[21] 高国华,潘英丽.基于资产负债表关联的银行系统性风险研究[J].管理工程学报,2012,26(4):162-168.

[22] 韩景倜,曹宇.基于避险行为的银行间网络系统性风险传染研究[J].复杂系统与复杂性科学,2017,14(1):75-80.

[23] 何德旭,吴伯磊,谢晨.系统性风险与宏观审慎监管:理论框架及相关建议[J].中国社会科学院研究生院学报,2010(6):5-14.

[24] 蒋海,陈静.宏观经济波动、市场竞争与银行风险承担:基于中国上市银行的实证分析[J].金融经济学研究,2015,30(3):46-58.

[25] 乐玉贵.关于建立"三位一体"银行业宏观审慎监管目标的思考

[J].国际金融研究,2014(2):70-78.

[26] 李健全.系统性风险新认识与我国宏观审慎监管探索[J].金融与经济,2010(7):52-55.

[27] 李程枫,陈可嘉,陈一非,等.基于网络传导分析法的我国银行间风险传染效应研究[J].金融发展评论,2015(1):67-86.

[28] 李守伟,何建敏.不同网络结构下银行间传染风险研究[J].管理工程学报,2012,26(4):71-77.

[29] 李静婷,何平,孟繁旺.中国宏观审慎监管预警指标选取及模型构建:基于对国外指标的比较和实证检验[J].经济与管理研究,2012(3):12-22.

[30] 李守伟,何建敏,孙婧超,等.金融危机前后中国银行业系统性风险实证研究[J].经济管理,2014,28(1):92-96.

[31] 李守伟,何建敏,庄亚明,等.基于复杂网络的银行同业拆借市场稳定性研究[J].管理工程学报,2011,25(2):195-199.

[32] 李江,李红刚.基于流动性配置的银行系统性风险研究[J].系统工程理论与实践,2016,36(5):1128-1135.

[33] 李育峰,李仲飞,周潮.银行信用风险与经济增长的关系及逆周期资本缓冲:基于向量自回归和互谱分析方法的研究[J].运筹与管理,2016,25(4):150-156.

[34] 李麟,索彦峰.经济波动、不良贷款与银行业系统性风险[J].国际金融研究,2009(6):55-63.

[35] 李虹含,杨驰.中国银行业系统性风险的测量方法与实证研究[J].广西大学学报(哲学社会科学版),2015,37(2):81-87.

[36] 刘建香.复杂网络及其在国内研究进展的综述[J].系统科学学报,2009,17(4):31-37.

[37] 刘涛,陈忠,陈晓荣.复杂网络理论及其应用研究概述[J].系统工程,2005,23(6):1-7.

[38] 刘超,吴明文,马玉洁.基于复杂网络的同业拆借市场特性研究:

以金融危机时期(2007~2009年)数据为例[J].财经理论与实践,2014(188):9-15.

[39] 马君潞,范小云,曹元涛.中国银行间市场双边传染的风险估测及其系统性特征分析[J].经济研究,2007(1):68-78.

[40] 马钱挺,杨文珂,何建敏.基于多层网络的银企系统性风险研究[J].中国管理科学,2021,29(12):1-14.

[41] 苗永旺,王亮亮.金融系统性风险与宏观审慎监管研究[J].国际金融研究,2010(8):59-68.

[42] 欧阳红兵,刘晓东.基于网络分析的金融机构系统重要性研究[J].管理世界,2014(8):171-172.

[43] 祁树鹏,冯艳,李京晓.经济周期对我国商业银行信贷风险管理的影响分析-基于VAR模型的实证研究[J].金融监管研究,2015,4:1-14.

[44] 石大龙,白雪梅.网络结构、危机传染与系统性风险[J].财经问题研究,2015,4:31-39.

[45] 宋昕.银行脆弱性的理论基础与主要影响成因:基于我国中央银行"缩表"的视角[J].价格理论与实践,2017,5:117-120.

[46] 苏明政,徐佳信,张庆君.金融失衡视角下宏观审慎政策工具有效性研究[J].会计与经济研究,2017,1:102-116.

[47] 苏明政,张庆君.基于复杂网络的我国银行共同贷款关系网络研究[J].财贸经济,2014,3:59-67.

[48] 隋聪,迟国泰,王宗尧.网络结构与银行系统性风险[J].管理科学学报,2014,17(4):57-70.

[49] 隋新,何建敏,李亮.银企多金融关联网络模型构建与仿真分析[J].系统科学与数学,2020,40(12):2370-2380.

[50] 隋聪,王宗尧.银行间网络的无标度特征[J].管理科学学报,2015,18(12):18-26.

[51] 孙光林,王海军,王雪标.经济波动、产能过剩与商业银行不良贷

款-基于PVAR模型的实证分析[J].经济问题探索,2017,6:137-144.

[52] 唐振鹏,谢智超,冉梦,陈菊琴.网络视角下我国上市银行间市场系统性风险实证研究[J].中国管理科学,2016,24:489-494.

[53] 田海山,胡锡亮,吴恒煜.宏观审慎监管框架下金融业系统性风险研究[J].现代经济探讨,2016,04:35-38.

[54] 万阳松.银行间市场风险传染机制与免疫策略研究[D].上海:上海交通大学,2007.

[55] 王林,戴冠中.复杂网络的SCALE-FREE性、SCALE-FREE现象及其控制[M].北京:科学出版社,2009.

[56] 王占浩,郭菊娥,薛勇.资产负债表关联、价格关联与银行间风险传染[J].管理工程学报,2016,30(2):202-209.

[57] 汪小帆,李翔,陈关荣.复杂网络理论及其应用[M].北京:清华大学出版社,2006.

[58] 王晓枫,廖凯亮,徐金池.复杂网络视角下银行同业间市场风险传染效应研究[J].经济学动态,2015,3:71-81.

[59] 王宗尧,隋聪.银行间网络模型与系统风险的分布式预警策略[J].系统工程学报,2016,31(6):840-849.

[60] 汪秉宏,周涛,王文旭,等.当前复杂系统研究的几个方向[J].复杂系统与复杂性科学,2008,5(4):21-28.

[61] 武博华,张成虎,李崇.经济增长对商业银行风险承担的影响[J].金融论坛,2017,7:14-26.

[62] 星焱.宏观波动、市场冲击与银行业系统性风险:基于中国92家银行的面板数据分析[J].金融评论,2014,6:12-25.

[63] 杨海军,胡敏文.基于核心-边缘网络的中国银行风险传染[J].管理科学学报,2017,20(10):44-56.

[64] 姚鸿,王超,何建敏,等.银行投资组合多元化与系统性风险的关系研究[J].中国管理科学,2019,27(2):9-18.

[65] 叶青,韩立岩.金融危机传染渠道与机制研究:以次贷危机为例[J].系统工程理论与实践,2014,34(10):2483-2494.

[66] 于蓓.宏观审慎框架下中国上市银行系统性风险监测研究[J].财经理论与实践(双月刊),2015,36(195):29-33.

[67] 于震,张超磊.日本宏观审慎监管的政策效果与启示:基于信贷周期调控的视角[J].国际金融研究,2015,339(4):34-44.

[68] 于震,张超磊,朱祚樟.信贷周期与经济周期关联性研究:中日比较及其启示[J].世界经济研究,2014,12:35-42.

[69] 张宝.宏观审慎监管下的系统性资本要求研究:基于系统重要性金融机构的视角[J].经济体制改革,2012,3:17-21.

[70] 张雪兰,何德旭,李睿.宏观经济波动与中国银行体系的稳定[J].宏观经济研究,2010,12:15-23.

[71] 张来军,杨治辉,路飞飞.基于复杂网络理论的股票指标关联性实证分析[J].中国管理科学,2014,22(12):85-92.

[72] 张吟,朱淑媛,张瑞,等.基于投资组合关联的金融系统性风险影响因素研究[J].北京师范大学学报(自然科学版),2016,52(4):425-429.

[73] 赵胜民,梁璐璐,李京,谢晓闻.宏观审慎框架下的央行独立性检验[J].经济评论,2014,5:96-107.

[74] 周晔,高斯.资本缓冲与银行风险变动:周期性及多元化的视角[J].财经理论与实践,2017,38(3):21-26.

[75] 周海林,盖曦,吴鑫育.基于银行同业拆借市场网络模型的风险传导机制的研究[J].财贸研究,2015,5:106-115.

[76] 周胜强,李向前,范芮彤.我国中央银行在宏观审慎监管框架中的核心作用[J].财经问题研究,2012,12:60-65.

[77] 庄新田,张鼎,苑莹,庄霄威.中国股市复杂网络中的分形特征[J].系统工程理论与实践,2015,35(2):273-282.

[78] ACEMOGLU D, OZDAGLAR A, Tahbaz-Salehi A. Systemic

risk and stability in financial network[J]. American Economic Review, 2015, 105(2): 564-608.

[79] ALDASORO I, GATTI D D, FAIA E. Bank networks: Contagion, systemic risk and prudential policy[J]. Journal of Economic Behavior & Organization, 2017, 142: 164-188.

[80] ALLEN F, GALE D. Financial contagion[J]. Journal of Political Economy, 2000, 108(1): 1-33.

[81] ALTUNBAS Y, BINICI M, GAMBACORTA L. Macroprudential policy and bank risk[J]. Journal of International Money and Finance, 2018, 81: 203-220.

[82] ANGELONI L, FAIA E, DUCA M L. Monetary policy and risk-taking[J]. Journal of Economic Dynamics and Control, 2015, 52: 285-307.

[83] ASHRAF Q, GERSHMAN B, HOWITT P. Banks, market organization, and macroeconomic performance: An agent-based computational analysis[J]. Journal of Economic Behavior & Organization, 2017, 135: 143-180.

[84] BABAU R. Contagion risk in financial networks[C]. Erasmus Universiteit Rotterdam /Tinbergen Institute, 2005, pp. 423-440.

[85] BADARU C, LAPTEACRU I. Bank risk, competition and bank connectedness with firms: A literature review. Res Int Bus Financ. (2020) 51: 101017. doi: 10.1016/j.ribaf.2019.03.004.

[86] BALOGH P. Macro prudential Supervision Tools in the European Banking Systems [J]. Procedia Economics and Finance, 2012, 3: 642-647.

[87] BARABÁSI A L, ALBERT R. Emergence of Scaling in Random Networks[J]. Science, 1999, 286(5439): 509-512.

[88] BARGIGLI G, IASIO L, INFANTE F, et al. The multiplex

structure of interbank networks[J]. Quantitative Finance, 2015, 15(4): 673-691.

[89] BECHER C, MILLARD S, SORAMKI K. The Network Topology of CHAPS Sterling, Bank of England[R]. England: Bank of England, 2008: 355.

[90] BERGER A N, BOUWMAN C. How does capital affect bank performance during financial crises? [J]. Journal of Financial Economics, 2013, 109: 146-176.

[91] BORIO C, FURFINE C, LOWE P. Procyclicality of the financial system and financial stability: issues and policy options [R]. BIS Working Paper, 2001, 1: 1-57.

[92] BOSS M, ELSINGER H, SUMMER M. The Network Topology of the Interbank Market[J]. Quantitative Finance, 2004, (4): 677-684.

[93] BRAOUEZE Y, WAGALATH L. Strategic fire-sales and price-mediated contagion in the banking system[J]. European Journal of Operational Research, 2019, 274(3): 1180-1197.

[94] BRUNO V, SHIM I, SHIN H S. Comparative assessment of macroprudential policies[R]. BIS Working Papers 502, 2015, Bank for International Settlements, Basel, Switzerland.

[95] BRUSCO S, CASTIGLIONESI F. Liquidity coinsurance, moral hazard, and financial contagion[J]. Journal of Finance, 2007, 62 (5): 2275-2302.

[96] BUTZBACH O. Systemic risk, macro-prudential regulation and organizational diversity in banking[J]. Policy and Society, 2016, 35: 239-251.

[97] CACCIOLI F, FARMER J D, FOTI N, et al. Overlapping portfolios, contagion, and financial stability[J]. Journal of

Economic Dynamics and Control, 2015, 51: 50-63.

[98] CACCIOLI F, SHRESTHA M, MOORE C, et al. Stability analysis of financial contagion due to overlapping portfolios[J]. Journal of Banking and Finance, 2014, 46(9): 233-245.

[99] CALMÈS C, THÉORET R. Market-oriented banking, financial stability and macroprudendial indicators of leverage[J]. Journal of International Financial Markets, Institutions & Money, 2013, 27: 13-34.

[100] CALMÈS C, THÉORET R. Bank systemic risk and macroeconomic shocks: Canadian and U.S. Evidence[J]. Journal of Banking & Finance, 2014, 40: 388-402.

[101] CALOMIRIS C W, CARLSON M. Interbank networks in the National Banking Era: Their purpose and their role in the Panic of 1893[J]. Journal of Financial Economics, 2017, 125(3): 434-453.

[102] CAPPONI A, CHEN P C. Systemic risk mitigation in financial networks[J]. Journal of Economic Dynamics & Control, 2015, 58: 152-166.

[103] CARVALLO O, PAGLIACCI C. Macroeconomic shocks, bank stability and the housing market in Venezuela[J]. Emerging Markets Review, 2016, 26: 174-196.

[104] CERUTTI E, CLAESSENS S, LAEVEN L. The use and effectiveness of macroprudential policies: New evidence[J]. Journal of Financial Stability, 2017, 28: 203-224.

[105] CHEN C, IYENGAR G, MOALLEMI C. Asset price-based contagion models for systemic risk[R]. Working Paper, Columbia Business School Research Archive, 2014.

[106] CHENG J, DAI M, DUFOURT F. Banking and sovereign debt

crises in a monetary union without central bank intervention [J]. Journal of Mathematical Economics, 2017, 68: 142-151.

[107] CIHAK M, DEMIRGÜC-KUNT A, PERIA M, et al. Bank regulation and supervision in the context of the global crisis[J]. Journal of Financial Stability, 2013, 9: 733-746.

[108] CONT R, MOUSSA A, SANTOS E. Network Structure and Systemic Risk in Banking Systems[R]. Working Paper. 2010.

[109] CORBO V. Financial stability in a crisis: What is the role of the central bank? [R]. BIS Papers No 51, 2010.

[110] CREEL J, HUBERT P, LABONDANCE F. Financial stability and economic performance[J]. Economic Modelling, 2015, 48: 25-40.

[111] CRISTE A, LUPU I. The central bank policy between the price stability objective and promoting financial stability[J]. Procedia Economics & Finance, 2014, 8(14): 219-225.

[112] CUONG LY K, CHEN Z, WANG S, et al. The Basel III net stable funding ratio adjustment speed and systemic risk[J]. Research in International Business and Finance, 2016, 39: 169-182.

[113] DAVIS E P, KARIM D. Macroprudential Regulation: The Missing Policy Pillar[R]. Economics and Finance Working Paper Series, Brunel University West. London. 2009, 09-30.

[114] DE MASI G, GALLEGATI M. Bank-firms topology in Italy. Empir Econ. (2012) 43: 851-866. doi: 10.1007/s00181-011-0512-x.

[115] DEGRYSE H, NGUYEN G. Interbank Exposures: An Empirical Examination of Contagion Risk in the Belgian Banking System[J]. International Journal of Banking Central,

2007, 3(2): 123-171.

[116] DI GUILMI C, GALLEGATI M, LANDINI S, STIGLITZ J E. An analytical solution for network models with heterogeneous and interacting agents [J]. Journal of Economic Behavior & Organization, 2020, 171: 189-220.

[117] DIAMOND D W, DYBVIG P H. Bank runs, deposit insurance, and liquidity[J]. The Journal of Political Economy, 1983: 401-419.

[118] DOUMPOS M, GAGANIS C, PASIOURAS F. Central bank independence, financial supervision structure and bank soundness: An empirical analysis around the crisis[J]. Journal of Banking & Finance, 2015, 61: S69-S83.

[119] DU B. How Useful Is Basel III's Liquidity Coverage Ratio? Evidence From US Bank Holding Companies[J]. European Financial Management, 2017, 23(5): 902-919.

[120] DUARTE F, EISENBACH T M. Fire-sale spillovers and systemic risk[R]. Working Paper, Federal Reserve Bank of New York, 2013.

[121] DUNGEY M, MILUNOVICH G, THORP S, et al. Endogenous crisis dating and contagion using smooth transition structural GARCH[J]. Journal of Banking & Finance, 2015, 58: 71-79.

[122] EBOli M. A flow network analysis of direct balance-sheet contagion in financial networks [J]. Journal of Economic Dynamics & Control, 2019, 103: 205-233.

[123] ELSINGER H, LEHAR A, SUMMER M. Risk assessment for banking systems[J]. Management Science, 2006a, 52(9): 1301-1314.

[124] ERDÖS P, RÉNYI A. On the evolution of random graphs[J].

Publications of the Mathematical Institute of the Hungarian Academy of Science, 1960, 5: 17-60.

[125] FIORDELISI F, GALLOPPO G, RICCI O. The effect of monetary policy interventions on interbank markets, equity indices and G-SIFIs during financial crisis[J]. Journal of Financial Stability, 2014, 11: 49-61.

[126] FREIXAS X, PARIGI B M, ROCHET J C. Systemic risk, interbank relations, and liquidity provision by the central bank [J]. Journal of Money, Credit & Banking, 2000: 611-638.

[127] GABRIELI S. The microstructure of the money market before and after the financial crisis: a network perspective[A]. CEIS Tor Vergata Research Paper Series, 2011, 9(1).

[128] GAI P, KAPADIA S. Contagion in financial networks[J]. Proceedings of the Royal Society A, 2010, 466(2120): 2401-2423.

[129] GALATI G, MOESSNER R. Macroprudential policy: A literature review[J]. Journal of Economic Surveys, 2013, 27 (5): 846-878.

[130] GANGI D D, LILLO F, PIRINO D, et al. Assessing systemic risk due to fire sales spillover through maximum entropy network reconstruction[J]. Journal of Economic Dynamics & Control, 2018, 94: 117-141.

[131] GARCIA-DE-ANDOAINA C, HEIDERA F, HOEROVA M, et al. Lending-of-last-resort is as lending-of-last-resort does: Central bank liquidity provision and interbank market functioning in the euro area[J]. Journal of Financial Intermediation, 2016, 28: 32-47.

[132] GARCÍA-PALACIOS J H, HASMAN A, SAMARtín M.

Banking crises and government intervention[J]. Journal of Financial Stability, 2014, 15: 32-42.

[133] GATTI D D, GALLEGATI M, GREENWALD B, RUSSO A, STIGLITZ J E. The financial accelerator in an evolving credit network[J]. Journal of Economic Dynamics & Control, 2010, 34: 1627-1650.

[134] GAUTHIER C, LEHAR A, SOUISSI M. Macroprudential capital requirements and systemic risk[J]. Journal of Financial Intermediation, 2012, 21: 594-618.

[135] GEORG C P. The effect of the interbank network structure on contagion and common shocks[J]. Journal of Banking & Finance, 2013, 37(7): 2216-2228.

[136] GEORG C P, POSCHMANN J. Systemic risk in a network model of interbank markets with central bank activity[R]. Jena Economic Research Papers, 2010, 033.

[137] GEORGESCU O M. Contagion in the interbank market: Funding versus regulatory constraints[J]. Journal of Financial Stability, 2015, 18: 1-18.

[138] GREENWOOD-NIMMO M, TARASSOW A. Monetary shocks, macroprudential shocks and financial stability[J]. Economic Modelling, 2016, 56: 11-24.

[139] GRILLI R, TEDESCHI G, GALLEGATI M. Bank interlinkages and macroeconomic stability[J]. International Review of Economics & Finance, 2014, 34: 72-88.

[140] GRILLI R, TEDESCHI G, GALLEGATI M. Business fluctuations in a behavioral switching model: Gridlock effects and credit crunch phenomena in financial networks[J]. Journal of Economic Dynamics & Control, 2020, 114: 103863.

[141] HORVÁTH R, DAN V. Central bank transparency and financial stability[J]. Journal of Financial Stability, 2016, 22(9): 45-56.

[142] HUANG X, VODENSKÁ I, HAVLIN S, et al. Cascading Failures in Bi-partite Graphs: Model for Systemic Risk Propagation[J]. Scientific Reports, 2013, 3: 1219.

[143] HUSENBLAS V, KUBIČOVÁ I, LEŠANOVSKÁ J. Contagion risk in the Czech financial system: A network analysis and simulation approach[J]. Economic Systems, 2015, 39(1): 156-180.

[144] INAOKA H, TAKAYASU H, SHIMIZU T, et al. Self-similarity of banking network [J]. Physica A: Statistical Mechanics and its Applications, 2004, 339(3-4): 621-634.

[145] IORI G, DE MASI G, PRECUP O V, et al. A network analysis of the Italian overnight money market[J]. Journal of Economic Dynamics & Control, 2008, 32(1): 259-278.

[146] IORI G, JAFAREY S, PADILLA F G. Systemic risk on the interbank market [J]. Journal of Economic Behavior & Organization, 2006, 61(4): 525-542.

[147] KAHOU M E, LEHAR A. Macroprudential policy: A review [J]. Journal of Financial Stability, 2017, 29: 92-105.

[148] KANNO M. The network structure and systemic risk in the Japanese interbank market[J]. Japan & the World Economy, 2015, 36: 102-112.

[149] KANNO M. Assessing systemic risk using interbank exposures in the global banking system[J]. Journal of Financial Stability, 2015, 20: 105-130.

[150] KARA H. A brief assessment of Turkey's macroprudential policy approach: 2011-2015[J]. Central Bank Review, 2016, 16: 85-92.

[151] KARMAKAR S. Macroprudential regulation and macroeconomic activity[J]. Journal of Financial Stability, 2016, 25: 166-178.

[152] KIM K, LEE J Y. Estimating the effects of FX-related macroprudential policies in Korea[J]. International Review of Economics and Finance, 2017, 50: 23-48.

[153] LADLEY D. Contagion and risk-sharing on the inter-bank market[J]. Journal of Economic Dynamics & Control, 2013, 37: 1384-1400.

[154] LEHAR A. Measuring systemic risk: A risk management approach[J]. Journal of Banking & Finance, 2005, 29(10): 2577-2603.

[155] LEITNER Y. Financial networks: Contagion, commitment, and private sector bailouts[J]. The Journal of Finance, 2005, 60(6): 2925-2953.

[156] LELYVELD I, LIEDROP F. Interbank Contagion in the Dutch Banking Sector[R]. University Library of Munich, Germany, 2005.

[157] LENZU S, TEDESCHI G. Systemic risk on different interbank network topologies[J]. Physica A, 2012, 391: 4331-4341.

[158] LEÓN C, BERNDSEN R. Rethinking financial stability: Challenges arising from financial networks' modular scale-free architecture[J]. Journal of Financial Stability, 2014, 15: 241-256.

[159] LEÓN C, MACHADO C, SARMIENTO M. Identifying central bank liquidity super-spreaders in interbank funds networks[J].

Journal of Financial Stability, 2018, 35: 75-92.

[160] LEVY-CARCIENTE S, KENNETT D Y, AVAKIAN A, et al. Dynamical macroprudential stress testing using network theory [J]. Journal of Banking and Finance, 2015, 59(10): 164-181.

[161] LI S W, LIU Y F, WU C Q. Systemic risk in bank-firm multiplex networks[J]. Finance Res Lett, 2020, 33: 101232. doi: https://doi.org/10.1016/j.frl.2019.07.005.

[162] LIAO S, SOJLI E, THAM W W. Managing systemic risk in The Netherlands[J]. International Review of Economics and Finance, 2015, 40: 231-245.

[163] LIM C, COLUMBA F, COSTA A, et al. Macroprudential Policy: What Instruments and How to Use Them? Lessons from Country Experiences[R]. IMF Working Paper WP/11/238.2011.

[164] LIU X. An integrated macro-financial risk-based approach to the stressed capital requirement [J]. Review of Financial Economics, 2017, 34: 86-98.

[165] LIU A, PADDRIK M, YANG S Y, ZHANG X. Interbank contagion: An agent-based model approach to endogenously formed networks[J]. Journal of Banking & Finance, 2017(In Press).

[166] LOVIN H. The Implications of the central bank policies for the Romanian banking system liquidity[J]. Procedia Economics & Finance, 2014, 15: 445-451.

[167] LUU D T, LUX T. Multilayer overlaps and correlations in the bank-firm credit network of Spain[J]. Quant Finance, 2019, 19: 1953-1974. doi: 10.1080/14697688.2019.1620318.

[168] LUX T. Emergence of a core-periphery structure in a simple

dynamic model of the interbank market[J]. Journal of Economic Dynamics & Control, 2015, 52: A11-A23.

[169] LUX T. A model of the topology of the bank-firm credit network and its role as channel of contagion[J]. Journal of Economic Dynamics & Control, 2016, 66: 36-53.

[170] MARE D S. Contribution of macroeconomic factors to the prediction of small bank failures[J]. Journal of International Financial Markets, Institutions & Money, 2015, 39: 25-39.

[171] MARTINEZ-JARAMILLO S, PEREZ O P, EMBRIZ F A, et al. Systemic Risk, Financial Contagion and Financial Fragility[J]. Journal of Economic Dynamics and Control, 2010, 34(11): 2358-2374.

[172] MASCIANDRO D, VOLPICELLA A. Macro prudential governance and central banks: Facts and drivers[J]. Journal of International Money & Finance, 2016, 61: 101-119.

[173] MENDONÇA H F D, SILVA R B D. Effect of banking and macroeconomic variables on systemic risk: An application of ΔCOVAR for an emerging economy[J]. North American Journal of Economics & Finance, 2018, 43: 141-157.

[174] MESTER L J. The nexus of macroprudential supervision, monetary policy, and financial stability[J]. Journal of Financial Stability, 2017, 30: 177-180.

[175] MISTRULLI P E. Assessing Financial Contagion in the Interbank Market: Maximum Entropy Versus Observed Interbank Lending Patterns [J]. Journal of Banking & Finance, 2011, 35(5): 1114-1127.

[176] MONTAGNA M, LUX T. Hubs and resilience: towards more realistic models of interbank markets. Kiel Working Papers

1826, Kiel Institute for the World Economy (IfW Kiel) (2013)

[177] NEWMAN M E J, WATTS D J. Renormalization group analysis of small-world network model[J]. Phys. Lett. A, 1999, 263: 341-346.

[178] NICKELL P, PERRAU DIN W, VAROTTO S. Stability of rating transitions[J]. Journal of Banking & Finance, 2000, 24(1-2): 203-227.

[179] NIER E, YANG J, YORULMAZER T, et al. Network models and financial stability[J]. Journal of Economic Dynamics & Control, 2007, 31(6): 2033-2060.

[180] PAULIN J, CALINESCU A, WOOLDRIDGE M. Understanding flash crash contagion and systemic risk: A micro-macro agent-based approach[J]. Journal of Economic Dynamics & Control, 2019, 100: 200-229.

[181] PEREIRA J A C M, SAITO R. How banks respond to Central Bank supervision: Evidence from Brazil[J]. Journal of Financial Stability, 2015, 19: 22-30.

[182] PESOLA J. Joint effect of financial fragility and macroeconomic shocks on bank loan losses: Evidence from Europe[J]. Journal of Banking & Finance, 2011, 35: 3134-3144.

[183] POLEDNA S, BOCHMANN O, THURNER S. Basel III capital surcharges for G-SIBs are far less effective in managing systemic risk in comparison to network-based, systemic risk-dependent financial transaction taxes[J]. Journal of Economic Dynamics & Control, 2017, 77: 230-246.

[184] POPOYAN L, NAPOLETANO M, ROVENTINI A. Taming macroeconomic instability: Monetary and macro-prudential policy interactions in an agent-based model[J]. Journal of

Economic Behavior & Organization, 2017, 134: 117-140.

[185] RAMOS-FRANCIA M. Network Models, Stress Testing, and other tools for Financial Stability Monitoring and Macroprudential Policy Design and Implementation [J]. Journal of Financial Stability, 2017.

[186] RICCIETTI L, RUSSO A, GALLEGATI M. Firm-bank credit network, business cycle and macroprudential policy[J]. J Econ Interact Coor. 2022, 17: 475 - 499, doi: 10. 1007/s11403 - 021-00317-6.

[187] ROCHET J C. Macroeconomic shocks and banking supervision [J]. Journal of Financial Stability, 2004,1: 93-110.

[188] RUBIO M, CARRASCO-GALLEGO J A. Macroprudential and monetary policies: Implications for financial stability and welfare[J]. Journal of Banking & Finance, 2014, 49: 326-336.

[189] RUBIO M, CARRASCO-GALLEGO J A. The new financial regulation in Basel III and monetary policy: A macroprudential approach[J]. Journal of Financial Stability, 2016, 26: 294-305.

[190] SHLEIFER A, VISHNY R W. Fire sales in finance and macroeconomics[J]. Journal of Economic Perspectives, 2011, 25(1): 29-48.

[191] SILVA T C, ALEXANDRE M D, TABAK B M. Bank lending and systemic risk: A financial-real sector network approach with feedback[J]. J Finance Stabil, 2018, 38: 98-118.

[192] SILVA T C, DA SILVA M A, TABAK B M. Systemic Risk in Financial Systems: A Feedback Approach[J]. JOURNAL OF ECONOMIC BEHAVIOR & ORGANIZATION, 2017, 144: 97-120.

[193] SILVA T C, GUERRA S M, TABAK B M, MIRANDA R C D

C. Financial networks, bank efficiency and risk-taking[J]. Journal of Financial Stability, 2016, 25: 247-257.

[194] SOUZA S R S D. Capital requirements, liquidity and financial stability: The case of Brazil[J]. Journal of Financial Stability, 2016, 25: 179-192.

[195] SOUZA S R S, TABAK B M, SILVA T C, GUERRA S M. Insolvency and contagion in the Brazilian interbank market[J]. Physica A: Statistical Mechanics and its Applications, 2015, 431: 140-151.

[196] SQUARTINI T, ALMOG A, CALDARELLI G, et al. Enhanced capital-asset pricing model for the reconstruction of bipartite financial networks[J]. Physical Review E, 2017, 96(3): 032315.

[197] STEINER A. How central banks prepare for financial crises — An empirical analysis of the effects of crises and globalisation on international reserves[J]. Journal of International Money & Finance, 2013, 33(2): 208-234.

[198] SUN A J, CHANLAU J A. Financial Networks and Interconnectedness in an Advanced Emerging Market Economy[J]. Quantitative Finance, 2017, 17(3): 1-26.

[199] TASCA P, BATTISTON S, DEGHI A, et al. Portfolio diversification and systemic risk in interbank networks[J]. Journal of Economic Dynamics and Control, 2017, 82: 96-124.

[200] TAYSSIR O, FERYEL O. Does central banking promote financial development? [J]. Borsa Istanbul Review, 2018, 18(1): 52-75.

[201] TEDESCHI G, MAZLOUMIAN A, GALLEGATI M, et al. Bankruptcy Cascades in Interbank Markets[J]. PLoS ONE,

2012, 7(12): e52749.

[202] TETERYATNIKOVA M. Systemic risk in banking networks: Advantages of "tiered" banking systems[J]. Journal of Economic Dynamics & Control, 2014, 47: 186-210.

[203] TOIVANEN M. Financial interlinkages and risk of contagion in the Finnish interbank market[J]. Bank of Finland Research Discussion Paper, 2009, (6).

[204] TOMULEASA I I. Central bank communication and its role in ensuring financial stability[J]. Procedia Economics & Finance, 2015, 20(2015): 637-644.

[205] TOMULEASA I I. Macroprudential policy and systemic risk: An overview[J]. Procedia Economics and Finance, 2015, 20: 645-653.

[206] TONZER L. Cross-border interbank networks, banking risk and contagion[J]. Journal of Financial Stability, 2015, 18: 19-32.

[207] TSATSKIS I. Systemic losses in banking networks: indirect interaction of nodes via asset prices[R]. Working Paper, SSRN 2062174, 2012.

[208] UPPER C, WORMS A. Estimating bilateral exposures in the German interbank market: Is there a danger of contagion? [J]. European Economic Review, 2004, 48(4): 827-849.

[209] VELD D, LELYVELD I. Finding the core: Network structure in interbank Markets[J]. Journal of Banking & Finance, 2014, 49: 27-40.

[210] VITALI S, BATTISTON S, GALLEGATI M. Financial fragility and distress propagation in a network of regions[J]. Journal of Economic Dynamics & Control, 2016, 62: 56-75.

[211] WATTS D J, STROGATZ S H. Collective dynamics of "small-

world" networks [J]. Nature, 1998, 393(6684): 440-442.

[212] WELLS S. Financial interlinkages in the United Kingdom's interbank market and the risk of contagion [R]. Bank of England Working Paper, 2004, 230.

[213] ZHOU C. The impact of imposing capital requirements on systemic risk[J]. Journal of Financial Stability, 2013, 9: 320-329.

附 录

附表 1　银行序号对应的银行名称

序号	银行名称	序号	银行名称
1	中信银行	9	民生银行
2	中国银行	10	交通银行
3	招商银行	11	建设银行
4	兴业银行	12	华夏银行
5	浦发银行	13	工商银行
6	平安银行	14	北京银行
7	宁波银行	15	农业银行
8	南京银行	16	光大银行

附表 2　2008 年 14 家上市银行的资产负债表数据　　　　单位:元

银行序号	总资产	总负债	总拆借资产	总拆借负债
1	1 187 862 000 000	1 092 490 000 000	15 823 000 000	205 000 000
2	6 073 847 000 000	5 617 810 000 000	78 052 000 000	89 181 000 000
3	1 499 442 000 000	1 411 935 000 000	14 339 000 000	36 410 000 000
4	1 020 898 824 949	971 876 778 809	7 963 013 958	12 717 619 000
5	1 309 450 291 617	1 267 770 688 755	13 221 548 000	10 532 859 000
6	474 440 173 000	458 039 383 000	4 101 050 000	7 380 000 000
7	103 263 190 621	94 458 187 099	880 167 000	133 048 500
8	93 716 071 367	80 625 722 310	590 000 000	2 690 000 000
9	1 050 141 000 000	99 633 100 000	8 890 000 000	31 992 000 000
10	2 672 351 000 000	2 526 924 000 000	26 890 000 000	36 365 000 000
11	7 526 568 000 000	7 063 012 000 000	13 912 000 000	28 298 000 000
12	731 637 186 497	704 215 829 607	16 171 000 000	7 660 000 000

(续表)

银行序号	总资产	总负债	总拆借资产	总拆借负债
13	9 581 795 000 000	8 978 682 000 000	12 528 000 000	21 153 000 000
14	417 022 124 000	383 227 619 000	12 694 953 000	1 912 618 000

附表3 2009年14家上市银行的资产负债表数据   单位:元

银行序号	总资产	总负债	总拆借资产	总拆借负债
1	1 677 149 000 000	1 574 526 000 000	40 939 000 000	1 495 000 000
2	7 771 153 000 000	7 283 958 000 000	18 455 000 000	29 371 000 000
3	1 976 028 000 000	1 875 509 000 000	9 616 000 000	33 872 000 000
4	1 332 161 552 211	1 272 564 090 648	10 044 318 000	1 762 582 000
5	1 621 722 224 862	1 553 767 261 880	19 609 141 000	3 774 449 625
6	587 811 034 000	567 341 425 000	1 204 596 000	7 570 118 000
7	163 351 866 000	153 609 883 000	536 550 000	9 035 021 000
8	149 110 626 822	137 072 528 519	500 000 000	2 651 900 000
9	1 404 087 000 000	1 316 214 000 000	7 793 000 000	7 500 000 000
10	3 294 908 000 000	3 131 621 000 000	10 267 000 000	41 489 000 000
11	9 565 131 000 000	9 013 812 000 000	7 376 436 925	7 147 658 784
12	845 456 432 382	815 222 247 167	22 900 762 110	6 091 324 110
13	11 567 725 000 000	10 896 054 000 000	19 254 000 000	14 488 000 000
14	533 378 292 000	495 818 054 000	8 987 730 000	1 617 280 000

附表4 2010年14家上市银行的资产负债表数据   单位:元

银行序号	总资产	总负债	总拆借资产	总拆借负债
1	1 965 817 000 000	1 846 227 000 000	31 766 000 000	5 000 000 000
2	9 108 539 000 000	8 498 263 000 000	41 205 000 000	58 607 000 000
3	2 288 429 000 000	2 147 330 000 000	7 283 000 000	18 332 000 000
4	1 841 822 648 557	1 749 828 977 085	3 221 000 000	18 338 000 000
5	2 187 637 279 718	2 064 641 289 097	26 527 931 000	14 118 450 000
6	727 610 068 000	694 097 192 000	1 580 636 000	6 200 174 000
7	263 274 332 000	247 397 693 000	300 000 000	8 805 389 000
8	219 786 389 000	200 960 931 000	1 268 161 000	5 886 085 000
9	1 780 310 000 000	1 676 751 000 000	4 111 000 000	10 975 000 000
10	3 921 611 000 000	3 700 114 000 000	42 310 000 000	36 840 000 000

(续表)

银行序号	总资产	总负债	总拆借资产	总拆借负债
11	10 714 805 000 000	10 023 440 000 000	13 452 419 402	6 242 164 171
12	1 040 309 713 360	1 004 810 333 392	34 785 114 200	10 210 000 000
13	13 133 490 000 000	12 313 773 000 000	12 005 000 000	11 174 000 000
14	733 006 384 000	690 455 362 000	11 388 097 000	15 824 695 000

附表5　2011年16家上市银行的资产负债表数据　　　　单位:元

银行序号	总资产	总负债	总拆借资产	总拆借负债
1	2 641 988 000 000	2 467 695 000 000	112 518 000 000	0
2	10 478 837 000 000	9 763 623 000 000	244 652 000 000	85 083 000 000
3	2 650 026 000 000	2 478 898 000 000	71 612 000 000	26 034 000 000
4	2 386 809 000 000	2 271 836 000 000	201 467 000 000	31 533 000 000
5	2 675 715 521 000	2 526 902 660 000	104 736 813 000	66 970 025 000
6	987 800 475 000	915 662 121 000	2 007 330 000	24 350 000 000
7	260 497 637 000	241 783 570 000	1 000 000 000	11 924 128 000
8	278 983 513 000	257 372 444 000	3 105 559 000	9 111 617 000
9	2 162 460 000 000	2 033 959 000 000	3 450 000 000	16 250 000 000
10	4 564 457 000 000	4 294 363 000 000	83 132 000 000	49 457 000 000
11	12 138 890 000 000	11 332 313 000 000	60 665 877 502	5 623 944 014
12	1 244 010 563 439	1 180 100 499 640	28 266 629 000	24 830 000 000
13	14 953 975 000 000	13 999 010 000 000	44 454 000 000	51 026 000 000
14	955 992 814 000	905 596 485 000	61 589 542 000	19 587 770 000
15	11 666 136 000 000	11 016 704 000 000	59 825 000 000	35 423 000 000
16	1 725 478 924 000	1 629 620 893 000	64 815 478 000	15 953 195 000

附表6　2012年16家上市银行的资产负债表数据　　　　单位:元

银行序号	总资产	总负债	总拆借资产	总拆借负债
1	2 837 632 000 000	2 640 566 000 000	109 151 000 000	13 915 000 000
2	11 242 120 000 000	10 468 716 000 000	166 769 000 000	87 426 000 000
3	3 237 644 000 000	3 033 360 000 000	21 803 000 000	59 517 000 000
4	3 213 493 000 000	3 045 328 000 000	186 175 000 000	53 254 000 000
5	3 124 630 000 000	2 947 355 000 000	53 017 000 000	30 729 000 000
6	1 606 536 760 000	1 521 737 985 000	52 196 880 000	36 519 239 000

(续表)

银行序号	总资产	总负债	总拆借资产	总拆借负债
7	373 536 589 000	351 419 629 000	5 540 909 000	22 203 240 000
8	339 608 748 000	315 055 705 000	8 044 548 000	10 921 287 000
9	3 105 285 000 000	2 944 033 000 000	41 228 000 000	38 360 000 000
10	5 201 943 000 000	4 824 944 000 000	37 599 000 000	77 349 000 000
11	13 786 750 000 000	12 851 229 000 000	56 985 355 342	20 843 549 279
12	1 487 891 204 643	1 413 188 972 312	24 562 626 313	64 118 962 665
13	16 830 849 000 000	15 713 690 000 000	45 324 000 000	27 198 000 000
14	1 117 643 569 000	1 046 057 871 000	37 303 123 000	11 116 405 000
15	13 197 108 000 000	12 447 892 000 000	97 824 000 000	51 316 000 000
16	2 267 168 000 000	2 153 414 000 000	109 527 000 000	9 950 000 000

附表7　2013年16家上市银行的资产负债表数据　　　单位:元

银行序号	总资产	总负债	总拆借资产	总拆借负债
1	3 492 977 000 000	3 269 621 000 000	72 966 000 000	15 372 000 000
2	12 299 623 000 000	11 433 663 000 000	187 213 000 000	35 830 000 000
3	3 802 584 000 000	3 535 690 000 000	57 396 000 000	55 985 000 000
4	3 627 635 000 000	3 430 957 000 000	60 275 000 000	26 679 000 000
5	3 643 878 000 000	3 440 075 000 000	15 591 000 000	40 590 000 000
6	1 891 741 000 000	1 779 660 000 000	23 683 000 000	13 686 000 000
7	467 884 768 000	442 379 733 000	0	13 015 003 000
8	428 514 386 000	402 012 249 000	326 547 000	6 674 199 000
9	3 099 121 000 000	2 904 244 000 000	60 265 000 000	20 603 000 000
10	5 871 033 000 000	5 456 399 000 000	96 259 000 000	56 872 000 000
11	15 083 397 000 000	14 024 796 000 000	60 692 506 415	6 352 135 452
12	1 662 262 000 000	1 576 856 000 000	20 511 000 000	17 849 000 000
13	18 051 708 000 000	16 790 203 000 000	61 428 000 000	24 606 000 000
14	1 335 232 602 000	1 257 123 843 000	6 240 737 000	12 417 823 000
15	14 494 350 000 000	13 652 238 000 000	81 436 000 000	38 135 000 000
16	2 398 818 000 000	2 246 728 000 000	104 627 000 000	25 617 000 000

附表8　2014年16家上市银行的资产负债表数据　　　单位:元

银行序号	总资产	总负债	总拆借资产	总拆借负债
1	3 962 636 000 000	3 706 913 000 000	4 243 000 000	9 858 000 000
2	13 537 357 000 000	12 467 206 000 000	106 841 000 000	69 796 000 000
3	4 491 115 000 000	4 179 864 000 000	49 669 000 000	27 607 000 000

(续表)

银行序号	总资产	总负债	总拆借资产	总拆借负债
4	4 331 922 000 000	4 079 124 000 000	10 080 000 000	15 760 000 000
5	4 144 919 000 000	3 885 669 000 000	11 661 000 000	16 065 000 000
6	2 186 459 000 000	2 055 510 000 000	32 284 000 000	7 778 000 000
7	553 588 947 000	519 514 577 000	266 686 000	14 071 981 000
8	566 855 370 000	534 536 264 000	4 997 199 000	786 762 400
9	3 865 082 000 000	3 628 752 000 000	104 004 000 000	28 649 000 000
10	6 150 069 000 000	5 686 020 000 000	79 607 000 000	51 330 000 000
11	16 319 783 000 000	15 087 547 000 000	68 917 583 480	23 534 547 288
12	1 825 387 000 000	1 724 129 000 000	16 511 000 000	14 510 000 000
13	19 545 831 000 000	18 040 854 000 000	29 659 000 000	39 674 000 000
14	1 513 020 000 000	1 417 154 000 000	5 451 000 000	12 014 000 000
15	15 891 159 000 000	14 861 710 000 000	124 060 000 000	40 191 000 000
16	2 716 281 000 000	2 538 428 000 000	105 489 000 000	12 161 000 000

附表9　2015年16家上市银行的资产负债表数据　　　　单位：元

银行序号	总资产	总负债	总拆借资产	总拆借负债
1	4 884 295 000 000	4 572 657 000 000	974 000 000	16 497 000 000
2	14 925 777 857 845	13 699 075 971 555	97 513 213 275	226 315 798 270
3	5 208 037 000 000	4 855 996 000 000	61 783 000 000	104 906 000 000
4	5 185 434 000 000	4 879 254 000 000	1 997 000 000	8 760 000 000
5	4 984 518 000 000	4 670 756 000 000	6 000 000 000	66 598 000 000
6	2 507 149 000 000	2 345 649 000 000	60 058 000 000	8 187 000 000
7	712 598 426 000	667 675 250 000	493 506 000	16 212 607 000
8	797 873 756 000	746 074 162 000	2 127 399 000	4 535 293 000
9	4 357 468 000 000	4 060 891 000 000	89 176 000 000	47 958 000 000
10	7 014 471 000 000	6 489 729 000 000	60 385 000 000	56 860 000 000
11	17 890 733 000 000	16 470 637 000 000	101 608 794 113	81 522 028 419
12	1 984 821 000 000	1 867 645 000 000	29 870 000 000	29 928 000 000
13	21 034 098 000 000	19 285 200 000 000	46 270 000 000	74 950 000 000
14	1 826 404 000 000	1 709 981 000 000	23 735 000 000	30 142 000 000
15	17 686 237 000 000	16 477 706 000 000	129 299 000 000	126 109 000 000
16	3 132 315 000 000	2 910 337 000 000	19 536 000 000	14 389 000 000